跨境电商全产业链时代

政策红利下迎机遇期

曹 磊　张周平◎主编

中国海关出版社有限公司
·北京·

图书在版编目（CIP）数据

跨境电商全产业链时代：政策红利下迎机遇期／曹磊，张周平主编．—北京：中国海关出版社有限公司，2019.5
ISBN 978-7-5175-0349-1

Ⅰ.①跨… Ⅱ.①曹… ②张… Ⅲ.①电子商务-商业经营-产业链-研究 Ⅳ.①F713.365.2

中国版本图书馆 CIP 数据核字（2019）第 048834 号

跨境电商全产业链时代：政策红利下迎机遇期
KUAJING DIANSHANG QUANCHANYELIAN SHIDAI: ZHENGCE HONGLI XIA YING JIYUQI

主　　编：曹　磊　张周平	
策划编辑：马　超	
责任编辑：吴琳旖	
责任监制：赵　宇	
出版发行：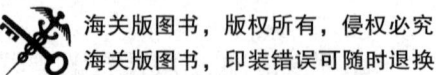出版社有限公司	
社　　址：北京市朝阳区东四环南路甲 1 号	邮政编码：100023
网　　址：www.hgcbs.com.cn；www.hgbookvip.com	
编 辑 部：01065194242-7589（电话）	01065194234（传真）
发 行 部：01065194221/4238/4246/4227（电话）	01065194233（传真）
社办书店：01065195616/5127（电话/传真）	01065194262/63（邮购电话）
印　　刷：北京鑫益晖印刷有限公司	经　　销：新华书店
开　　本：710mm×1000mm　1/16	
印　　张：15.25	字　　数：270 千字
版　　次：2019 年 5 月第 1 版	
印　　次：2020 年 1 月第 2 次印刷	
书　　号：ISBN 978-7-5175-0349-1	
定　　价：55.00 元	

海关版图书，版权所有，侵权必究
海关版图书，印装错误可随时退换

本书编委会

主　编：

曹　磊　网经社-电子商务研究中心主任、研究员

张周平　网经社-电子商务研究中心B2B与跨境电商部主任、高级分析师

编　委：

姚建芳　网经社-电子商务研究中心法律权益部分析师

林智勇　网经社-电子商务研究中心特约研究员、新光数字贸易研究院院长

李金玲　卓志跨境电商执行总裁

何旭明　网经社-电子商务研究中心特约研究员、思亿欧董事长

沈晨岗　飞书互动CEO（首席执行官）

高进军　跨知通创始人兼CEO

郁万玲　外贸公社创始人兼董事长

麻　策　网经社-电子商务研究中心特约研究员、浙江垦丁律师事务所联合创始人

吴旭华　网经社-电子商务研究中心特约研究员、北京盈科（杭

州）律师事务所高级合伙人
董毅智　网经社-电子商务研究中心特约研究员、上海亿达律师事务所律师
陈奇俊　网经社-电子商务研究中心特约研究员、德国莱茵TÜV认证战略项目经理
胡甜甜　就读于杭州电子科技大学
彭天琦　就读于浙江大学城市学院

Foreword | 序一

B2B 是出口跨境电商主流力量

出口跨境电商从诞生那天起，就注定是不平凡的。回顾出口跨境电商走过的路：从 2000 年最初跨境在线销售共享软件的那一批人，到跨境在 eBay（易趣，跨境电商平台）销售影像资料的第一波探路者；从香港邮政小包的面世促生跨境销售电子产品，到各种跨境物流服务产品层出不穷，涌现一大批垂直型跨境电商平台；从跨境零售电商企业兰亭集势冲击上市，到超级大平台速卖通及 Wish（跨境移动电商平台）出现后跨境出口模式受到资本冷遇；从各方努力解决跨境零售出口最后一公里之难，到海外仓火热流行，出口跨境电商已经经历了十几年的发展时光。

时至今日，出口跨境电商已经走到了一个重要的历史阶段，即跨境零售出口遭遇最后一公里难题，该如何应对？与此形成对比的是在这个阶段，国家对出口跨境电商出台了各种扶持和鼓励政策，推动了更多行业资源的注入。

诚然，2017 年中国 15.33 万亿元的出口总值是一个令人垂涎的巨大蛋糕，但在"互联网+"时代，出口会集中在什么领域，表现为什么形式？从这个角度来说，出口跨境电商还在探索阶段，特别是跨境出口 B2B（商家对商家的电子商务模式）领域的几种模式。

无论出口跨境电商未来表现的是"互联网+国际大市场"模式，还是"广交会走出去"的 O2O（线上到线下，指将线下的商机与互联网结合，让互联网成为线下交易的平台）模式，连接中国制造和全球市场的互联网时代的外贸模式，势必会让中国制造在品牌和定价上取得更多的话语权。这个时代不仅是中国品牌的时代，还是通过互联网、中国商品，向全世界传递中国声音和影响力的时代。

　　电子商务研究中心的曹磊和张周平主编的《跨境电商全产业链时代：政策红利下迎机遇期》，就是一本全面呈现跨境电商全产业链与政策红利带来的战略机遇的书。通过该书，跨境电商从业者、研究者能详细了解跨境电商框架及现状、痛点，以及企业如何突围。因此，本书是学习跨境电商行业知识的必读读本。

冯剑峰

大龙网集团创始人、董事长

序二

跨境电商 "黄金十年" 存历史机遇

收到周平兄写序邀请的时候，我在从宁波分公司回南京的路上，把《跨境电商全产业链时代：政策红利下迎机遇期》一口气看完，感触良多。

纵观全国，"一带一路"倡议和"互联网＋"的时代趋势，给传统企业带来了巨大的机会。跨境电商由此崛起，一时风起云涌。时势造英雄，在跨境电商的风口，我们该怎样正确解读政策红利？又该怎么进行战略转型？在转型突围的过程中，如何不在风口成为"跟风者"？

感谢周平兄邀请我为本书写序。我从 2005 年开始做跨境电商，到今年正好十四载，经历了出口跨境电商行业从无到有的阶段，以前了解国外市场和营销渠道时只能靠自己不断探索，因为十年前做出口跨境电商的企业还很少。

我一直认为做跨境电商，特别是出口跨境电商，需要试错、开放的心态。我坚信正是敢于试错的心态帮助我走到现在，然后赶上了最好的时代。在这个大背景下，我看到了中国外贸企业实现品牌之梦的必然，更加坚定了帮中国企业创品牌、拿回定价权的信念！

跨境电商这两年发展迅猛，大家都在往前冲，却鲜少有具有指导意义的介绍跨境电商全产业链的书，系统讲解跨境电商的框架及现状，指出痛点，帮助企业更好地突围。周平兄的这本书来得刚刚好，让低头猛进的企业可以停下来细细布局，也让踌躇不前的企业看到了"黄金十年"的巨大潜力和铸造品牌的历史机遇。

跨境电商，行者无疆！

周　宁

四海商周董事长

Preface | 前言

一、写作背景

当前,正值中国跨境电商行业蓬勃发展。从 2013 年开始,国家相继出台利好政策。这些政策涵盖面广,涉及跨境电商产业链发展的物流、支付、报关等环节,政策红利被逐渐释放。

2015 年 3 月,国务院批复同意杭州设立首个跨境电子商务综合试验区。2016 年 1 月,国务院召开常务会议,决定在天津、上海、重庆、合肥、郑州、广州、成都、大连、宁波、青岛、深圳、苏州等 12 个城市新设一批跨境电子商务综合试验区。2018 年 7 月,国务院召开常务会议,决定在北京、呼和浩特、沈阳、长春、哈尔滨、南京、南昌、武汉、长沙、南宁、海口、贵阳、昆明、西安、兰州、厦门、唐山、无锡、威海、珠海、东莞、义乌等 22 个城市新设一批跨境电子商务综合试验区。

近年来,越来越多的传统外贸企业通过速卖通、亚马逊或者自建平台等方式"触电"。跨境电商的快速发展,催热了海外仓等新业务,一条庞大的跨境电商产业链正逐步形成。

跨境电商全产业链是指有效构成跨境电商发展的各个部分及环节,包括进出口电商、物流、支付、政策、运营、人才、金融、园区等,各个部分及环节的发展都与行业密切相关,都能助推或影响跨境电商的发展。目前,我国已迎来跨境电商全产业链发展时代,政策助力打造跨境电商全产业链。

庞大的市场会驱动发展,不管是进口还是出口跨境电商,都存在着巨大的市场机遇。近年来，在国内消费升级的背景下，巨大的市场需求促使进口跨境电商得到快速发展；欧美等发达国家及地区网购用户的持续增加也不断推动我国的出口跨境电商快速发展。

在此背景下，本书应运而生。在跨境电商全产业链迅速发展的情况下，本书通过系统地梳理行业发展脉络，围绕跨境电商发展现状及痛点，全面地呈现了跨境电商全产业链带来的战略机遇，帮助企业更好地突围。

二、本书主要内容

本书系统地介绍了跨境电商的理论框架，以及现状、发展趋势，并首次提出了跨境电商全产业链的概念，全面、深入地呈现了跨境电商全产业链涉及的进出口电商、物流、支付、政策、运营、人才、金融、园区等各个部分及环节发展概况，并通过35个典型案例深入剖析企业发展战略。

三、本书特色

* 特色一：首次提出了跨境电商全产业链的概念，并系统地梳理了跨境电商全产业链发展的各个部分及环节。

* 特色二：详细解读了跨境电商理论框架及现状，指出痛点，帮助企业更好地突围。

* 特色三：本书通过35个跨境电商产业链相关案例，详细解读产业链中的典型企业。

四、如何使用本书

本书是国内各大跨境电商企业、电子商务企业、传统外贸企业、政府相关部门、高校和科研单位等学习跨境电商行业知识的重要参考资料。

五、致谢

本书写作过程历时较长，我们力求对跨境电商全产业链进行详细梳理，将其全貌呈现给读者。在写作过程中，我们得到了政府及各协会领导、专家、跨境电商企业等的大力支持，以及中国海关出版社有限公司在封面设计、文稿润色、文字校对、出版安排等方面的支持。应该说，没有各位的支持，本书不可能付梓，现一并致谢。

张周平

网经社-电子商务研究中心 B2B 与跨境电商部主任、高级分析师

上篇 跨境电商全产业链时代 进出口"双轮驱动" / 1

第一章　我们身处跨境电商全产业链时代　/ 3
　　第一节　跨境电商已形成全产业链模式　/ 3
　　第二节　"互联网＋全产业链"与政策红利　/ 5

第二章　出口跨境电商：告别野蛮生长期，进入品牌化阶段　/ 7
　　第一节　出口跨境电商发展环境优化，助力传统外贸发展　/ 7
　　第二节　出口跨境电商发展的影响及主要驱动、阻碍因素　/ 12
　　第三节　出口跨境电商颠覆传统出口贸易模式　/ 16
　　第四节　出口跨境电商呈现的六大新趋势　/ 44

第三章　进口跨境电商：巨头博弈升级，或产生"挤出效应"　/ 46
　　第一节　进口跨境电商迎政策红利，巨头加快布局　/ 46
　　第二节　进口跨境电商痛点犹存，亟待突破　/ 56
　　第三节　细数进口跨境电商九大典型模式　/ 57
　　第四节　进口跨境电商的未来之路　/ 78

第四章 物流：得物流者得天下 / 80

第一节 现状：发展迅猛，政策支持不足，缺乏专业化服务 / 80

第二节 模式：多种模式并存，如何选择成难题 / 82

第三节 问题：内外"痛点"阻碍跨境物流快速发展 / 101

第四节 对策：海外仓或成跨境电商难题破解突破口 / 102

第五章 支付：蓝海市场，成败关键 / 108

第一节 中国跨境支付市场发展迅猛，宽松政策环境促发展 / 108

第二节 跨境电商支付方式多样化，各地不一，差异较大 / 111

第三节 我国跨境支付面临的问题及政策性建议 / 118

第四节 我国跨境支付发展前景广阔，综合服务受青睐 / 120

第六章 运营：卖家如何在风口上飞起来？ / 123

第一节 定战略：传统企业做跨境电商的准备与规划 / 123

第二节 建品牌："三大秘诀"助跨境电商卖家确定品牌定位 / 125

第三节 人才：如何解决跨境电商人才"一将难求"的问题 / 127

第四节 营销：跨境电商常见三大营销推广模式 / 129

第五节 融资：借助大数据创新模式解决企业融资难问题 / 131

下篇 政策红利下跨境电商开启"黄金时代" / 135

第七章 扶持：政策红利支持下，跨境电商的机会 / 137

第一节 政策利好不断，给跨境电商带来的机会 / 137

第二节 跨境电商政策缺陷，四个问题比较突出 / 145

第三节 跨境电商：后政策红利时代的玩法 / 146

第八章 监管：传统监管迎挑战，监管亟须创新 / 148

第一节 阳光和灰色并存，监管盲点亟待清除 / 148

第二节 商务部：外商投资监管放开，将引发新一轮白热化竞争 / 149

第三节 海关总署：监管对跨境电商和海外代购行业的影响 / 151

第四节 税务总局：传统监管模式和跨境电商税务问题的冲突 / 156

第五节 市场监督管理总局：市场秩序最后的保障 / 159

第六节 《电子商务法》针对跨境电商规定的十大解读 / 161

第九章 试点：国内试点城市如何做跨境电商？ / 170

第一节 深圳市 / 171

第二节 广州市 / 172

第三节 杭州市 / 173

第四节 宁波市 / 175

第五节 郑州市 / 176

第六节 上海市 / 177

第七节 成都市 / 178

第八节 苏州市 / 179

第九节 重庆市 / 181

第十节 青岛市 / 182

第十一节 合肥市 / 183

第十二节 天津市 / 184

第十三节 大连市 / 185

第十章 跨境电商产业园：生态系统尚未形成，运营机制不完善 / 187

第一节 我国跨境电商产业园发展现状 / 187

第二节　我国跨境电商产业园发展的阶段及特征　／189

第三节　我国主要跨境电商产业园发展模式　／193

附录一　名词解释　／200

附录二　政策汇总表　／207

参考文献　／215

后　记　如何用互联网思维打造中国最具有影响力的"互联网＋"智库　／217

上篇

跨境电商全产业链时代
进出口"双轮驱动"

第一章 我们身处跨境电商全产业链时代

近年来,跨境电商发展迅猛。据网经社-电子商务研究中心(后文统一简称电子商务研究中心)数据显示,2018年上半年,中国跨境电商交易规模为4.5万亿元,同比增长25%。从2014年开始,跨境电商行业进入一个爆发式增长阶段,渠道更加丰富,政府大力支持,基础设施完善,相关的物流、支付等行业也有了很好的发展,跨境电商形成了全产业链、全业态的发展模式。2018年中国跨境电商全产业链图谱如图1-1所示。

第一节 跨境电商已形成全产业链模式

一、什么是跨境电商全产业链

跨境电商全产业链是指有效构成跨境电商发展的各个部分及环节,包括进出口电商、物流、支付、政策、运营、人才、金融、园区等,各个部分及环节的发展都与行业密切相关,都能助推或影响跨境电商的发展。

跨境电商的蓬勃发展直接受益于消费升级背景下宽松政策带来的利好,但究其根本,跨境电商作为一种新型的贸易方式,本质是传统行业在商业模式上的创新,即"互联网+外贸",是在国家政策的引导下,通过商业模式的创新提高外贸效率,降低经营成本,加强与境外企业的合作,为培育我国外贸竞争新优势注入新的动力。从市场参与者的角度来看,跨境电商的发展一方面适应了商业模式由批发向零售的转型,通过缩短中间环节提高收益,另一方面则是为了满足消费者的品质提升需求,在顺应居民消费升级趋势的同时,通过跨境零售进口把消费留在国内。

图1-1 2018年中国跨境电商全产业链图谱

二、跨境电商全产业链各环节概述

在跨境电商全产业链中,出口跨境电商行业历经十多年的发展,逐步形成以阿里巴巴、亚马逊、eBay、跨境通、海翼股份、兰亭集势、易宝等为行业龙头的格局。企业竞争优势体现在：为传统贸易的电子商务化提供多元化信息服务；帮助大中型外贸企业由代工贴牌生产向自主创立品牌转型，强化终端营销与体验。

与出口跨境电商相比，进口跨境电商从 2013 年才开始崛起，并于 2014 年在海关政策的引导下逐渐规范，形成以天猫国际、洋码头等为代表的 B2C（商家对消费者的电子商务模式）平台，以聚美、网易考拉为代表的自营 B2C 平台，目前行业仍处于激烈竞争阶段。企业竞争优势体现在：具有针对国内消费者需求偏好预判进行全球商品采购的能力；具有跨境物流、通关、支付等综合实力，购物体验优化有巨大空间。

跨境物流成产业链痛点。不同于普通的电商消费，由于跨境电商消费中通关环节的存在和固有流通渠道难以打破，因此综合物流服务商的议价能力相对更强。在跨境 B2C 进口物流模式中，保税模式发展潜力大；而在跨境 B2C 出口物流模式中，海外专线与海外仓模式是发展的主流方向。放眼未来，保税模式、海外直发模式的发展潜力比传统邮路模式更大。

第三方跨境支付异军突起。空间上，受到政策红利、跨境电商高度发展的双重催化，第三方跨境支付因契合零售化趋势将迎来爆发；模式上，国家间金融管制、商铺开拓成本大等因素限制了跨境支付通道的连贯性，短期内，由第四方服务商连接境内外支付体系的模式将成为主流。

第二节 "互联网＋全产业链"与政策红利

随着跨境电商业务的蓬勃发展，国家各项政策密集出台，目前已进入政策集中爆发期，行业获得快速发展。跨境电商作为新的贸易形式，在税收、通关、支付、结算等各环节都与线下贸易形式有所不同，相关政策调整主要涉及通关、税收、支付、金融服务及综合试验等领域。通关流程、税收征管和支付结算等规定的细化使跨境电商经营环境进一步优化。

* 2004 年—2007 年：政策萌芽期，相关部门共发布三项政策，侧重于规范电子商务行业发展。

* 2008 年—2012 年：政策发展期，相关部门出台了支付、监管及试点等

多项政策，对跨境电商以支持、引导为主。

* 2013年—2018年：政策爆发期，政策发布呈面状铺开，主要集中在出口领域，并向实施层面推进。

2014年，海关总署接连发布公告，增列海关监管方式代码"9610""1210"，意味着跨境电商被纳入合法监管框架之内。"9610"适用于境内个人或电子商务企业通过电子商务交易平台实现交易，并采用"清单核放、汇总申报"模式办理通关手续的电子商务零售进出口商品；"1210"适用于境内个人或者电子商务企业在经海关认可的电子商务平台实现跨境交易，并通过海关特殊监管区域或者保税监管场所进出的电子商务零售进出境商品，这种保税监管模式极大地降低了进口电商的物流成本。

跨境电商综合试点是政府进一步简政放权、为制度创新提供条件的重要举措。2013年8月，国务院办公厅转发商务部等九部委《关于实施支持跨境电子商务零售出口有关政策的意见》，决定在上海、重庆、杭州、宁波、郑州等五个已开展跨境电子商务通关服务试点的城市试行海关监管、收结汇、税收等支持政策。

2015年3月，国务院同意设立中国（杭州）跨境电子商务综合试验区，着力在跨境电商交易、支付、物流、通关、退税、结汇等环节的技术标准、业务流程、监管模式和信息化建设等方面先行先试，打造跨境电商完整的产业链和生态链，逐步形成一套适应和引领全球跨境电商发展的管理制度和规则，为推动全国跨境电商健康发展提供可复制、可推广的经验。

2016年1月，国务院常务会议决定，在天津、上海、重庆、合肥、郑州、广州、成都、大连、宁波、青岛、深圳、苏州等12个城市新设一批跨境电子商务综合试验区，用新模式为外贸发展提供新支撑。

2018年7月，国务院常务会议决定推动跨境电商在更大范围发展，择优选择电商基础条件好、进出口发展潜力大的地方，并向中西部和东北地区倾斜，在北京、呼和浩特、沈阳、长春、哈尔滨、南京、南昌、武汉、长沙、南宁、海口、贵阳、昆明、西安、兰州、厦门、唐山、无锡、威海、珠海、东莞、义乌等22个城市新设一批跨境电子商务综合试验区。

第二章　出口跨境电商：
告别野蛮生长期，进入品牌化阶段

在经济全球化以及电子商务快速发展的大趋势下，全球市场对跨境电商需求空间巨大，中国跨境电商行业也由此迎来新的发展契机。出口跨境电商模式正呈现多样化发展，从最初的 B2B 模式，到 B2C 模式，再到 B2B2C 模式（商家通过中间商再对消费者的电子商务模式），以及 C2C 模式（消费者对消费者的电子商务模式）。出口跨境电商平台正在从粗放式发展向精细式发展转变，在规范化、标准化上下功夫。

当前，我国出口跨境电商已告别野蛮生长期，从提供产品展示平台向提供综合服务转变，从库存倾销到品牌打造，从单打独斗到开始产业链整合。伴随着中国外贸和跨境电商宏观环境的改善，我国出口跨境电商将继续发展，逐步进入高速发展期。跨境电商已经成为国际贸易新方式和新手段，对于扩大我们的海外营销渠道、提升企业品牌竞争力、实现外贸转型升级具有重要意义。

第一节　出口跨境电商发展环境优化，助力传统外贸发展

一、中国出口跨境电商产业宏观环境

（一）政策环境

* 国际政策差异化为跨境电商带来新机遇和新挑战。国外很多国家都为

跨境电商的发展提供了良好的政策环境，例如：美国海关实现了与多国邮政系统的数据互联共享及协助，提升了跨境电商的进出关速度；日本提供资金扶持跨境电商创新性重点项目发展，日本邮政向从事海外销售的客户提供"综合货运支持"。但是也有部分国家跨境电商政策环境、支付体系和物流系统尚不完善，发展空间巨大。

* 国内政策密集出台，跨境电商行业格局初定。2013年—2018年，我国出台的出口跨境电商政策如表2-1所示。2016年1月，国务院发布《关于同意在天津等12个城市设立跨境电子商务综合试验区的批复》。2017年9月，国家大力支持跨境电子商务综合试验区建设，将跨境电商监管过渡期政策延长一年。政府采取先试点、逐步推广的策略，逐步完善税收、监管方面的制度，极大地推动了跨境电商行业的快速发展。

表2-1 2013年—2018年中国出口跨境电商政策

发布时间	发布部门	政策名称
2013年7月	国务院	《关于促进进出口稳增长、调结构的若干意见》
2013年8月	商务部等九部委	《关于实施支持跨境电子商务零售出口有关政策的意见》
2013年10月	商务部	《关于促进电子商务应用的实施意见》
2013年12月	财政部、税务总局	《关于跨境电子商务零售出口税收政策的通知》
2014年1月	海关总署	《海关总署公告2014年第12号（关于增列海关监管方式代码的公告）》
2014年5月	国务院	《关于支持外贸稳定增长的若干意见》
2014年7月	海关总署	《海关总署公告2014年第56号（关于跨境贸易电子商务进出境货物、物品有关监管事宜的公告）》
2014年7月	海关总署	《海关总署公告2014年第57号（关于增列海关监管方式代码的公告）》
2015年1月	外汇管理局	《支付机构跨境外汇支付业务试点指导意见》
2015年2月	国务院	《关于加快培育外贸竞争新优势的若干意见》
2015年5月	国务院	《关于大力发展电子商务加快培育经济新动力的意见》
2015年6月	质检总局	《关于加强跨境电子商务进出口消费品检验监管工作的指导意见》

续表

发布时间	发布部门	政策名称
2015年6月	国务院	《关于促进跨境电子商务健康快速发展的指导意见》
2016年1月	国务院	《关于同意在天津等12个城市设立跨境电子商务综合试验区的批复》
2016年4月	海关总署	《海关总署公告2016年第26号（关于跨境电子商务零售进出口商品有关监管事宜的公告）》
2016年5月	国务院	《关于促进外贸回稳向好的若干意见》
2017年6月	质检总局	《关于跨境电商零售进出口检验检疫信息化管理系统数据接入规范的公告》
2017年11月	商务部等	《关于复制推广跨境电子商务综合试验区探索形成的成熟经验做法的函》

图表编制：电子商务研究中心　　数据来源：www.100EC.cn

从国家战略层面来看，以出口跨境电商模式振兴低迷的外贸市场，成为国家经济发展的重要手段。"一带一路"倡议及支付、通关、海外仓等方面的优化，为出口跨境电商提供了更加便利的条件。出口跨境电商作为近年来多项政策的受益者，伴随着"互联网＋"的趋势，成功实现快速发展。未来将有更多有利于出口跨境电商的政策出台，出口跨境电商将继续其快速发展的势头。

（二）经济环境

＊ 中国跨境电商发展势头正盛，出口仍占主导地位。中国跨境电商发展目前仍以出口为主，进口为辅。国家近年来实施"互联网＋外贸"的战略，力促跨境电商发展，扶持传统外贸企业借助互联网的渠道实现转型升级。跨境电商一直保持快速增长，2012年—2017年，交易额的增长超过300%。未来，跨境电商将占据更加重要的地位，有着巨大的市场潜力和生命力。随着"一带一路"倡议的实施和全球经贸一体化，跨境电商作为依附于互联网发展的国际贸易新形式，呈现出了巨大的发展潜力。

＊ 中国外贸发展环境好过于往年，但未来形势依然严峻复杂。据海关总署数据显示，2017年中国货物贸易出口总值达到15.33万亿元，同比增长10.8%。2011年以来，出口增速逐年下降，出口总值呈现先上升后平稳波动

的趋势，在前几年出现降低的情况，而后在2017年有所回升。近年来，受国内劳动力成本上升、人民币升值、国际市场需求持续低迷等因素影响，贸易成本不断攀升，出口增速明显放缓。

（三）社会环境

＊ 出口跨境电商是带动我国外贸发展不可或缺的主要力量之一。当前，出口跨境电商已成为带动我国外贸发展的中坚力量。数据显示，我国出口增速在2015年和2016年出现负增长，而从2017年开始上扬，总体保持平稳上升的趋势。出口跨境电商发展由成长逐渐走向成熟，针对国外进口商、消费者的贸易习惯发生的变化，出口电商服务逐渐完善，"中国制造"向"中国质造"的跨越给国内出口跨境电商带来了新的机遇。

＊ 从需求端看，海外电商消费逐渐崛起。近年来，随着俄罗斯、巴西、印度等国家电商的蓬勃发展，诞生了诸多新的电商消费需求。海外网购消费者对"中国制造"青睐有加，海外市场网购用户规模扩大，整个社会环境对中国出口跨境电商是有利的。从海外市场来看，全球正经历线上购物冲击线下零售的消费变革，为线上销售拓展了空间；从贸易方式来看，出口跨境电商更加高效地满足了海外消费者需求，正逐步取代传统贸易出口。

（四）技术环境

＊ 互联网是跨境电商发展成熟的"催化剂"。跨境电商业务伴随着互联网行业一同发展，是出口企业拓展国际市场的重要落脚点，因此互联网对于出口企业的推动作用越来越明显。近年来，互联网越来越普及，全球网民规模的扩大刺激了我国出口跨境电商快速发展。对于跨境电商平台而言，大数据的应用已经将平台具有的提供信息和促成交易的基本功能进行了技术升级，从而引起平台的商业模式变革。

＊ 新技术有望开辟数字经济下跨境电商新道路。降低成本是跨境电商必须兼顾的重要问题之一，信息不对称增加了消费者的交易成本，在一定程度上限制了跨境电商的蓬勃发展。区块链技术代表着更低的交易成本和更快捷的支付方式，区块链的不可篡改性有助于减少商业欺诈，以保证消费者得到最优质的服务。

二、出口跨境电商的主要经营品类是消费品，主要市场是美国和欧盟

2018年上半年，中国出口跨境电商交易规模为3.47万亿元，同比增长26%。在我国当前的社会经济条件下，实现进出口的"优进优出"和进出口平衡发展是外贸发展的主要方向。2018年上半年中国出口跨境电商产业链图谱如图2-1所示。

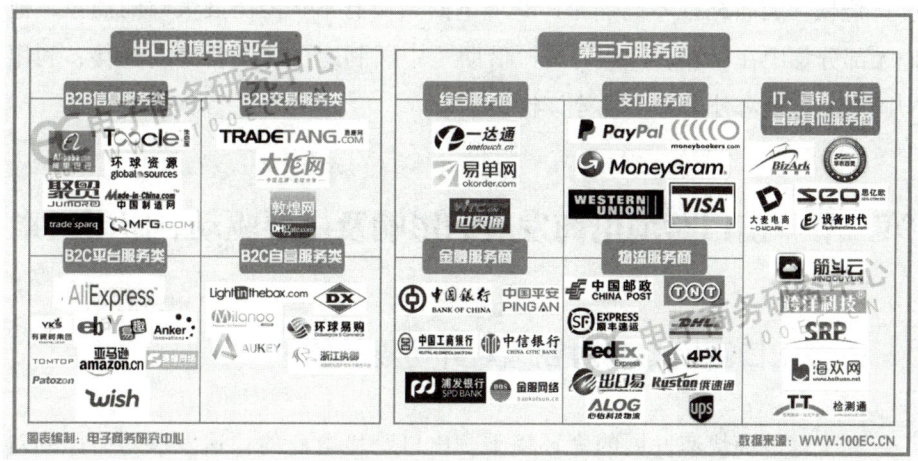

图2-1　2018年上半年中国出口跨境电商产业链图谱

* 从品类来看，出口跨境电商经营的主要是消费品。以纺织品、鞋类、皮革制品和玩具等为代表的劳动密集型产品是我国传统出口贸易的主要品类。出口跨境电商经营的品类与传统出口贸易基本一致，主要以消费品为主。由于具有比较价格优势，产品种类丰富，而且为配合跨境物流的要求，目前中国出口跨境电商企业主要销售3C产品（计算机、通信和消费类电子产品的统称）、服装服饰、家居园艺产品、户外用品、健康美容产品、鞋帽箱包、母婴产品、玩具、汽车配件、照明产品等。

* 从出口国（地区）来看，目前出口跨境电商的主要市场为美国和欧盟，但俄罗斯、巴西等新兴市场增长潜力巨大。目前中国出口跨境电商的主要出口国（地区）为美国、法国、英国、加拿大、德国、日本、韩国、印度

等，集中于欧美等成熟市场。由于近年全球经济低迷不振，美国经济虽然依然呈增长状态，但是增速逐步放缓，因此俄罗斯、巴西等新兴市场正逐步得到我国出口跨境电商企业的重视。

＊从出口渠道来看，主要以第三方平台为主，自建渠道为辅。在老牌的第三方跨境电商平台中，亚马逊和 eBay 是中国卖家的首选，新兴平台速卖通和大龙网在俄罗斯和南美市场发展迅速，移动平台 Wish 在中国设分公司后，发展迅速，平台上 90% 的供应商来自中国。

出口跨境电商走到今天，已具备相当的规模和影响力。与国内电商大幅度"烧钱"打价格战不同的是，跨境电商领域有不少闷声发大财的商家，他们大部分集中在深圳、广州一带，借助"中国制造"物美价廉的优势，利用中国产品直销海外的渠道优势，收获丰厚。

第二节 出口跨境电商发展的影响及主要驱动、阻碍因素

一、出口跨境电商对我国对外贸易的影响

在全球电商快速发展的大环境下，出口跨境电商的快速发展对中国的对外贸易产生了深远的影响，也将进一步提升中国整体国民经济实力。

（一）改善了我国外贸企业的经营模式

我国的外贸企业以前主要依赖经销商、代理商和专业的进出口公司进行跨国的产品买卖。随着出口跨境电商的发展，这些企业在利用互联网传播产品信息的同时，也可以进行在线的营销、交易、支付等，改变了以往低效益的营销和经营模式。

（二）降低了我国企业的对外贸易成本并提高了利润

在传统国际贸易中，寻找客户、谈判、订立合同、履行合同、进行售后服务等环节手续复杂，交易双方沟通交流费时费力，成本较高。而出口跨境电商利用互联网的沟通成本低、速度快等优势，大大降低了我国企业与外商

沟通的成本，这为中国外贸企业创造了极好的条件，使企业的利润提高了。

（三）促进了我国服务和信息贸易的发展

随着出口跨境电商的发展，与服务及信息产品有关的贸易已从传统贸易中分离出来，以新的、独立的贸易形式出现，即服务贸易和信息贸易。无论是服务贸易，还是信息贸易，都可以通过信息网络的"运送服务"方式进行。出口跨境电商的进一步发展促进了我国服务贸易和信息贸易的发展。

二、出口跨境电商发展的主要驱动因素

从外部环境来看，出口跨境电商的诞生和发展主要源于几个驱动因素："中国制造"低成本红利，中国政府鼓励出口、支持跨境电商发展的政策，传统外贸企业出口受阻，出口贸易链条扁平化趋势，跨境支付、结算、物流体系的日益完善，全球化带来的机遇，以及各地市场开放力度加大。

（一）"中国制造"成本优势

"中国制造"具有低成本优势，但由于原材料成本、人力成本、土地成本和环境污染的机会成本上升，"中国制造"的低成本优势正在不断被弱化。

（二）政策红利

从2013年以来，我国密集出台了一系列鼓励和规范跨境电商的政策，从监管、支付、税收等方面支持出口跨境电商的发展。特别是2013年12月，财政部、税务总局联合发布了《关于跨境电子商务零售出口税收政策的通知》，通知指出，"自建跨境电子商务销售平台的电子商务出口企业和利用第三方跨境电子商务平台开展电子商务出口的企业"适用于该通知退（免）税、免税政策，明确了跨境电商零售出口企业能够和普通外贸企业一样，享受出口退（免）税、免税政策。但由于出口跨境电商订单多以快件为主，部分出口跨境电商企业无法提供报关单，在退税环节上有别于传统外贸企业，所以要想让出口跨境电商企业真正受益于退（免）税、免税政策，还有待相关配套政策的出台。2016年4月，海关总署发布公告规定：电商零售出口采取

"清单核放、汇总申报"方式办理报关手续，申报清单与进（出）口货物报关单具有同等法律效力。跨境电商出口企业可以凭借申报清单办理出口退税，从而解决了出口跨境电商退税问题。

（三）传统外贸企业出口受阻

近年来，由于国际市场需求、订单减少，以及外贸企业成本上升、创新研发能力不足等原因，我国传统外贸出口受阻。另外，汇率波动加剧、资金紧张及贸易风险加大等也成为制约外贸企业出口的突出因素。因此，转型为出口跨境电商企业成为传统外贸企业的一条出路。在国内经济不景气的现状下，相较于传统外贸模式，出口跨境电商让国产优势商品直接对接国外消费者，缩短了贸易中间环节，减少了商品流转成本。

（四）出口贸易链条扁平化趋势

传统的跨国销售链条为：国内制造企业—国内出口商—国外进口商—批发商—零售商，中间层次多，渠道成本高昂，存在压缩的空间。跨境电商让我国企业直接对接国外零售商，通过压缩渠道层级，降低渠道成本，提高供应链效率。

（五）跨境支付、结算、物流体系的日益完善

2013年2月，外汇管理局下发《关于开展支付机构跨境电子商务外汇支付业务试点的通知》，决定在北京、上海、浙江、深圳、重庆等地开展支付机构跨境电子商务外汇支付业务试点，17家支付机构获得跨境支付业务试点资格，包括支付宝、财付通、银联电子支付、东方电子支付、快钱等。参加试点的支付机构被允许通过银行为小额电子商务交易双方提供跨境互联网支付涉及的外汇资金集中收付及相关结售汇服务，为跨境电商消费者进一步简化跨境支付手续，有助于跨境电商业务顺利开展。国际物流方面，国际快递巨头的全球化网络更加完善，国内快递公司也相继布局跨境业务，跨境物流体系进一步完善，跨境电商购物体验也将得到进一步的改善。

（六）全球化带来的机遇

全球化的竞争已经成为商业社会发展的必然趋势，无论企业本身是否愿

意主动参与，这一趋势无疑将对现有的商业模式、组织结构和业务流程产生巨大影响，也将为企业带来新的机遇。"中国制造"经历了30年的发展，在制造工艺上已领先全球，具备了非常好的制造基础，在信息技术的驱动下，中国企业参与全球竞争的热情高涨，而跨境电商是我国大多数中小外贸企业参与全球竞争的有效路径。

（七）各地市场开放力度加大

随着跨境电商市场的繁荣，全球各国都在加大对跨境电商的开放程度，成熟市场继续为中国卖家提供出口跨境电商市场，其完善的物流体系及成熟的消费观念也有益于跨境电商的发展。同时，新兴市场对外开放程度逐渐提升，对中国商品的需求增加，未来新兴市场将成为中国出口跨境电商的主要目标市场。

三、出口跨境电商发展的主要阻碍因素

（一）销售观念改变难

出口跨境电商上游供应商的销售习惯还停留在拓展传统渠道上，主要根源在于传统企业对互联网接受程度低以及应用水平有限，从而产生了电商服务商，帮助传统企业实现电商化。中国卖家销售观念有待改变。

（二）语言及文化障碍

在出口跨境电商的发展中，语言及文化障碍是制约行业发展的重要因素。语言和文化障碍将直接影响企业在第三方平台上的在线展示、商品推广、沟通交流等，制约着企业的业务发展。

（三）支付体系还需完善

在跨境电商业务中，支付体系还需完善。跨境支付涉及多个国家的买卖双方、银行、第三方支付平台等多个主体，因此各个国家对跨境支付的管辖都出台了相应的政策。大部分企业经营的业务针对的是个人市场，而跨境支付系统较为复杂，因此目前对跨境支付便利化的要求最迫切。

（四）物流环节需改进

物流管理是影响企业成本管控、用户体验、库存控制等的重要环节，是跨境电商的重中之重。

首先，网络基础设施的不完善直接制约跨境电商的发展。由于跨境物流涉及仓储、运输、关税等问题，完善的物流体系需要网络基础设施建设、电商平台、企业及国家政策共同支持。

其次，物流管理信息化水平较低，效率影响物流服务水平，降低了用户体验。无论是平台自建物流体系，还是第三方物流企业，均需要加强自身信息化、现代化建设，使物流服务智能化、便捷化及有效化。

再次，航空运输是跨境电商最主要的运输方式之一，而在航空运输中，锂电池等特殊商品的运输一直受到限制。这会影响电子商品、玩具等商品的交付时间。

最后，物流价格是物流管理中的重要问题。价格是电商卖家选择物流企业的重要标准之一，物流企业需要在不影响盈利的情况下，尽可能完善物流体系现代化建设，从而降低物流费用。

（五）劳动力成本上升

随着中国经济的快速发展，人民收入水平相应提高，劳动力成本随之上升。人力资源成本的上升直接影响着中国出口企业的盈利能力和盈利空间，尤其是那些缺乏自主品牌和自主知识产权的中小企业。未来，中小出口企业在这方面的压力将不断加剧，出口企业需快速转变发展方式和策略，降低劳动力成本上涨带来的风险。

第三节　出口跨境电商颠覆传统出口贸易模式

根据中国跨境电商企业在跨境商品交易流通环节中的地位和作用的不同及电商运营的不同模式，跨境电商可分为B2B模式、B2C模式和服务商模式三种。其中，B2B模式可分为信息服务模式和交易服务模式；B2C模式可分为开放平台模式和自营平台模式。

一、B2B 模式

跨境电商 B2B 模式是指出口企业与进口企业之间通过第三方跨境电商平台进行信息发布或信息搜索完成交易的模式。

跨境电商 B2B 模式主要特征如下。

* 第三方平台力推在线交易。从跨境 B2B 的整体链条来看，大多数第三方平台是以提供信息服务为中心的，"信息＋广告"服务的模式经历时间长，但当前信息为王的时代已经过去，单纯的信息服务已经满足不了供需双方的要求。近年来，为了满足企业的更多需求，第三方平台逐渐由信息服务向在线交易服务延伸。这种全产业链式的发展是行业发展方向。

* 信用保障体系完善是关键。对于企业而言，不良的供应商带来的不仅是金钱的损失，而且是整个企业形象的损失。在 B2B 跨境交易中，海外买家将信用看得更加重要。

* 大数据将创造新的价值。跨境 B2B 平台介入交易后，交易数据将形成一个巨大的数据库，利用数据库，企业后期的搜索和匹配将变得更加高效。大数据将对跨境 B2B 交易产生越来越重要的作用，而基于交易数据库、记录和行为能够创建至关重要的信用体系，保障每一笔订单的交易安全。

（一）信息服务模式

* 模式介绍：企业通过第三方跨境电商平台进行信息发布或信息搜索完成交易的模式。第三方跨境电商平台的主要盈利模式包括会员服务和增值服务。

会员服务即卖方每年缴纳一定的会员费用后享受平台提供的各种服务，会员费是平台的主要收入来源。目前该种盈利模式的市场趋向饱和。

增值服务即买卖双方免费成为平台会员后，平台为买卖双方提供增值服务，主要包括竞价排名、点击付费及展位推广服务。竞价排名是信息服务平台最为成熟的盈利模式。

* 主要代表企业：生意宝、阿里巴巴国际站、环球资源、焦点科技等。

案例2-1 生意宝：多元化服务助力中国企业走向全球市场

一、企业简介

网盛生意宝（http://chn.toocle.com）成立于1997年，以中国化工网起家，由中国电商代表性领军人物、中国互联网早期创业元老之一、中国行业B2B电子商务第一人孙德良创立。目前，生意宝已发展成为国内最大的行业电子商务运营商和领先的综合B2B运营商。生意宝通过自建平台与资本收购等多种手段，将中国化工网、全球化工网、中国纺织网、中华纺织网、中国医药网、中国机械专家网等10余个国内外知名的专业电子商务网站收归旗下，成功打造了全球最大的"专业电子商务产业集群"，形成了综合B2B网站外的"第二阵线"，被誉为"业界奇迹""民族互联网典范"。生意宝也是国内B2B出口跨境电商"鼻祖"。

在跨境电商方面，生意宝早已布局，从最早的全球化工网开始，2015年6月16日，已与总部位于英国的知名电商公司Red Step开展密切合作。生意宝国际化之路有序推进，并且还成为杭州跨境电商协会副会长单位。2018年，生意宝Toocle3.0正式上线运行，定位于打造"全球贸易信息中心"，致力于解决全球贸易信息的痛点。

二、核心业务

商机搜索、海外市场推广、专业旺铺、国际贸易数据服务、线下会展与刊物、全球大宗品数据服务、化学品注册及合规服务。

三、主要服务

* 海外展会推广：全球16个海外办事处的本地化参展团队，现场收集流动买家信息，编制电子会刊，点对点推荐、查询买家名片。

* 生意宝国际站：涵盖12种语言（英文、意大利文、韩文、日文、俄文、法文、西班牙文、越南文、德文、阿拉伯文、葡萄牙文及中文），设立了14个国家或地区站（北美站、欧洲站、印度站、巴西站、法国站、德国站、意大利站、阿根廷站、韩国站、日本站、越南站、西班牙站、俄罗斯站等海外站点及中国本地化B2B站点）。

* 国际贸易数据服务：提供中国贸易数据及美国、韩国、印度、巴基斯

坦、哥伦比亚、俄罗斯、阿根廷等7个国家的年度进口贸易数据，供用户了解国际市场需求、开发新市场及新客户。

＊谷歌国际推广：与谷歌全球渠道事业部董事总经理托德·罗（Todd Rowe）就外贸推广服务达成深度合作协议，生意宝成为谷歌的重要战略合作伙伴。

＊REACH法规（《关于化学品注册、评估、授权和限制的法规》）服务：为中国外贸企业把产品出口到欧洲提供相关服务，如物质注册必要性和可行性分析，分析暴露可能，进行化学品安全评估（CSA），编写化学品安全报告（CSR），专业的物质毒性分析和评估，寻找产品中化学成分的代替品及改良品的指导，供应链信息的收集与传递，技术档案的整理与编写，协助企业与下游用户进行沟通，组织企业联合注册，注册后续维护服务。

四、商业模式

＊线上线下相结合的O2O模式。生意宝采取了线上和线下相结合的经营方式，线上有全球化工网等平台提供多种服务，线下借助公司的海外办事处进行展会等地推服务。

＊由点到面，由垂直到综合。生意宝从刚开始推出的中国化工网到韩国化工网，再到后面的海外展会推广、REACH服务等，实现了由单个点的服务到逐渐覆盖客户需求的各种服务；从刚开始的单一语言站点，到现在的13种语言站点，也实现了从垂直到综合的进一步发展。

＊由信息到数据，再到交易。生意宝的发展也经历了从信息服务到数据服务，再到交易服务的演变。从最早的全球化工网信息服务开始，到生意社的数据服务，到大宗品交易服务，不断满足国际贸易发展需求。

＊自有平台和跨国合作结合模式。在大多数公司通过自有平台经营跨境业务时，生意宝就开始了自有平台与跨国合作结合的商业模式。生意宝已与总部位于英国的知名电商公司Red Step开展密切合作，帮助中国优质供应商，通过与Red Step公司跨境电商平台拥有的逾40万海外采购商展开贸易对接，从而走向欧洲乃至全球市场。

＊提供本地化特色服务。开办韩国化工网以及与Red Step公司的合作都是为了提供更好的本地化服务。跨境电商要面对不同国家（地区）的客户，这些客户有着不同的特征和需求，只有提供本地化服务才能更好地解决这些

问题。

案例2-2 阿里巴巴国际站：打造全球领先的线上采购批发平台

一、企业简介

阿里巴巴国际站（https://www.alibaba.com）为中小企业提供拓展国际贸易出口的营销推广服务，通过向海外买家展示、推广供应商的企业和产品，进而获得商机和订单，是出口企业拓展国际贸易的首选网络平台之一。

二、商业模式

阿里巴巴国际站商业模式的核心就是平台的收入模型。这种商业模式赚取的就是中小企业的广告费，平台通过会员费完成商业模式的构建，为不同等级的会员提供不同级别的服务，还提供了两种差异化打包增值服务。阿里巴巴国际站的商品包罗万象，从快消品到化工原料产品都有涉及。

* 核心渠道：交易平台、广告平台、电子期刊、行业资讯网站、电商网站、外部搜索引擎、电视台、户外广告、手机客户端。

* 成本结构：IT基础设施成本、软件研发成本、人力成本、运营投入、广告投入。

* 收入来源：会员费收入、增值服务收入（店铺升级、认证，提供求购信息，搜索排行优先服务）、广告收入、金融服务收入。

三、战略布局

作为传统的B2B服务平台，阿里巴巴国际站在细分市场占据一席之地，主要提供信息匹配服务，收入上还是靠会员费收入和增值服务收入。

* 未来大数据的基础生产中心：阿里巴巴国际站未来计划全面对接海关数据，预计将以往的一达通服务升级为除了解决基础的关税服务之外，还能提供支付、物流和金融等服务。另外，全面打通海关数据还可以解决国际贸易一个很大的难点，即信用问题。

* 探索金融服务模式：虽然目前各大B2B服务平台相继推出贷款融资、信用保障等金融服务以促进在线交易及增值服务的发展，但金融服务总体还处于探索期，并未给服务商带来营收上的突破。

* 规范中小企业入驻,以"买家视角"满足客户需求:对于未来有意愿入驻的中小企业,阿里巴巴国际站会进一步规范卖家的经营行为,站在"买家视角",尽可能满足客户需求:第一,重视海外客户需要什么,是需要定制化产品,还是人性化服务,进而寻找相应的供应商对接;第二,满足海外客户的特殊需求,如七天之内从中国送货至美国客户手中,满足客户在特殊节日前的补货需求。

(二)交易服务模式

* 模式介绍:为买卖双方之间的网上交易和在线电子支付提供平台的商业模式,其主要盈利模式包括收取佣金和展示费。

平台通过提供真实的交易数据帮助买家准确地判断卖家情况,在成交以后根据不同行业按不同比例收取一定的佣金。

展示费是平台在企业上传产品信息时收取的费用,如果不区分展位大小,那么企业只要展示产品信息便要缴纳费用。

* 主要代表企业:敦煌网、大龙网、易唐网、外贸公社等。

案例2-3 敦煌网:帮助中小企业"插上互联网翅膀",走向全球市场

一、企业简介

敦煌网(https://seller.dhgate.com)成立于2004年,开创了"为成功付费"的在线交易模式,突破性地采取佣金制,免注册费,只在买卖双方交易成功后收取费用。截至2017年年底,敦煌网拥有170多万家累计注册供应商,在线产品数量达到770万,覆盖全球222个国家和地区的1 500万累计注册买家。

二、发展历程

2004年:敦煌网在北京成立

2005年:V1.0平台上线,第一笔订单产生

2006年:与谷歌达成战略合作

2007年:成为PayPal(在线支付服务商,总部在美国加利福尼亚州)亚太地区客户

2008 年：V2.0 平台上线，为卖家提供增值服务；与 eBay 结为合作伙伴

2009 年：与 UPS（美国联合包裹运输服务公司）、Visa（维萨，信用卡品牌）、MasterCard（万事达卡，国际支付公司）达成战略合作

2010 年：DHpay（敦煌支付）跨境支付平台上线；成立深圳华南总部；与中国建设银行合作，推出基于交易的小额贷款

2011 年：买家端移动 APP（应用程序）上线；建立物流跟踪系统

2012 年：V3.0 平台上线；平台上新兴行业的销售额实现了 300% 的增长；建立菲律宾呼叫中心

2013 年：在东莞、义乌、宁波、哈尔滨成立分公司；于上海、深圳和义乌开通集货仓库

2014 年：DHport（M2B 商品批发平台）筹备上线；DHlink（综合物流平台）上线；俄语平台上线

2015 年：SocialShops（商务沟通 APP）上线；多语言平台上线

2016 年：敦煌网正式启动"全球梦想合伙人"计划

2017 年：敦煌网在东欧建成业内首个数字贸易中心，随后在大洋洲、北美洲、南美洲、西欧、西亚相继建成数字贸易中心

2018 年：敦煌网再次引领产业变革，将跨境电商带入新贸易时代

三、商业模式

* 佣金收入：作为电商平台，敦煌网提供一个交易市场，买家和卖家可以在这个平台上免费注册、上传产品信息、展示产品，交易成功之后，平台向买家收取一定比例的交易佣金。

* 服务收入：敦煌网在商家入驻开店、平台运营、营销推广、资金结算等方面提供一系列的服务，也会向企业提供集约化物流、金融、代运营等服务，并收取一定的服务费。

四、主要特点

* 特点一：平台化运营。敦煌网致力于帮助中国中小企业通过跨境电商平台走向全球市场。

* 特点二：一体化服务。除了提供基于平台的基本服务外，敦煌网也在优化一体化服务，主要包括：在支付方面，DHpay 对接全球三十多种支付方式；在线物流方面，DHlink 支持二十多种物流方式，也可提供仓库及集运

服务。

*特点三：全国供应商。敦煌网的服务对象由最初的中小企业拓展到规模化的外贸企业、工厂和品牌商家。此外，敦煌网在提供交易平台的同时，还推出了网贷中心。

案例2-4 大龙网：移动跨境出口B2B电商平台

一、企业简介

大龙网（http://china.osell.com）成立于2010年3月，是移动跨境电商B2B商机平台，先后获得了阿里巴巴前CTO（首席技术官）兼中国雅虎CTO吴炯、北极光创投、海纳亚洲创投基金、新加坡凤凰基金等的投资。大龙网曾作为海关总署跨境贸易电子商务通关服务平台首个试点电商企业，走通了中国跨境电商海关通关第一票。

大龙网推出了"移动互联网＋外贸"的移动跨境电商B2B模式，通过全球商人在线沟通交易APP约商（OSELL）及线下分布在全世界的网贸会，让沟通交易无障碍。

大龙网重点筹划移动跨境电商B2B全套解决方案。第一，着力为中国品牌商提供移动跨境电商B2B出口解决方案：约商+网贸会。约商为全球商人提供跨越文化、语言、时差的即时通信平台；网贸会则能让中国商人与世界各地的商人"面对面"，让客户体验产品，建立信任，从而促成交易。第二，为中国各个产业带城市的企业提供跨境电商B2B基础交付及通关综合服务解决方案，为跨境贸易提供跨境电商通关服务、公共服务、综合服务、在线交易、公共监管仓等跨境贸易解决方案。

大龙网的全球运营中心设于中国香港地区，目前在十个国家分别设立了海外本土化服务办公室及中国品牌样品体验中心（网贸馆），同时在中国六个城市设立了分公司。

二、商业模式

一方面，通过线上移动商务社交软件约商与遍布全球的产品及品牌线下体验馆联动的方式，帮助出口供应商及进口采购商实现便捷沟通，使买卖双方快速建立信任，达成交易；另一方面，提供跨境贸易全程解决方案，联合第三方提供各地本土化的基础交付、售后服务、商务服务等综合服务。

三、主要特点

（一）建立跨境O2O模式

模式：对内通过18985供应链平台和跨境O2O网贸会对接国内供应商，对外通过约商建立并联合全球零售网络，以跨境O2O展会和体验馆形式把中国商品销往海外零售圈，为其提供一个带服务、带后端、私人定制的平台。

优点：既解决了中国供应商对国际市场销售的"最后一公里"难题，也解决了海外零售批发商从中国进货的服务和信用担保问题。

（二）本土化运营

办公：在俄罗斯莫斯科、巴西圣保罗、印度新德里、加拿大蒙特利尔、澳大利亚堪培拉等多地设立海外销售办公室，拥有200多名外籍员工，负责海外的销售和推广工作。

渠道及仓储：拥有全球1 000多条本土化销售渠道、20多个海外仓。

（三）提供云库房服务

大龙网推出的云库房，提供包括产品收货、分拣、质检、打码、仓储、配送等一系列服务。卖家将产品发送至云库房后，云库房采用统一的包装和运输标准配送商品，除了收货、打码、配送等基础服务外，还提供包括产品称重、产品拍照、包裹拍照、定制化包装等增值服务，从而满足客户的不同需求。云库房服务的优势如下。

* 在国内长三角、珠三角等地区拥有仓库，深圳的两个大型仓库总面积达3万平方米；在东莞拥有公共监管仓，仓内对接海关，可实现一站式通关出口；在黑龙江有合作配送点；此外，在俄罗斯、印度、英国、美国、澳大利亚等国家拥有海外仓。

* 配送范围覆盖全球200多个国家和地区，不受重量、体积限制，不受旺季、航路不畅影响。

* 帮助中国厂家和卖家在海外实现阳光化的本土销售，降低物流运输成本，还能进行实时的库存管理与监测，缩短到货时间，提高买家满意度。

案例2-5 外贸公社：打造以交易型大数据为基础的B2B社交商务平台

一、企业简介

外贸公社（https://www.tradesparq.com）是以交易型大数据为基础的B2B社交商务平台，由20名全球顶尖技术人员历时4年，耗资千万打造，拥有300万个产品、30万名注册用户、58个国家和地区的8亿多条买卖双方交易数据（每月实时更新，并且新增几百万条交易数据），年度询盘达到600多万条，每天全球独立IP地址访问量达到17万，页面浏览量达到170万。

二、商业模式

外贸公社独创的产品和服务解决方案，帮助中国企业在平台上展示产品，认识更多好友，获得更多点赞，利用以海关数据为依托的交易型大数据主动开发客户。可见，外贸公社是主被动相结合的双向推广电商社交平台。

三、主要服务

外贸公社是国际贸易领域Web2.0模式的创新服务平台，卖家可借助平台进行以下活动：

* 收询盘：展示产品，在线接收买家询盘及留言；
* 找买家：主动联系买家，向买家推荐产品；
* 交好友：关注买家及行业动态，添加海外买家为好友，进行互动交流；
* 看数据：根据进出口数据，分析行业趋势，进行海外布局，寻找海外买家；
* 管理客户：对海外客户分类管理，进行交易统计，定期跟进，主动发送邮件进行营销。

二、B2C 模式

跨境电商B2C模式指跨境电商企业与境外最终消费者通过第三方跨境电商平台完成交易的模式。根据运营方式，第三方跨境电商平台可分为开放平台与自营平台。

（一）开放平台

出口跨境电商 B2C 开放平台为出口企业提供跨境交易平台及支付、安全、管理等共享资源。

* 模式介绍：开放平台开放的内容涉及出口跨境电商的各个环节，除了开放买家和卖家数据外，还包括开放商品、店铺、交易、物流、评价、仓储、营销推广等各环节和流程的业务，实现应用和平台系统化对接，并围绕平台建立开发者生态系统。

开放平台企业更多是作为运营管理者，通过整合平台服务资源，共享数据，为买卖双方服务。

* 主要代表企业：出口跨境电商 B2C 开放平台主要代表企业包括 eBay、亚马逊、全球速卖通、Wish 等。

案例2-6 eBay：从C2C拍卖到互联商务的华丽转身

一、企业简介

eBay 通过网络将世界各地的人们联系在一起，推动线上和线下、本地和全球、小型企业和大型零售商的共同发展，为他们创造更多的机会。

eBay 在线交易平台是全球领先的线上购物网站，2017 年净营收为 95.67 亿美元，比 2016 年的 89.79 亿美元增长了 6.5%。

在中国，eBay 为中国卖家开辟直接面向海外市场的销售渠道，凭借大数据、移动技术和突破性的物流解决方案，帮助中国卖家精准定位商机，提供可与零售标准相媲美的买家体验，扩大了全球消费者的选购范围。

eBay 拥有 3.8 亿海外买家客户资源，实现欧美发达消费市场和新兴经济体市场的全覆盖，为中国出口企业、商家提供出口电商网上零售服务。

通过 eBay 的全球平台，中国卖家的支付、语言、政策、品牌、物流等问题得到有效解决，同时可以将产品销售到世界各地，直接面对亿万消费者。eBay 帮助买卖双方削减中间环节，创造价格优势，降低运营成本。

二、商业模式

eBay 对入驻其平台进行跨境电商贸易的商家收取两项费用：一项是刊登

费，即对商家在 eBay 上刊登物品收取的费用；另一项是成交费，即当商家的物品成功售出时，eBay 会收取一定比例的成交费。

三、主要服务

eBay 为商家提供"前准备、刊登物品、售出并发货"等全套服务指导，包括跨境交易认证、业务咨询、疑难解答、外贸专场培训及电话培训、外贸论坛热线、洽谈物流优惠，帮助卖家迅速熟悉 eBay 平台的操作及销售模式。

在物流、仓储、融资、管理和推广等各个环节，eBay 与合作伙伴共同为商家提供方便快捷的出口贸易服务。比如，在物流方面，eBay 积极与第三方合作伙伴合作，推动他们为中国卖家量身定制以海外仓、e 邮宝为代表的高效、稳定、高性价比的物流方案；在融资方面，eBay 和中国平安合作推出"贷贷平安"融资解决方案，为 eBay 卖家提供无抵押、无担保的信用贷款；在管理方面，eBay 的客户管理团队指导卖家如何管理海外消费者的预期，以及如何凭借优质的客户服务来赢得回头客；在推广支持方面，eBay 特惠、全球购物页面等推广活动为中国卖家提供更多展示并提升中国产品品牌形象的机会。

eBay 给入驻平台的商家提供"外贸大学"服务，收集数百家优秀外贸企业的成功经验供商家学习借鉴，并推出了有针对性的各类专题课程，帮助商家解决跨境贸易中出现的各种问题。为打破语言障碍，2014 年 6 月，eBay 推出 AppTeck 机器翻译技术，提高了 eBay 的翻译和跨境交易服务水平，帮助全球消费者克服语言障碍，同时也为中国卖家开展跨境贸易提供便利条件。

eBay 通过大数据及时对市场进行深入了解与分析，为商家提供全球市场的动态信息，帮助卖家准确了解国外市场的动态，时刻把握商机；以数据驱动，帮助买家更快地找到商品，提升用户体验。

eBay 推出卖家保护政策，通过持续的投入，从保护政策的有效执行、买家质量的评估监督、发展中市场的多重卖家保护等方面入手，继续强化对卖家的支持和保护。在本地服务方面，eBay 持续通过客户经理和客户服务团队为卖家提供高质量的服务，包括业务咨询、市场分析等一系列增值服务，助力卖家快速发展业务。

案例2-7 全球速卖通：布局全球供应链，把千个中国品牌推向世界

一、企业简介

全球速卖通（https://www.aliexpress.com）于2010年4月上线，是阿里巴巴帮助中小企业接触终端批发零售商，进行小批量、多批次快速销售，拓展利润空间而全力打造的融合订单、支付、物流于一体的外贸在线交易平台，被广大卖家称为"国际版淘宝"。像淘宝一样，卖家可以把商品信息编辑成在线信息，通过速卖通发布到海外，通过类似国内的发货流程、国际快递，将商品运送到买家手上，完成交易。

全球速卖通目前已经覆盖243个国家和地区的海外买家，拥有18个语种的站点，平台可交易的商品数量超过1亿，已经成为中国最大的跨境交易平台之一。

全球速卖通覆盖3C产品、服装、家居、饰品等共30个商品品类，其中优势产品主要有：服装服饰、手机、通信产品、鞋包、美容健康产品、珠宝、手表、消费电子产品、电脑、网络产品、家居产品、汽车和摩托车配件、灯具等。

二、主要服务

* 物流服务：在全球速卖通上有三类物流服务，分别是邮政大小包、速卖通合作物流及商业快递，其中90%的交易使用的是邮政大小包。数据显示，物流费用一般占商品成本的20%~30%。

* 支付服务：目前，全球速卖通支持买家通过Visa、MasterCard等信用卡或第三方支付公司进行支付，真正实现了跨境支付的畅达。

三、核心优势

在全球贸易的新形势下，买家的采购方式正在发生剧烈的变化，小批量、多批次的贸易形式正在形成一股新的采购潮流，更多的终端批发零售商直接上网采购，或是直接向其他终端批发零售商提供货物，以更短的流通、零售渠道和在线收付款方式，拓展了小批量、多批次的产品的利润空间，为批发零售商创造了更多收益。

全球速卖通通过压缩外贸环节中进口商渠道，如图2-2所示，将以往传

统外贸中进口商所获取的巨额利润,返还给国内制造商及外贸公司,同时降低了海外零售商的采购成本,使消费者获利。

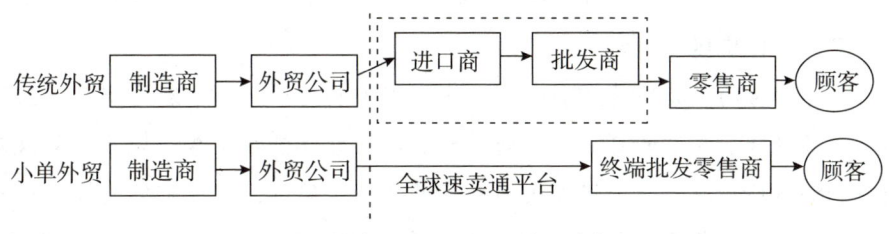

图 2-2 全球速卖通流通渠道与传统外贸渠道对比

(二)自营平台

* 模式介绍：自营平台对其经营的产品进行统一生产或采购,并进行产品展示、在线交易,并通过物流将产品配送到最终消费者手中。

自营平台通过量身定做符合自我品牌诉求和消费者需要的采购标准,来引入、管理和销售各类品牌的商品,以可靠品牌为支撑点,突显平台的可靠性。

自营平台在商品的引入、分类、展示、交易、物流配送、售后保障等整个交易流程的各个重点环节管理均发力布局,通过互联网 IT 系统管理、建设大型仓储物流体系,实现对全交易流程的实时管理。

* 主要代表企业：兰亭集势、环球易购、大龙网等。

案例2-8 兰亭集势：出口跨境电商的"京东商城"

一、企业简介

兰亭集势成立于2007年,是一家 B2C 网站运营商,主要业务是通过互联网平台出售服饰、电子通信设备、零配件及家居园艺产品等商品。兰亭集势整合了供应链服务的在线 B2C 资源,不仅拥有一系列的供应商,还拥有自己的数据仓库和长期的物流合作伙伴。兰亭集势于2013年在美国纽约上市。

兰亭集势是一家以经营婚纱起家的出口跨境电商平台企业,由于国外婚纱的价格普遍较高,因此中国生产的物美价廉的婚纱在国外受到了热烈的欢迎，销售量十分可观。依靠婚纱贸易，兰亭集势赚取了企业的第一桶金，同时婚纱也成为兰亭集势的优势产品。近年来，婚纱、礼服的销售量虽有所下滑，但依然是兰亭集势吸引国外消费者的主打产品。

二、目标市场

兰亭集势的产品销售至全球200多个国家和地区，其中欧美市场是兰亭集势产品销售最主要的目的地。因为欧美地区的物价水平普遍较高，所以来自中国的低价产品就受到了欧美消费者的青睐，同时，欧美市场是较为成熟的市场，产品销售量也较为稳定。南美等新兴市场在近年来发展十分迅速，有望成为下一个利润增长点。

三、盈利模式

兰亭集势将中国本土的商品售卖到海外的个人消费者手中，目前主要靠产品采购及产品销售中间的差价来盈利。2014年5月，兰亭集势发布全球时尚开放平台战略，在全国招商，吸引商家入驻平台，承诺向入驻平台的卖家提供全球本地化、订单履行、客户服务、开放数据四项服务。在盈利模式方面，兰亭集势不对商家收取年费，而是以一定比例的销售分成获取收入。目前，兰亭集势的收入依然以自营商品的进销差价为主。

四、营销渠道

兰亭集势主要分三种渠道进行营销，分别是搜索引擎营销、联盟营销、社交软件营销。搜索引擎是兰亭集势的第一大流量入口。根据Hitwise（全球性在线竞争情报服务企业）的数据显示，在兰亭集势来自北美地区的所有访问当中，超过45%的流量是谷歌搜索带来的，其次是社交网站Facebook，约为其带来3%的流量，其他包括eBay、Yahoo！Search（雅虎搜索）、Bing（必应）等网站则为其带来2%左右的流量。另外，兰亭集势运用联盟营销的方式，向合作伙伴提供吸引用户访问的内容和工具，当用户通过兰亭集势的联盟网站访问兰亭集势并购买了兰亭集势的商品时，兰亭集势会按照一定比例支付销售佣金给这些联盟网站。

社交软件营销也是兰亭集势一个很重要的营销手段。兰亭集势拥有一支专门在Facebook等社交平台上进行推广的营销团队，提高公司在社交软件上的曝光率，吸引潜在客户。兰亭集势由于缺乏平台自有用户，比较依赖流量，而且由于主要销售商品为婚纱，在重复购买率上并不具备优势，但近年来兰亭集势积极调整产品结构，优化用户体验，使得用户重复购买率营收占比不断提高。

案例2-9 跨境通：出口跨境电商B2C龙头，打造立体生态圈

一、企业简介

跨境通是跨境自营 B2C 龙头企业，自有平台＋第三方平台规模全网第一，业务包含跨境出口、跨境进口，以及仓储物流和供应链金融服务等。

2017 年，跨境通实现营业收入 140.18 亿元，同比增长 64.2%；实现净利润 7.51 亿元，同比增长 90.72%。其子公司环球易购 2017 年度实现营业收入 114.41 亿元，实现净利润 7.14 亿元；前海帕拓逊实现营业收入 24.25 亿元，实现净利润 1.92 亿元。

跨境通以出口为主，旗下平台、产品如图 2－3 所示，在国内消费者中知名度不高，但均有着较强的国际竞争力。根据全球最大的传播集团 WPP 旗下的调研公司 BrandZ 发布的"2018 年中国出海品牌五十强"排名榜显示，跨境通旗下全资子公司环球易购自营渠道品牌 Gearbest 排第 22 名，Zaful 排第 34 名，是中国跨境电商企业中唯一两个自有品牌同时入围的企业。跨境通拥有 MPOW、LANGRIA、EXCELVAN、FLOUREON、SOUAIKI 等知名产品品牌。2017 年，跨境通自有品牌营业收入达到 42.98 亿元，占整体营业收入的 30.66%。

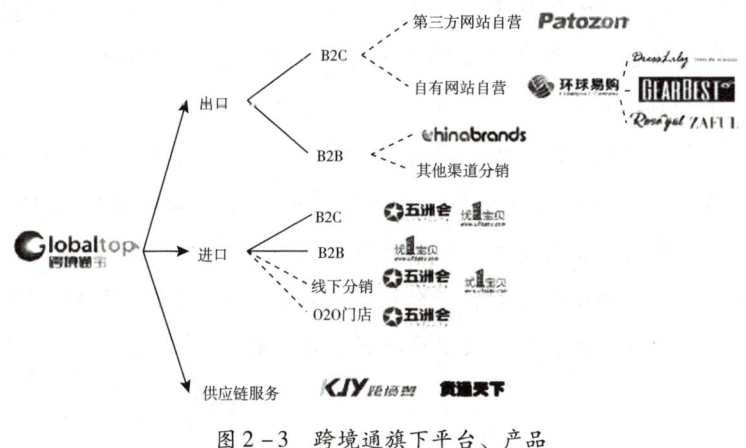

图 2－3 跨境通旗下平台、产品

2017年，跨境通跨境进口业务实现营业收入67 573.90万元，占整体营业收入的4.83%，同比上升59.76%。

二、业务模式

跨境通旗下的前海帕拓逊和环球易购均是买断式自营出口B2C电商，如图2-4所示，二者都是将国内产品买断，利用平台出口给海外消费者。这一过程很好地融合了物流、信息流和资金流，业务模式稳定，效率高。

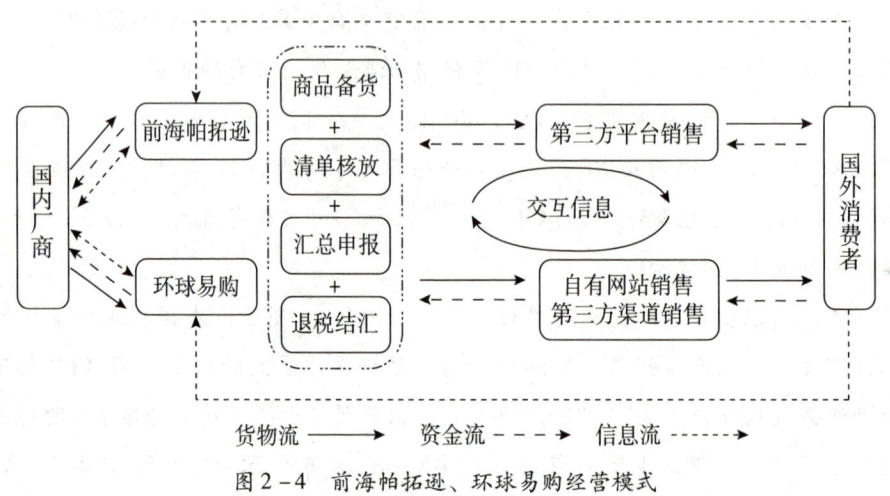

图2-4 前海帕拓逊、环球易购经营模式

三、仓储物流

目前，跨境通以布局海外仓为打造国际供应链优势的阶段重点。海外仓储是跨境通提高商品配送效率、提升服务标准、提高客户满意度的重要举措。环球易购在海外仓领域具有明显的领先优势，其使用海外仓的规模为跨境出口B2C自营行业里最大的。

环球易购从2011年就开始建立海外仓，现在在美国、英国、德国、法国、澳大利亚、日本等国均建有海外仓，国内外仓储面积总计约15万平方米，其中海外仓约3万平方米。环球易购自建的海外仓在美国和欧洲分别有2个，其他的海外仓都是租赁的，海外仓的发货占30%左右。目前，环球易购的海外仓使用自有系统，并已实现标准化、流程化。

三、服务商模式

出口跨境电商服务商支撑着出口跨境电商的各个环节，在整个出口跨境电商产业链中有着举足轻重的作用，主要集中在 IT 服务、供应链服务、营销服务、支付服务及物流服务领域。未来出口跨境电商服务商将向服务整合商发展。

* 模式介绍：出口跨境电商服务商主要为出口跨境电商整个产业链的上下游商家提供更为专业的服务，如通关、退税等综合服务，也包括营销、物流、供应链、金融等细分市场服务。

* 主要代表企业：目前，出口跨境电商服务商包括谷歌、Facebook、一达通、思亿欧、飞书互动、卓志等。

案例2-10　一达通：打造一站式外贸综合服务平台

一、企业简介

一达通是外贸综合服务平台，为中小企业提供专业、低成本的通关、外汇、退税及配套的物流和金融服务。2014 年，阿里巴巴集团全资收购了一达通，并将一达通列为阿里巴巴打造的外贸生态圈中的重要组成部分。

二、主要服务

* 通关服务：以一达通名义完成全国各口岸海关的申报，给企业提供绿色通关通道。

* 退税服务：为企业与个人快速办理退税，加快资金周转速度。

* 外汇服务：中国银行在一达通公司首设外汇结算网点，提供更方便快捷的外汇结算服务。一达通亦可为客户提供外汇保值服务，提前锁定未来结汇或者购汇的汇率成本，防范汇率波动风险。

* 金融服务：提供无抵押、无担保、零门槛的融资服务，提供阿里巴巴 B2B 信用卡、赊销买断、信用证买断三种国际主流的金融支付服务。赊销买断是一种在出口企业接赊销订单时为企业分担收款风险，提前"放款"的金融服务。信用证买断是一种在出口企业接信用证订单时为企业审证制单、分担收款风险，提前"放款"的金融服务。

＊ 物流服务：涵盖中国主要港口与全球贸易区间内的各种物流方式，物流专家按需为客户定制最佳物流方案，持续降低物流成本。

一达通还针对提供的服务建立了风控框架，如图2-5所示。

公司风控框架		事前审核	事中监控	事后管理
风控中心	通关	产权审核（品牌） 价格预审（单价） 产品HS.	数据比对（产品价格、重量等） 逻辑审核（型号、规格、属性等） 监装校对（单货相符）	数据分析（综合审核） 参数设置（调整风险参数） 完善流程（优化细节） 客户管理（锁定、拒绝）
	退税	开票人预审 客户准入看厂 财务函调交流	退税环节审单 贸易真实性核查 税务审核	退税票据的核对、接收 异常票据的处理
	外汇	预收汇押汇	出口不收汇、收汇不出口等异常情况监控	总量核销
	金融	订单贸易真实性核查 中信保买家调查核保 供应商实地看厂	金融环节审单、合同审核 质量协议、买家验货报告审核 货权控制、贷后管理	保险理赔 法律诉讼
	物流	投保货运险 处理特殊货物	物流环节审单 费用结算 货损的监控与反馈	目的港处理 保险理赔

图2-5　一达通风控框架

三、主要产品

在金融服务方面，目前一达通推出了四款产品：网商贷高级版、信融保、赊销保、锁汇保。

网商贷高级版是面向使用一达通出口基础服务的客户（包括自营出口、通过大型代理公司出口的准客户），以出口额度积累授信额度的无抵押、免担保、纯信用贷款服务，该服务由阿里巴巴联合多家银行共同推出。目前已获一达通授信客户单户最高金额达到1 000万元，单户最低为15万元。

信融保是一达通针对信用证交易中出口企业面临的主要问题推出的综合金融服务，涵盖信用证基础业务、信用证融资不买断、信用证买断三大服务模块。

赊销保是国内卖家与海外买家进行外贸赊销业务合作时，一达通结合对其提供的海外买家资信调查，提供代买保险和贸易融资等一揽子金融服务。

锁汇保是指一达通代客户与银行签订锁汇协议，约定将来办理结汇或售汇的外汇币种、金额、汇率及交割日期，到约定交割日当天，根据协议约定的汇率向银行办理结汇或售汇，换言之，就是锁定汇价在前、实际交割在后的结售汇业务。

案例2-11 思亿欧：引领中国出口企业进入中国外贸4.0时代

一、企业简介

杭州思亿欧网络科技股份有限公司成立于2003年，致力于为中国各类型企业提供互联网技术应用产品和服务，是国家高新技术企业。

思亿欧于2006年成立了面向国内外主流搜索引擎的整站优化事业部，2009年推出了网络营销综合解决方案，2010年推出了互联网营销"网络全案"服务，2011年独创了搜索流量计费服务模式。思亿欧于2013年年底成功研发了针对外贸企业的网络营销产品——外贸快车，并于2014年年初推向市场，2015年建成全国渠道体系。2015年8月，思亿欧旗下子公司大显科技推出面向国内中小内贸企业的网络营销综合解决方案产品——亿企宝。2017年6月，思亿欧产品线全线升级扩容，隆重推出了沸客社交营销软件，以及领真VR（Virtual Reality，虚拟现实）软件。

根据十余年的从业经验，思亿欧建立了完备的技术体系，积累了雄厚的技术实力。如今，思亿欧拥有企业级互联网技术应用产品线，包括外贸快车、沸客、网络全案、亿企宝、领真VR等产品。

思亿欧现共有员工1 000余名，在全国各个重点城市设有100余家分公司和核心代理商。2003年以来，思亿欧服务了千余家品牌客户，以及近10万家中小企业。

2015年11月，思亿欧外贸快车项目获得由帮实资本、蓝山投资、方得部落等多家机构联合投资的5 000万元。2016年9月，思亿欧成功在新三板挂牌上市。

外贸快车是基于大数据和云计算的智能网络营销系统平台，独创WMM功能体系，帮助外贸企业智能创建多语种营销型B2B官方网站和独立B2C商城网站，通过先进的SEO（搜索引擎优化）技术和多渠道网络营销，帮助外贸企业实现全球推广、新兴市场开发和跨境电商转型。

二、三大功能体系

＊ 智能建站功能体系：域名注册、国际营销型B2B官方网站和独立B2C商城网站建设、多语言网站建设、WAP手机网站建设。

＊ 多渠道网络营销功能体系：多语言和多搜索引擎整站 SEO、SEM（搜索引擎营销）、外贸快车商务软件营销、客户画像、全球采购商推荐、全球采购商查询、SNS（社交网络服务）营销、VR 看厂、外贸实战培训。

＊ 智能监控功能体系：关键词排名统计、网站流量统计、访问来路域名查看、邮件及询盘管理、订单管理。

三、核心优势

＊ 优势一：覆盖全球 95% 的采购商。谷歌是全球最大的搜索引擎，每天搜索次数近 2 亿次，全球 95% 以上的采购商采购产品时会使用谷歌来寻找产品供应商。外贸快车可以让用户企业大量的产品信息在谷歌多个语言站的首页出现，让企业第一时间获得全球采购商的询盘机会。

＊ 优势二：100% 抢占谷歌首页。外贸快车产品是基于思亿欧超过 10 年的外贸网络营销技术经验和完善、领先的 SEO 技术体系所开发。外贸快车可以让用户企业产品关键词进入谷歌的全球排名首页，全面提升企业在全球市场的曝光率。

＊ 优势三：精准锁定全球目标客户。外贸快车通过分析全球采购商不同的搜索习惯，帮助企业设计成百上千的精准长尾关键词，并推荐众多相关关键词，运用先进的 SEO 技术体系进行搜索引擎优化，全面锁定特定采购商的不同需求。

＊ 优势四：多语种、多搜索引擎、多地化覆盖。外贸快车智能建站系统支持建立 50 种不同语言的网站，每种语言的网站对应谷歌搜索引擎相应的语言站的 SEO，实现对用户产品和服务的本地化推广。除了不同语言的谷歌搜索引擎优化外，外贸快车还将优化推广至必应、雅虎、美国在线（AOL）、Yandex（俄罗斯搜索引擎）等主流搜索引擎，实现效益最大化。

＊ 优势五：多渠道网络营销。外贸快车建立了一个多渠道网络营销系统，通过指导用户使用 SEM、外贸快车商务软件、客户画像、全球采购商推荐、全球采购商查询、SNS 营销、VR 看厂，再辅以线上线下的外贸理论及实战培训，全面提升网络营销效果，最大限度达成订单转化。

＊ 优势六：多场景覆盖。外贸快车为用户同时配备相应语种的 PC 端和移动端软件，两套软件同步营销、同台管理；全面覆盖用户的工作场景，同时也全面覆盖采购商在 PC 端和移动端的搜索行为和网络使用习惯。

四、三大价值

* 进行智能全网营销，让用户企业的产品和服务最大限度地出现在潜在客户眼前，再辅以提升转化率的各种工具和服务，为用户带来更多订单。

* 在增加曝光率的基础上，外贸快车为用户带来的是一对一的高效询盘，有效避免同行竞争，为用户带来更多利润。

* 通过官方网站的搭建和高效的全网营销，帮助用户打造自主品牌，让用户从行业价值链的低端上升到相对高端的位置。

五、外贸快车市场应用情况

外贸快车于2013年年底研发成功，2014年年初开始进入市场，2015年全国渠道体系建立。截至2016年年底，外贸快车在国内的付费企业客户有近12 000家。2016年，外贸快车产品销售额近2亿元，经过3年历练，外贸快车客户数量和销售额都处于行业领先地位。

六、中国外贸4.0时代

中国的外贸出口行业在风风雨雨中走过了数十年，但真正意义上的"外贸营销"才开始20多年。自20世纪末开始，参加以广交会为代表的各类国际行业展会成为我国外贸企业开拓营销渠道的主要方式，中国外贸营销进入1.0时代。2008年，在全球经济危机的影响下，被动等待的展会模式已无法满足外贸营销发展需求。一些实力雄厚的外贸企业开始通过互联网B2B平台主动营销，中国外贸进入2.0时代。

伴随着B2B平台用户的增多，以及海外采购量的增速减缓，国内供应商之间的竞争日渐激烈，中国的外贸营销迎来了以数字化为特征的3.0时代。许多外贸企业开始通过邮件营销、内容营销、大数据营销、搜索引擎优化、搜索引擎付费广告、社交媒体营销等多元化方式拓展自己的营销渠道。但由于受到预算、精力等因素影响，看似数字化的网络营销对一些中小企业而言困难重重，零散、随机的营销资源布局达不到集成化效果，企业自身也不具备将营销系统化和平台化的能力。看似主动的营销，却处处显露出被动。面对着"互联网+"时代下的全新市场需求，中国外贸营销进入了一个全新的阶段，一个基于互联网大数据和云计算的外贸4.0时代。

在这样的时代背景下，思亿欧外贸快车以创新求索的精神，为外贸企业的营销带来新的动力。最新发布的外贸快车4.0系统，在前几个版本的基础上进行升级，不断将整个外贸营销的操作过程模块化、系统化、平台化，让每个外贸从业人员都能快速上手，让每个外贸企业都能全面开展卓有成效的外贸网络营销，重新获得营销过程中的主动权。同时，全新的4.0系统也将为广大用户打造一个从建立网站、定制营销策略、生成营销内容，再到网站引流、线下转化，进而在盈利基础上扩大网站建设、拓宽网络营销渠道的外贸营销生态闭环，并通过大数据和云计算时代下的创新技术，充分收集、分析、整合行业数据，为外贸营销提供精准的数据基础，以全新的姿态引领外贸企业进入智能网络营销新时代。

这是个全新的外贸4.0时代，在云计算、大数据、人工智能等全新理念和技术的推动下，外贸企业在数字营销领域的参与方式将面临重新定义和升级。操作平台化、营销生态化的智能趋势将成为外贸营销中的主流，为广大外贸企业带来真正的收益。思亿欧作为企业级互联网技术应用提供商，将以创新技术为驱动，不断推动社会的进步，助力中国外贸事业获得可持续化的长足发展。

案例2-12　飞书互动：领跑出海营销2.0时代，助力中国品牌走向全球

一、企业简介

飞书互动（https://www.meetsocial.cn）是Facebook官方授权的中国区顶级代理商，也是中国区份额最大的代理商，已服务逾2 500家客户，管理年均近50亿元人民币的预算，日均17 000个线上营销活动。飞书互动聚焦Facebook业务多年，通过卓越的服务能力和领先的产品技术帮助中国企业通过Facebook和Instagram（社交应用软件）的全球网络提升品牌声望和销售业绩，实现全球化发展。飞书互动的服务团队全部持有Facebook官方认证的Facebook Blueprint专业资质，且来自十几个国家和地区，致力于为客户提供本地化的媒介策略、广告优化、创意设计、视频制作和社会化营销服务，真正实现品效合一。

飞书互动隶属于国内最大的跨境营销集团——深诺集团，在上海、北京、深圳等地设有分公司，业务范围覆盖全国重要城市。深诺集团旗下有飞书互动和深诺互动（谷歌、YouTube、Twitter、领英、Pinterest五大平台中国区顶级代理商），是国内唯一一家同时拥有谷歌、YouTube、Twitter、领英、Pinterest 五大平台中国区顶级代理权的数字营销集团，致力于为出海的中国企业提供全渠道、全方案的咨询与营销服务，帮助中国企业成功实现全球化发展。

二、主要服务

飞书互动提供完善的基于 Facebook 和 Instagram 两大平台的海外数字营销服务，为众多知名品牌提供服务，深耕科技、游戏、旅游、教育等多个领域，拥有丰富的行业经验和前瞻性见解，可以提供度身定制的最优营销方案。

* 海外市场洞察：飞书互动的专家洞悉各国重点市场的行业和营销趋势，并在全球范围内享有来自 Facebook 官方的情报支持，助卖家全面解读目标市场。

* 广告优化服务：拥有业内顶尖的优化团队，汇聚经验丰富的资深优化师，更享有来自官方的全球优化经验分享，以精准的诊断和执行来提升广告转化率。

* 广告创意服务：飞书互动深刻掌握 Facebook 广告的独特表现手法和应用方式，由外籍团队悉心指导，基于不同市场创作本土化的广告。飞书互动已创作逾 30 000 例优秀广告，以高频创意风暴让卖家的 Facebook 广告保持新鲜度和吸引力。

* 社交内容营销：飞书互动设有专门的社会化营销团队，专注 Facebook 和 Instagram 平台的粉丝页运营，可以覆盖小语种地区，打造高质量的帖子及创意活动。飞书互动还能够为卖家找到各行业最优秀的社交领袖，并提供最佳互动服务。

* 技术支持服务：飞书互动研发了 Adxage、Intelelligence Center、Facetool 和 Xray 等多个数字营销工具，通过技术和大数据支持实现人工智能营销，提高企业广告投放效果，为企业出海提供定制化的技术支持。

* 账号管理服务：在平台上开通账号后，飞书互动会悉心指导账号后台操作、广告上线发布，并协助安装转化追踪软件。

三、主要产品

Facetool 是飞书互动自主研发的 Facebook 一站式海外投放工具，全中文界面，智能优化投放追踪，基于大数据，帮助中国企业快速进行海外推广。该产品实现 API（应用程序编程接口）完全接入，由 Facebook 官方核心工程师全面支持，可以帮助用户迅速开通企业级账户，快速上手，轻松优化广告投放。Facetool 致力于解决客户在 Facebook 广告投放时遇到的开户难、效果监控难等棘手问题。

自 2016 年上线以来，Facetool 每日处理百万级广告数据，数据标签实时更新，应用机器学习、推荐算法、智能打分，帮助广告主优化广告投放。

四、产品特点

Facetool 是一款基于大数据的人工投放工具，抓取行业 Benchmark（基准），时刻对标优化成效；根据历史数据信息推荐创意模块；基于大量广告数据，准确预测投放效果。

* 特点一：精准定位。Facetool 基于大数据分析，根据受众特征分析与推荐，能够实现精准用户定位。

* 特点二：一键创新。精选广告内容，一键生成丰富广告素材。

* 特点三：实时追踪。账户消耗可视化，实时追踪广告效果。

* 特点四：智能优化。设置自定义效果规则，自动优化广告。

五、主要功能

第一，快速开户。用户通过 Facetool 可以实现免 VPN 轻松登录 Facebook，并可在 5 个工作日内开通 Facebook 企业账户。

第二，中文操作。Facetool 专为中国广告主设计的页面，采用人民币充值，支持信用卡支付方式，方便中国广告主操作投放，更加符合中国广告主操作习惯。

第三，智能创意。Facetool 借助大数据系统，丰富创意模板，根据历史数据实现智能推荐创意，并能根据数据批量生成创意广告。

第四，智能投放。Facetool 能够实现智能推荐兴趣、智能控制 APP 安装成本、智能翻译等智能投放功能。

第五，智能优化。Facetool 会根据企业广告投放情况设置效果规则，全方位、多角度地对成效进行分析，实现智能优化的目的。

第六，智能追踪。通过追踪第三方平台站外流量，Facetool 能够实现精准营销目的，并通过实时追踪广告效果，帮助广告主优化投资回报。

Facetool 平台配合飞书互动遍布全国的线下专业服务团队，为客户提供定制化增值服务，如整合营销策略、专业操作培训、广告优化投放、广告创意设计、社交互动运营、营销技术支持等全方位的服务，助力国内跨境企业高效发展，赢得全球商机。

案例2-13　卓志：创新商业模式，打造跨境电商供应链服务生态圈

一、企业简介

卓志集团创立于1997年，发展至今，已成为业务涵盖商贸、报关、运输、海外仓等多元化领域的外贸综合服务企业。目前，卓志集团在全球设立分子公司36家，分布于广州、深圳、上海、宁波、长沙、天津、青岛、昆明、南京等全国10多个城市和澳大利亚、美国、韩国、日本、德国等10多个国家和地区。

目前，卓志集团旗下拥有外贸综合服务平台卓志供应链、跨境电商服务平台卓志跨境电商、海上丝路订舱平台海外丝路、全球包裹转运直邮服务平台卓志速运、进口货源共享服务平台第e仓及熊猫掌柜。

卓志供应链作为支撑新零售的外贸综合服务平台，不仅是国家级电子商务示范企业，也是广州市首批跨境电子商务试点企业。2017年2月，普洛斯金融投资2亿元入股卓志供应链，注入资金将主要用来支持卓志供应链在海外及国内业务的快速复制和发展。目前卓志拥有3 000万件仓内现货、80万个SKU（库存量单位）和已经聚集的五大洲货源，可以跟30个以上一线电商平台系统直联，可以同时服务天猫国际、京东全球购、唯品国际、考拉海购、蜜芽、拉拉米、快乐购、全球蛙等平台。2017年双十一全天，卓志跨境电商累计接单量达163.6万单。

二、主要优势

* 优势一：资源优势。一是实体资源：卓志集团拥有1个国家二类港口、自有铁路专线、5万平方米标准物流仓库、6万平方米海关监管场站。二是舱位平台资源：卓志集团是多个优势航线的一级代理商。三是渠道资源：卓志集团拥有良好的销售渠道扩张能力及完善的供应链网络。四是资金资源：卓志集团凭借良好的信用评级获得了充足的银行授信。五是信息资源：卓志集团的综合物流信息平台是广州市电子商务发展"十一五"规划重点建设项目。

* 优势二：网络优势。依托直达非洲、美洲、欧洲、东南亚地区的四大国际航线，卓志建立了遍布全球的物流网络，并在香港、广州、上海、深圳、中山、长沙、连云港、宁波设立了分支机构，可为客户提供全球业务解决方案。

* 优势三：人才优势。卓志会聚了众多业内精英人士，可根据客户需求定制合理的供应链解决方案，包括采购和分销执行、供应链融资、货代、通

关、码头装卸、仓储、运输等。

三、主要产品和服务

（一）卓志供应链

卓志供应链是全程外贸供应链综合服务商，提供的服务包括公共物流服务、货代及第三方物流服务、供应链服务、通关服务、市场采购商品出口一站式服务等。其中，供应链服务包括采购和分销执行、供应链金融服务、行业解决方案等；通关服务包括进出口通关咨询、物流方案策划，代理进出口货物通关、港口、运输、仓储操作服务，代理企业相关资质备案业务等。

（二）卓志跨境电商

卓志跨境电商提供e通关、卓志速运、e溯源、国际物流、海外仓等主要服务。其中，e通关服务主要包括跨境电商企业备案、跨境电商商品备案、e通关服务下单、保税理货信息确认、e通关进度查询、预收款余额查询等。

（三）第e仓

第e仓依托卓志成熟的跨境物流及通关仓配基础服务，联合国际知名品牌商、经销商、分销商和电商企业，打通跨境商品供需通道，解决跨境电商企业货源、资金、仓储、备案、清关、销售渠道等方面的难题，重磅打造进口货源共享服务平台，实现一仓发全网、全网共享。

服务优势：链接千家分销服务平台，提供万种优质进口资源，商品溯源配套确保品质；对接监管系统，自动进行申报，支持一键上架，操作便捷，多关区/多渠道灵活清关，支持多店多仓库存管理，组套商品无须重新备案。

（四）卓志速运

卓志速运是卓志集团的子公司，在集团供应链优质资源的支持下，专业为高速发展的跨境电商零售行业提供快件包裹进出口运输、申报、配送服务。

服务优势：一是平价、快速的转运服务，利用现有规模优势和航线优势，降低商家的时间成本和费用成本。二是稳定、专业的报关服务，不断优化清关渠道，将包裹安全、便捷、合法地送达收件人手中。三是高效、可靠的技术服务，强大的信息技术系统支持客户在世界各地在线管理和开展业务。四是安全、精准的追溯服务，为客户提供实时查询功能，使其掌握物流配送状态和每一个关键节点的变化。

国内主要出口跨境电商运营模式对比如表2-2所示。

表 2-2 国内主要出口跨境电商运营模式对比

项目	客户群体	运营模式	盈利模式	产品特性	物流模式	供应链	采购模式
AliExpress 全球速卖通	覆盖243个国家和地区,每日海外买家流量超过5 000万,主要市场为俄罗斯、巴西等	平台模式	会员费+佣金	覆盖3C产品、服装、家居、饰品等30个商品品类	第三方物流	由平台入驻卖家自行管理	入驻卖家自行采购
亚马逊 amazon.cn	在全球有近两亿活跃用户	平台模式	开店费用+租金	综合类	第三方物流+亚马逊自发货	由平台入驻卖家自行管理	入驻卖家自行采购
eBay 易趣	拥有3.8亿海外买家客户资源	平台模式	刊登费+成交费	综合类	第三方物流	卖家数量约2 500万	入驻卖家自行采购
环球易购	海外客户,直销全球200多个国家和地区	自营为主	赚取采销差价	垂直类(专注于服装、3C)	第三方物流	供应商超过1 000家	买断式
Lightinthebox 兰亭集势	海外客户,主要集中于西欧、北美地区	自营为主	赚取采销差价	综合类	第三方物流	供应商超过2 000家	买断式
DX.com	拥有大量海外客户,在俄罗斯、巴西等新兴市场优势明显	自营为主	赚取采销差价	综合类	第三方物流	供应商主要集中于珠三角地区	买断式

第四节　出口跨境电商呈现的六大新趋势

随着行业的发展，出口跨境电商行业呈现出一系列新的特点，例如新兴经济体成为跨境出口的新增长点，跨境零售出口占比日益扩大，提供通关、交易、物流、金融等综合服务的平台开始出现，汽车配件和大件家居产品成为中国制造新的线上亮点等。

* 趋势一：新兴市场成必争之地。

随着新兴市场的网络普及率逐渐提升、跨境电商政策逐步完善、消费者购买力提升，这些市场成为我国出口跨境电商的潜在订单增长点。欧美主流市场依旧是行业发展的主力，但新兴市场发展速度远远快于欧美市场。印度市场比较封闭，但拥有十几亿人口，未来市场容量很大。俄罗斯市场较为成熟，全球速卖通布局较早，牢牢占据了老大地位。目前我国出口跨境电商企业的目标市场集中在欧美等发达地区，拉美地区是近年来跨境电商发展最快的地区，紧随其后的是亚太、中东和非洲等地区。

* 趋势二：资本化、品牌化进程加快。

从出口跨境电商发展现状来看，在整体经济形势、传统贸易形势下滑的大背景下，跨境电商的发展势头却十分强劲，从一级市场迈入二级市场是未来的趋势，不少头部企业 Pre-IPO（上市前融资）已经结束。"中国制造"已处在转型边缘，中国亟待从制造业价值链底层向上层发展，逐步淘汰低质企业。随着出口跨境电商不断成熟，国内品牌卖家迎来一个提升品质、创立品牌的绝佳机遇。

* 趋势三："数据＋生态"驱动明显。

未来跨境电商将以数据为依托，提高电商企业的效率，提高跨境电商运营的精确程度，"数据＋生态"双轮驱动是跨境电商发展的趋势。以数据及生态为底层基础的出口跨境电商将是实现传统外贸转型升级的强大驱动力。未来基于数据和生态建立的新型外贸，将为出口企业带来真正的竞争力。"精细化运营时代"也是在"互联网＋"的大势下对跨境消费者体验深耕细作的时代，数据是互联网的根本，网络也就是数据。

* 趋势四：本地化服务是大势所趋。

随着亚马逊、eBay 等大公司逐步进入各地市场，当地的电商经营者势必面临更多的竞争，本地化是跨境电商成功的一个要素，也是一个发展趋势。出口跨境电商在线上发展速度较快，未来应"沉下来"，做好线下布局，向本地化服务和跨境全渠道经营方向转变。我国政策明确支持企业拓展海外市场，建立海外仓、展示中心，跨境出口业务接下来的机会在于全渠道的部署，产业对接不仅要透过线上，还要深入线下。

* 趋势五："烧钱"成为发展必然趋势。

在当前阶段，电商处于规模快速发展期，为了提高知名度、销售量，迅速抢占海外市场份额，需要大规模库存支持，"烧钱"成为必然趋势。从我国主要的自营型跨境电商平台来看，随着库存的大规模增加，经营性现金流为负已经成为行业的普遍现象。

* 趋势六：提高转化率成为企业发展核心。

随着电商达到一定规模后，流量的快速增长最终会停止，而提高流量转化率将成为电商企业保持长期发展的决定性因素。提高流量转化率的主要手段包括：提升 SKU 数量，满足客户更多需求；改善流量结构，增加直接流量；绑定老用户，提升重复购买率。

第三章 进口跨境电商：
巨头博弈升级，或产生"挤出效应"

近年来，中国进口跨境电商呈现出的爆发式增长，得益于国内海淘用户数量的快速增长、消费者对海外商品认知度提高、消费观念升级、需求多样化等驱动因素。同时，政府在跨境金融、税收、物流方面出台利好政策，也为进口跨境电商发展奠定了基础。

第一节 进口跨境电商迎政策红利，巨头加快布局

一、进口跨境电商的发展之路

如图3-1所示，2018年中国进口跨境电商市场交易规模达1.9万亿元，同比增长26.7%。进口跨境电商平台逐渐建立，跨境网购用户数量也逐年增加，我国进口跨境电商市场规模增速迅猛。2015年，由于进口税收政策的规范及部分进口商品关税降低，进口跨境电商迎来爆发式的增长。

如图3-2所示，截至2018年12月底，我国经常进行跨境网购的消费者达8 850万，同比增长34%，基数日趋庞大，增长率将会逐渐降低，然后趋于平缓。

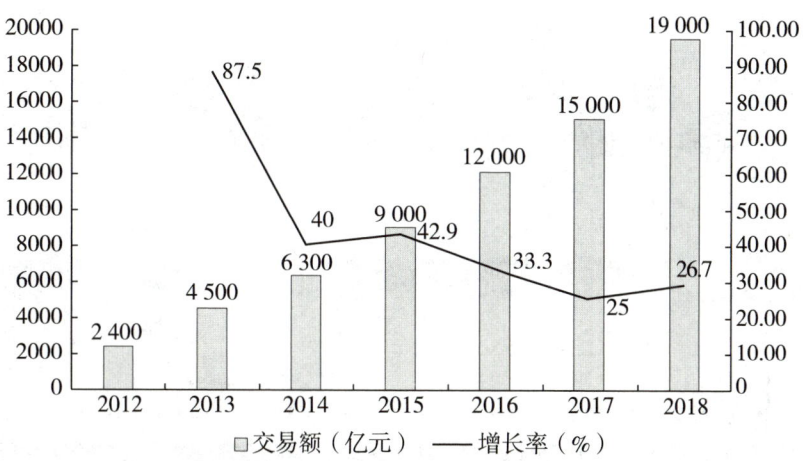

图 3-1 2012 年至 2018 年中国进口跨境电商市场交易规模

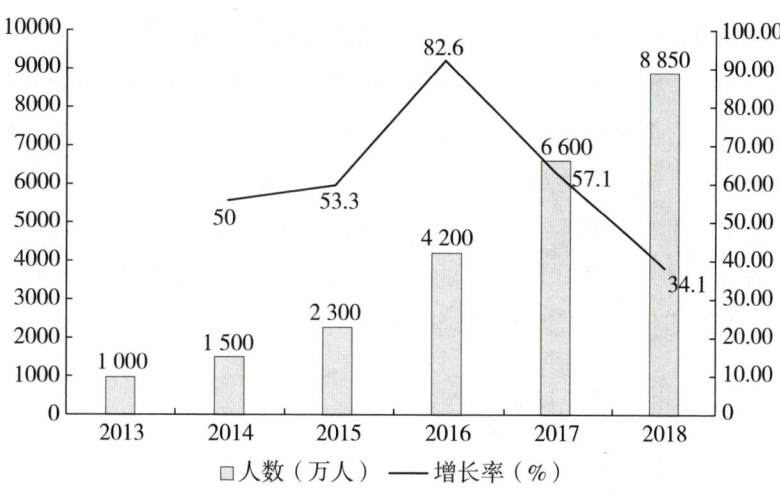

图 3-2 2013 年至 2018 年中国跨境网购用户规模

（一）中国进口跨境电商发展阶段

如图 3-3 所示，中国进口跨境电商历经三个阶段，分别为进口跨境电商 1.0 时代、2.0 时代及 3.0 时代。

* 1.0 时代：代购时代

2005 年—2007 年，进口跨境以海外留学生代购为主体。这一时期可以称

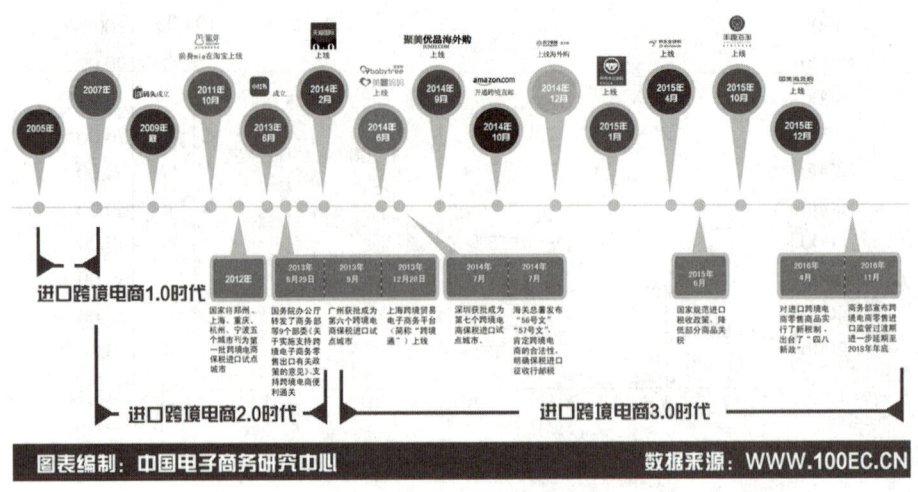

图3-3 中国进口跨境电商发展时间轴

为进口跨境电商1.0时代,是进口跨境电商的发展初期,消费者一般为留学生的亲戚朋友,消费者群体还比较小,跨境网购普及度不高。消费者主要通过海外留学生、海外买手、职业代购者购买进口产品。这一消费模式周期长、价格高,而且产品的真伪难以确定,质量得不到保障。

一些留学生、空姐等经常出国的群体,初期会为自己身边的亲朋好友代购一些海外产品。随着代购需求的增加,这些人群开始专门购买海外产品,并在淘宝上开店售卖。代购的具体流程及特征如图3-4所示。

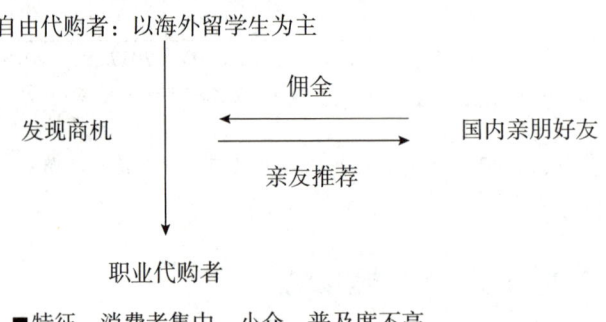

图3-4 代购流程及特征

* 2.0时代:海淘时代

2007年,进入海淘时代,也就是进口跨境电商2.0时代。在这一时期,形成了常规的买方市场和卖方市场，国内海淘消费者主要通过国内外海淘网站进行线上购物。该阶段，个人代购逐渐向更为规模化的公司运作转变，海淘商品的种类更为丰富，售后服务等也逐步完善。海淘的具体流程及特征如图3-5所示。

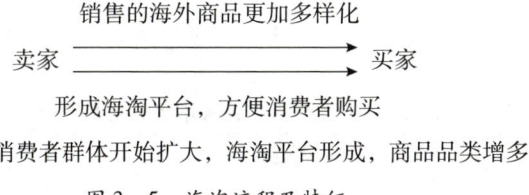

■ 特征：消费者群体开始扩大，海淘平台形成，商品品类增多

图3-5　海淘流程及特征

* 3.0时代：跨境进口时代

2014年是进口跨境电商爆发的一年，流程烦琐的海淘催生了进口跨境电商的出现。2015年，随着政策出台及社会经济发展，进口跨境电商加速发展，跨境购物开始走向规范化，进口跨境电商进入3.0时代。

进口跨境电商规范化后，越来越多的消费者选择在进口跨境电商平台上购买海外产品。随着消费者跨境网购的需求愈发旺盛，各类模式的进口跨境电商平台出现，满足了消费者的消费需求，跨境网购走向常态化。进口跨境电商的发展历经14年，从个人代购到海淘，再到规范化的跨境网购，反映了消费者消费习惯的转变，也反映了消费者对商品品质要求的提升。进口跨境电商流程及特征如图3-6所示。

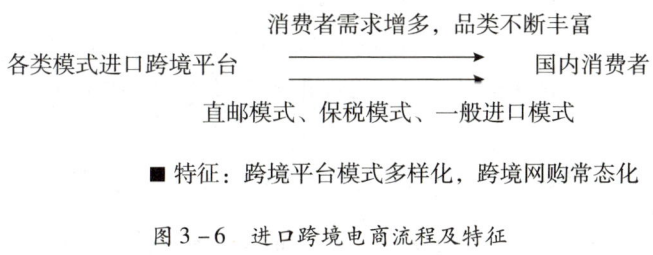

■ 特征：跨境平台模式多样化，跨境网购常态化

图3-6　进口跨境电商流程及特征

（二）中国进口跨境电商主流的三大模式

目前，中国进口跨境电商主流的三大模式包括：一般进口、直邮进口及

保税进口。

一般进口模式包括：从国外进口到国内、从国外进口到保税区、从国外通过保税区海关（一次性）进口到国内等方式。而直邮进口模式是指消费者在购物网站上下单后，商品以邮件、快件方式运输入境。保税进口模式是指已将国外商品整批运抵国内海关监管场所，消费者在下单后，卖家从国内的保税仓发货。消费者购买海外商品的主要渠道对比如表3-1所示。

表3-1 消费者购买海外商品主要渠道对比

	进口跨境电商直邮进口	进口跨境电商保税进口	代购	保税店
税收	行邮税	行邮税	无	行邮税
商品价格构成	商品标价+邮费+行邮税	商品标价+行邮税	商品标价+个人路费/邮费	商品标价+行邮税+店面运营费用
发货地点	海外	国内保税仓	海外	国内保税仓
货源	多有正品保证	多有正品保证	质量参差不齐	多有正品保证
品类	品类丰富	需要平台对消费者需求提前做出预判	品类较丰富，但需便于携带	品类有限
到货	一般15~20个工作日	一般3~5个工作日	约半个月至一个月	—
售后	有售后保障	有售后保障	售后维权难	有售后保障

图表编制：电子商务研究中心　　数据来源：www.100EC.cn

二、进口跨境电商处于发展期，迎来政策红利

（一）进口跨境电商规模迅速扩大，市场尚待培育

随着近年来国内消费者对跨境网购认识的普及与深入，进口跨境电商规模呈现迅速扩大态势，2017年中国进口跨境电商交易规模达到15 000亿元，同比增长25%，预计至2020年，中国进口跨境电商交易规模将占中国进出口总额的37.6%。就市场渗透率而言，跨境进口电商依然具有巨大的发展潜力。

（二）跨境电商利好政策频出，扩内需方向进一步明确

2017年11月22日，国务院关税税则委员会发布《关于调整部分消费品进口关税的通知》，决定自2017年12月1日起，以暂定税率方式降低部分消费品进口关税。本次降低进口关税的消费品，涵盖食品、保健品、药品、日化用品、衣服鞋帽、家用设备、文化娱乐用品、日杂百货等各类消费品，共涉及187个8位税号，平均税率由17.3%降至7.7%。

和过去政策层面多以出口跨境电商为主相比，此次通知表明政府对进口跨境电商重视度在加大。2017年9月20日，国务院总理李克强主持召开国务院常务会议，指出"以跨境电商发展为突破口，推动国际贸易自由化、便利化和业态创新，对加快转变外贸发展方式、增强综合竞争力具有重要意义"。会议还决定，将跨境电商零售进口监管过渡期政策再延长一年，即延长至2018年年底。

（三）价差是跨境电商核心动力，税收政策差异显著

巨大的国内外市场价差是驱动跨境电商发展的核心动力，价差主要来自两部分：一部分是税收差异，按照一般进口商品关税+增值税+消费税的税收模式，可使商品进货成本增加30%~80%；另一部分是渠道成本差异，国外主流消费市场由于流通体系成熟，竞争激烈，导致定价难以抬高，而且由于折扣周期较短，降价很快，相比之下，国内的各种中间渠道成本（物流费、进场费、扣点等），无形中抬升了终端定价。另外，国外部分高端品牌通常根据欧洲、美国、亚洲三个不同区域制定零售价，在巨大的品牌溢价空间下，国内市场的价格往往较欧美市场高出不少。随着近两年国内奢侈品市场增长放缓，国内消费者日趋理性，以及电商全球化的发展，国外品牌的差异化定价已难以持续，高端品牌全球化定价将是大势所趋。2017年，中国奢侈品国内外整体平均价差由2011年的68%缩小至16%，差幅整整缩小了52%。

正常通关的海外直邮商品，清关操作更为阳光，消费信息也更透明，来源有保障，但由于配送时间要求，大部分选择空运方式，物流成本较高（一般每千克80元人民币）。而保税进口模式，则是借助保税区的政策优势，由于是批量运输，一般采取海运集装箱运输，费用较空运节省较多（每千克0.4元人民币），同时物流配送时间也大幅缩短。

迄今为止，经海关总署批准的跨境电商保税进口试点城市已有15个，包括上海、杭州、宁波、郑州、重庆、广州、深圳、天津、福州、平潭、合肥、成都、大连、青岛和苏州。

三、国内外电商巨头纷纷加快布局，掘金进口跨境电商

（一）国内电商加紧跨境进口电商布局

进口跨境电商的任务，就是把国外产品通过电子商务的形式销售给中国的消费者。在这个链条上，国内的电商企业具有天然优势，因为他们拥有庞大的终端消费人群。因此，不管是平台电商还是自营电商，都纷纷开通了海淘业务，加入了进口跨境电商的争夺战。2018年上半年中国进口跨境电商产业链图谱如图3-7所示。

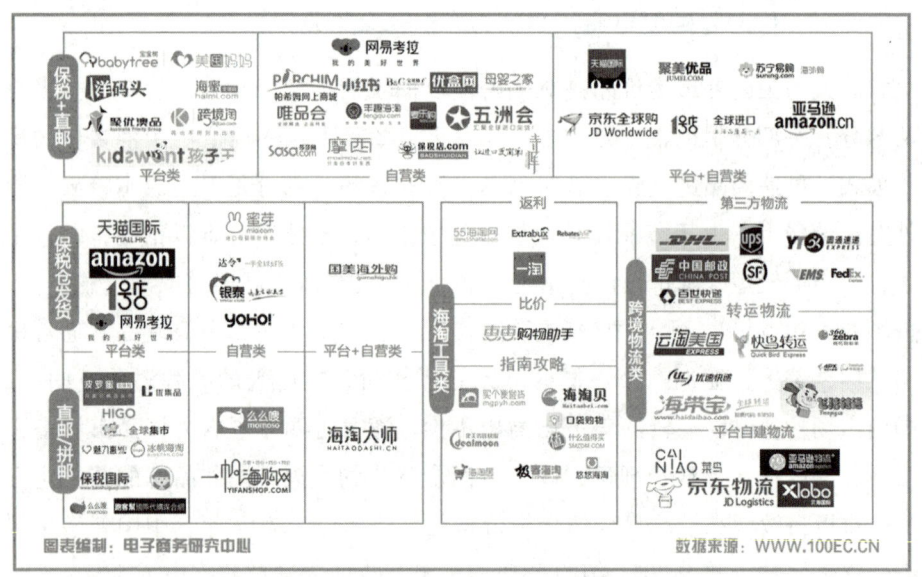

图3-7　2018年上半年中国进口跨境电商产业链图谱

在这场争夺战中，阿里巴巴起步较早。2007年，淘宝全球购就上线了。当时，淘宝全球购的商户主要是一些中小代购商，并无国外品牌商入驻，这也让平台上有出现假货的风险。

2014年2月，天猫国际正式上线。天猫国际要求入驻商家必须有海外零售资质，全部商品海外直邮，并且提供本地退换货服务。显然，相比于淘宝全球购，天猫国际对入驻商家的要求更严，也更加正规。

为了全方位考核店铺的运营和服务能力，给消费者营造体验更好的网购环境，天猫国际对2018年天猫续签规则进行了升级。此次升级新增了自主退款完结时长排名、店铺DSR（卖家服务评级系统）、平均成交转化率排名等指标，同时对在线商品数和店铺成交金额的要求做了调整。阿里巴巴旗下各进口跨境电商平台对比如表3-2所示。

表3-2 阿里巴巴旗下各进口跨境电商平台对比

平台	商品数	商品情况	时效性
淘宝全球购	中	假货较多	速度取决于代购商
天猫国际	少	假货较少	保税区备货，时效快
一淘网	多	假货较少	海外直邮，速度慢

图表编制：电子商务研究中心　数据来源：www.100EC.cn

国际化定位是京东2014年"扬帆远航"战略的五大计划之一，这个计划的提出表明了京东准备加速国际化进程。在海淘方面，京东海外购的开通就是其国际化定位计划的一部分。京东海外购采取招商模式而非京东自营模式，引入的商家大部分为海淘代购商，与阿里巴巴的淘宝全球购经营模式类似。

2018年4月，京东公布了京东全球购2018年战略规划，售前、售中、售后三个环节品质保障举措升级。京东全球购将全链条开放，接受用户和社会各界的现场考察和实时监督，为消费者提供全面的品质保障，切实保护跨境电商消费者权益。

2017年11月24日起，苏宁海外购黑五直播活动在苏宁易购、龙珠直播、pptv等平台同步开启，全程48小时不停播。主播在街头、卖场及普通人的家里，与国外消费者和销售员进行交流互动，边买边逛边讲解，比如不同地域的同款产品的颜色、款式会因文化不同而做调整，众多奢侈品限购情况等，让观众亲身感受圣诞、黑五的气氛。

主营化妆品类的垂直电商聚美优品在海淘方面也早早布局，甚至独立成立了聚美海外购网站。目前，聚美海外购主要采取的是海外商家入驻的平台模式,而后续也将开通海淘自营业务。

(二)国外电商抢占中国跨境电商市场

中国进口跨境电商的商品供应商来自海外,因此对海外供应商的掌控将有助于跨境电商企业获得更多更优质的货源,并享受更低的采购价格。从这个条件来看,国外电商企业打入中国跨境电商市场时的优势显而易见:一方面,他们在国外运作多年,已经聚集了大量的海外供应商;另一方面,就算初期跨境电商业务的出货量很少,他们也可以依托原有的非跨境电商业务享受批量采购的低价。另外,抢占中国跨境电商市场的国外电商,不仅拥有货源优势,而且已经揽收了相当一部分的消费者群体。

2014年8月,亚马逊中国与中国(上海)自由贸易试验区、上海市信息投资股份有限公司签署谅解合作备忘录,三方拟在自贸区内合作开展跨境电商业务,并在自贸区内建立跨境电商平台。同时,亚马逊计划在自贸区内建立物流仓储中心。2014年9月,亚马逊大幅下调部分商品直邮中国的运费,同时准备借助上海自贸区来"大闹"跨境电商市场。亚马逊拓展跨境电商市场时采取的方法是"直邮进口+保税进口"模式,从2014年6月开始试行。如今,作为亚马逊中国四大核心战略之一,亚马逊中国跨境电商战略以亚马逊海外购和亚马逊全球开店作为"双引擎",打造中国消费者便捷选购全球海量正品、中国企业轻松拓展海外零售与商业采购市场的可信平台。

2012年11月,eBay与走秀网的"联姻",就是为了开拓海淘市场。2011年,eBay通过后台数据发现,中国消费者登录eBay美国网站购买的商品数量同比增长了40%。显然,中国人非常热衷于在eBay美国网站上购买商品,尤其是中高端的箱包服饰。当时,定位于销售奢侈品的走秀网正在往销售时尚品转型,而eBay丰富的产品线正好能满足走秀网对上游货源的需求,因此,双方的合作具有很强的协同效应。

除了亚马逊、eBay以外,国外还有很多电商平台开通了直邮中国业务,以方便国内的海淘族,还有些已经推出了中文官网,为中国消费者海淘扫除了语言障碍。此外有部分国外电商平台不仅提供中文页面、人民币标价和优惠便捷的国际物流服务,还支持支付宝人民币付款。越来越多的国外电商平台正在抓紧布局中国跨境电商业务。

（三）物流、支付企业的跨境破局

在国内，不少物流、支付企业在推出相应的海淘转运服务和跨境支付服务的同时，也开始了对进口跨境电商市场的探索，如韵达快递上线了海淘代购网站易购达、递四方推出了海淘城、银联推出了银联在线商城等。

踏入跨境电商市场的国内电商企业、国外电商企业，以及物流、支付企业，虽然都拥有各种优势，但也都存在相应的短板。国内电商企业缺乏对上游供应商的掌控，在招商方面困难重重；国外电商企业不了解中国电商运营情况，本土化是他们最大的挑战；物流、支付企业虽然在跨境物流和跨境支付方面占有优势，但却不具备核心竞争优势。也正是因为各有不足，所以各企业在发展的过程中也在不断地推进中国进口跨境电商市场的发展。

（四）实体零售企业涌入跨境电商行业，提升消费黏性

实体零售企业涌入进口跨境电商行业的例子有：苏宁云商基于海外优质供应链基础（美国自采团队＋日本乐购仕＋香港镭射）打造跨境电商平台——苏宁易购海外购；步步高运营的云猴全球购，打造海外O2O优质供应链；跨境通通过收购环球易购进入出口跨境电商行业，并于2015年10月定增27亿元建设进口跨境电商、出口B2B、跨境仓储物流等业务。国内部分实体零售企业跨境电商布局情况如表3-3所示。

表3-3 国内部分实体零售企业跨境电商布局情况

公司名称	跨境电商平台	上线时间	业务模式
银泰百货	银泰网	2010年4月	由银泰百货整合旗下40余家实体商城打造的自营B2C平台
东方创业	爱奢汇	2013年6月	自营中高端品牌进口跨境电商平台，品类涵盖轻奢产品、食品、母婴用品、营养保健品、个人护理用品等，物流模式采用保税直邮
重庆百货	世纪购	2014年9月	在美国搭建海外采购团队，利用采购规模效应减少流通环节；受益于重庆跨境电商保税进口试点城市政策便利，是最早涉足直邮进口和保税进口模式的自营电商平台

续表

公司名称	跨境电商平台	上线时间	业务模式
苏宁云商	苏宁易购海外购	2014年12月	苏宁易购海外购包括美国馆、日本馆和中国香港馆，基于海外优质供应链基础（美国自采团队＋日本乐购仕＋香港镭射）打造跨境电商平台
步步高	云猴全球购	2015年3月	以批量采购等方式形成价格优势；与广州保税区合作，保税区直邮比海淘节省20天左右

图表编制：电子商务研究中心　　数据来源：www.100EC.cn

在收入增长乏力、价格战压制毛利率的背景下，进口跨境电商业务有望助力实体零售企业提升商品竞争力，但中长期效果仍取决于企业本身的商品供应链、通关物流、互联网运营等核心资源能力。

第二节　进口跨境电商痛点犹存，亟待突破

进口跨境电商飞速发展，除了京东、天猫、苏宁这样的大电商平台，一些垂直类的跨境电商平台也不断涌现，但是创业者和资本方的热情却掩盖不了其存在的问题。

* 痛点一：售后问题。消费者在进口跨境电商平台购买的商品一旦出现问题，一般售后问题很难得到解决。跨境产品的时间和物流成本高，对跨境电商企业来说，退换货将带来高昂的费用支出，因此很多跨境电商企业都存在不同的售后服务问题。

* 痛点二：物流问题。当前，很多跨境电商使用的都为第三方物流，因此在物流环节上存在诸多不确定因素。现行的进口跨境电商模式主要有三种方式：直邮进口、保税进口及一般进口，这三种方式的物流周期长短不一，但花费时间普遍都比较长。因此，选择靠谱的物流公司或者自建物流体系也是非常重要的一环。

* 痛点三：假货问题。进口跨境电商领域发生的假货事件屡见不鲜，各

大跨境电商平台提供的产品及服务参差不齐，假货问题的存在直接影响了跨境网购用户规模及购买频率，而要想有效解决假货问题，跨境电商企业势必要对供应链进行有效把控。

＊痛点四：客服问题。客服问题主要包括在消费者咨询、购买、反馈等环节中，客服人员出现的服务态度差、敷衍、不正面解决问题、推脱责任等现象。

＊痛点五：信息安全问题。信息安全问题是指消费者在电商平台购物后，由于购物信息泄露而被欺诈、诈骗，遭受精神、经济等损失的现象。信息泄露在电商市场比较普遍。

总体而言，虽然进口跨境电商存在诸多问题，但并不影响其未来的广阔前景。互联网打破信息不对称，让全球的产品和消费者深度连接，必然会带来新一轮的消费升级和市场红利，会给跨境电商项目和创业者带来巨大机会。

第三节　细数进口跨境电商九大典型模式

一、海外代购模式（C2C 模式）

海外代购是指在海外的人或商户为有需求的中国消费者在当地采购所需商品，并通过跨国物流将商品送达消费者手中。商品价格较低、品质较高、品类丰富是消费者选择海外代购的主要原因。

传统海外代购的商品采购货源未经品牌渠道授权，而是以境外商场扫货为主，再通过个人携带或转运公司以个人自用物品名义清关入境，从而规避缴纳进口税。因此传统海外代购在商品品质、售后、税收等方面存在较大风险。

在业态上，海外代购可分为海外代购平台代购和微信朋友圈海外代购。

（一）海外代购平台代购

海外代购平台的运营重点在于尽可能多地吸引符合要求的第三方卖家入驻，不会深度涉足采购、销售及跨境物流环节。入驻平台的卖家一般都是有海外采购能力或者跨境贸易能力的小商家或个人，他们会定期或根据消费者订单集中采购特定商品，再通过转运或直邮模式将商品发往中国。代购平台通过向入驻卖家收取入场费、交易费、增值服务费等获取利润。

（二）微信朋友圈海外代购

微信朋友圈代购是依靠熟人或者半熟人的社交关系，从移动社交平台自然发展起来的原始商业形态。虽然社交关系对交易的安全性和商品的真实性起到了一定的背书作用，但随着海关政策的收紧，监管部门对微信朋友圈海外代购的定性很可能会从灰色贸易转为走私。在进口跨境电商市场格局完成整合后，这种原始模式恐怕将难以为继。

案例3-1　淘宝全球购：走跨境C2C平台路线

一、平台概述

淘宝全球购于2007年成立，随着消费者对海外商品的需求越来越强，之后便成了独立网站。之后，淘宝全球购合并了一淘网，与天猫国际组成了阿里巴巴的进口跨境电商业务。天猫国际是B2C模式，入驻的商家基本是知名国际大牌，而入驻淘宝全球购的更多是中小品牌和特色本土化品牌。

淘宝全球购上有四种类型的商家：全球各地的买手；品牌商家；采取保税直邮模式的商家、买手；官网直送，代购代拍。用户也可以直接购买从海外发货的外国B2C网站的商品。

二、主要特点

* 场景化导购及商品多元化：升级后的淘宝全球购更强调场景化导购与"中国无"（没被中国消费者广泛认知的）商品的引入，引导消费者感知更多海外优质生活方式，商品会更多元化（世界各地特色好货），品类侧重点会回归日常用品，除了热门母婴产品外，还有像牙膏、洗发水这样的生活用品。2015年9月，淘宝全球购发布了《海淘十年报告》，报告数据显示，2005年—2015年，母婴用品的销售量最大，其中婴幼儿配方奶粉的成交额最高。

* 满足消费者品质化需求：淘宝全球购升级其实是为顺应消费者更深层

次的品质化需求的增长。淘宝全球购聚集了淘宝上消费能力较强的用户,购买1次的用户数量和购买10次以上的用户数量都是增长最快的。但另一方面,海淘的用户对商品了解还不多。因此淘宝全球购接下来的重点是场景化教育和功能型清单导购,告诉消费者什么是好的,什么场景下需要什么样的商品,也就是将消费者的需求转化为具体的商品,打造更多准爆款。在场景清单方面,主要有三个内容来源:合作媒体推荐、淘宝达人推荐及根据消费数据推荐。

* 服务升级优化:淘宝全球购面对的挑战在于因平台固有的复合性,不能使用单点打法,而要进行精细化运营和打组合拳,比如针对买手现场扫货提供直播工具。另外,针对商家货源的问题,淘宝全球购将推出供应链黄页,输送"中国无"但优质的品牌货源及相关服务;针对销量特别大的商品,则会采用"海外集货+营销大促"模式,提前备货至国内,这样就能在用户下单后闪电发货。

* 完善物流与支付服务:在阿里巴巴集团的支持下,淘宝全球购拥有经过菜鸟链路整合的物流服务,首批支持美、日、韩等国家。用户将可以明显感受在配送时间和费用方面的优化。在支付体验上,原本就有的支付宝绑定,加上阿里巴巴的 ePass 战略,优化中国用户在海外网站购物的支付体验。另外,聚划算也与淘宝全球购合作推出了专门的进口频道,增加淘宝全球购商家的曝光率。

淘宝全球购等国内第一批代购网站,走的是跨境 C2C 平台路线,与之类似的还有易趣全球集市等。这类网站一方面对跨境供应链的涉足较浅,难以建立充分的竞争优势,另一方面,在消费者的信任度方面也比较欠缺。伴随着电商巨头如京东、苏宁、1号店、亚马逊的加入,这类海外代购平台将受到巨大冲击。

二、平台招商模式(M2C 模式)

M2C 模式以商家入驻平台为主,交易由商家与消费者自己进行,而平台只提供支付和信息沟通服务。

* 优势:平台采用轻资产模式,投入低,而且由于跨境贸易本身的特殊

时效性，现金流的周转期非常长，手上可以沉淀大把资金。

* 劣势：一是缺乏盈利点；二是对商品质量无法控制；三是售后服务管理难，跨境纠纷毕竟和国内的纠纷不同，商品一旦有问题，退换货是个非常麻烦的事情。

案例3-2 天猫国际：以高效便捷的模式发展跨境电商业务

一、平台概述

2014年2月，天猫国际（https://www.tmall.hk）上线，主要采取保税备货模式，管理上更简单，供应链压力集中在入驻商家那里，平台还能挣取技术服务费。天猫国际提供平台让商家直接面对消费者，消除了中间的贸易商、进出口商、国内渠道的层层盘剥，使商家大大节约了成本，而且在保税备货模式下，大宗货物的集装箱海运又比单个包裹的运输降低了90%的物流成本。

* 商家定位：直邀优质商家，寻找国外有名的品牌商。
* 产品来源：产品来自63个国家和地区，主要来自日本、美国、韩国、德国和澳大利亚等国家。
* 品类覆盖：目前平台上的商品有3 700多个品类，覆盖14 500多个品牌。
* 营销策略：通过直播等方式将海外商品更直观、方便地呈现在消费者面前，通过大数据技术的支撑，在移动端的小屏上做到最精准的流量分发。
* 仓储物流：采取"海外集货+国内保税"的物流模式，提供海外集货服务、保税仓物流服务、GFC（全球订单履约中心）海外备货服务。
* 品控措施：采取"神秘抽检""入仓检""质量溯源"，并与监管部门合作，积极调动社会资源，推动质量共治。

二、核心优势

天猫国际的商业模式是海外品牌商直接入驻，由商家来经营自己的店铺。从正品的角度来看，天猫国际直接邀约国外的优质商家，寻找国外有名的品牌商，只有有实力的机构才能够入驻天猫国际，因此产品来源、质量有保证。除此之外，天猫国际还和许多国家以国家馆形式开展合作，这在业内无疑是领先的。

在物流方面，天猫国际对商家有要求，保税区货品 3~7 天送达消费者手中，海外直邮货品 7~14 天送达消费者手中，如果超出期限，天猫国际会对商家进行惩罚。在清关方面，天猫国际实现了三单合一，与各个海关和保税区也有合作，可以快速通关。

从物流的链条来看，天猫国际有非常强大的菜鸟网络的支持。同时，天猫国际也设立了海外仓。所有的长尾商品会以集货的模式聚集在海外仓，在接单之后再安排船期和运输。

天猫国际主要采用保税进口模式，将快速周转的商品集中清关后，存放在国内保税区。这种模式比直邮进口模式的成本低很多，物流周期更可控。

三、海外直采模式

海外直采电商企业出售的海外产品一般分为两种：一种是直采产品，由电商企业直接从国外原产地采购；一种是非直采产品，通过经销商或者其他渠道采购。海外直采不仅打通了产品的流通环节，减去了传统进口渠道的冗余节点，实现减价、减时，同时货源也相对安全可靠。

案例3-3 京东全球购："自营+海外商家入驻"

一、平台概述

2015 年 4 月 15 日，京东全球购（https://www.jd.hk）正式上线，采取海外直采的"自营＋海外商家入驻"的平台模式。海外直采模式或许是京东的撒手锏，毕竟京东依托自营 B2C 模式起家，依靠这一模式，京东在供应链管理等方面积累了核心竞争力。海外直采是京东在进口跨境电商领域复制自己的自营 B2C 模式成功经验，也会增强京东全球购的用户体验竞争力。

＊ 品类覆盖：时尚产品、母婴产品、营养保健品、个护美妆产品、3C 产品、家居产品、进口食品、汽车用品等品类。

＊ 产品来源：美国、加拿大、韩国、日本、澳大利亚、新西兰、法国、德国等 70 多个国家和地区。

＊ 品控措施：采取严审商家资质、严控进货渠道、不定时抽检、自主研

发质控系统监督、严格的惩罚机制等多层品控体系。

* 物流仓储：支持全部跨境电商通关模式，建立海外仓以及保税仓，不断丰富和优化物流线路。京东全球购已经在荷兰建立了海外仓，在中国香港、杭州等地建立了保税仓，加强与国际供应链的无缝对接，真正打通从海外到中国消费者"最后一公里"的通道。

* 供应链体系：建立海外直购、品牌商直供的供应链体系。

二、核心优势

在自营领域，京东的优势一是经济规模效应，二是在商品品质方面得到了消费者的信任，三是已经和很多大品牌建立了稳固的关系，可以借助已经建立的采销体系发展很多跨境新业务，有着巨大的发展空间。

在平台方面，京东也是以自营起家，之后逐渐加入平台业务，两者结合，相辅相成。从跨境电商的角度来说，全球商品的多样性带给京东巨大的业务空间，京东可以为消费者提供更丰富的商品，而且由于部分品类，如服装箱包的特殊性，平台模式可以给消费者更好的体验。

在物流方面，跨境电商直邮的方式确实受限于物流，尽量提高物流速度，优化供应链是一个解决方案；另一个优化用户购物体验的方法是，尽量做到在客户预期的到货时间内送到，在这方面，京东采取和大型国际物流公司如DHL（敦豪快递公司）等合作的模式，并通过打包来降低国际物流成本。

对商家而言，相比起这些问题，"自营+海外商家入驻"模式带来的好处可能更大，例如很多国外大品牌想借助跨境电商模式进入中国，但是对中国本土电商环境和规则并不了解，直接入驻平台开店的成本又太高，而京东提供的平台可以极大地减少其开店成本。

当然，京东全球购的产品丰富度仍然有待提高，在客户体验方面仍需不断优化，但在自营业务的扩展方面具有很大的潜力。从目前来看，京东全球购已经基本完成布局，并将在未来进一步发力。

案例3-4 网易考拉：自营直采的跨境电商之路

一、平台概述

网易考拉（https://www.kaola.com）于2015年1月上线，采取了自采自营的经营方式，物流方式则是保税区进口与直邮进口互相搭配。据电子商务研究中心监测数据显示，网易考拉在杭州、郑州、宁波、重庆四个保税区拥有超过15万平方米的保税仓储面积，为行业第一。同时，网易考拉还将陆续开通华南、华北、西南保税物流中心。此外，网易考拉已经初步在美国、中国香港地区建成两大国际物流仓储中心，并将开通韩国、日本、澳大利亚、欧洲等国家和地区的国际物流仓储中心。

* 运营策略：以自营为核心，依托媒体型电商优势，在供应链端做海外品牌在华最佳合伙人，在用户端带来正品、低价及优质服务的最佳体验。

* 选品方式：原产地直采，精选当地消费者喜爱的商品，并以"原产地榜单+媒体型电商推介"模式推荐给消费者。

* 品类覆盖：涵盖母婴用品、美妆产品、服饰箱包、家居产品、个护产品、保健品、3C产品、运动产品、海外美食等各大品类。

* 产品来源：涵盖日本、韩国、欧洲、美国、澳大利亚、东南亚等80多个国家和地区的5 000多个品牌。

* 品控措施：商品实行100%入库全检、国家机构检验、第三方（国际检测公司）抽检相结合。

二、优势

* 外部优势："四八新政"标志着跨境电商正式上了"户口"，尽管新政中的白名单制度和一些税费的提升确实给行业带来了一些波动，但是通过充分的准备，网易考拉海购成为行业中销售额较快恢复增长的平台，在2016年4月当月，网易考拉海购的销售额就回到了正向增长的轨道上。

事实上，"四八新政"对于跨境电商行业也有促进作用，让行业内的企业对平台自身的优势进行思考，帮助平台实现了消费升级。网易考拉海购抓住了这个机遇，将"四八新政"变成了网易考拉海购在行业中"弯道超车"的增长点。

* 内部优势：网易考拉海购拥有流量（网易旗下有网易新闻、网易邮箱、网易有道、网易云音乐等平台，可以带来流量）、数据（网易产品注册用户数量大）、支付（网易宝）、金融（网易在线金融产品及供应链金融服务）、品牌（上市公司背书、网易"有态度"的价值取向带来的公信力）等优势。不过当前进口跨境电商领域的格局未定，网易考拉海购还要继续经历时间的考验。

四、"自营+招商+承包生产线+类保税店"模式

"自营+招商"的模式可以最大地发挥跨境电商平台的优势,同时针对缺乏优势或存在短板的方面采取招商的措施,以弥补自身不足。

承包生产线是电商企业与传统企业合作,达成协议,承包某一产品的一条独立生产线。如苏宁联合乐购仕与日本造纸业排名第一的王子妮飘株式会社达成合作协议,承包后者位于名古屋的纸尿裤制造工厂的一条独立生产线,为乐购仕和苏宁生产独供纸尿裤"乐可爱"。而"类保税店+电商"模式则通过将海外购引入线下,来凸显企业的体验与售后服务的优势。

案例3-5 苏宁国际:做跨境电商的"卖水人"

一、平台概述

苏宁国际(https://g.suning.com)更类似于服务型平台,而不是卖货型平台。随着海外购平台的增加,大部分电商平台都专注于卖货,导致整个进口的环节和相应成本控制都缺乏专业的服务商,而苏宁国际则要做跨境电商的"卖水人"。苏宁国际结合自身现状选择了"自营+招商"模式,在传统电商方面发挥其在供应链、资金链上的优势,同时通过全球招商来弥补国际商用资源上的不足。

* 玩法一:用香港做跳板。

苏宁窥见了香港地区的消费者旺盛的购物需求,恰好苏宁在香港地区拥有旗舰店,于是香港苏宁联合苏宁海外购事业部,借苏宁广州保税仓的落成,经过与香港地区的相关部门沟通,发起"用更好的方式爱香港,用更省的方式爱自己"活动。苏宁就是用这种契机和方式打响了在跨境电商行业的第一炮,既发挥了线下门店的优势,又很好地抓住了市场硬需求。

* 玩法二:上演"闪购"戏码。

2015年7月,苏宁在原有海外购的基础上,推出了针对200多个海外畅销商品的限时抢购计划,上线了"全球闪购"频道。

* 玩法三:乐购仕入驻,加入日本海淘。

乐购仕海外旗舰店是由苏宁云商控股的日本上市公司，由 LAOX 株式会社自主运营。此次乐购仕以第三方商户的身份入驻苏宁易购，其所售商品均来自日本，首批上线 800 多款商品，主要以生活电器、手表、日用品等商品为主。LAOX 株式会社拥有日本最大规模的免税连锁网络，深受访日游客的信任和喜爱，而乐购仕海外旗舰店今后还将陆续增加各类中国消费者感兴趣的商品。

二、主要优势

* 供应链的关键环节：苏宁玩"闪购"的隐藏原因，就在于一个关键的环节——供应链。因为苏宁可借助其在中国香港地区、日本、美国等地的分公司的优势，形成稳定的本地化采购供应链，让苏宁国际在海外商品供应链的搭建上显得从容许多。

* 营销层面布局：无论是母婴产品、美妆产品、百货商品，还是 3C 产品、保健食品、家居产品，这些产品的消费特点是对个性化及差异化的高标准要求，而苏宁国际通过拼购、推客、买手团直播等营销手段不断开拓促销玩法。同时，作为苏宁国际重点打造的苏宁国际进口日，也营造了巨大的声势。

* 配送层面的支持：苏宁国际采取保税仓备货方式，通过获得国际快递牌照、成立报关公司统一报关、在广州等地的保税区内设立仓库，通过苏宁自有的国内物流体系，确保保税区发货最快三天即可送达消费者手中。

五、直发/直运平台模式

直发/直运平台模式又被称为"dropshipping 模式"，指跨境电商平台将接收到的消费者订单信息发给品牌商、批发商或厂商，后者则按照订单信息以零售的形式给消费者发送货物。由于供货商是品牌商、批发商或厂商，因此直发/直运平台模式是一种典型的 B2C 模式。直发/直运平台的部分利润来自商品零售价和批发价之间的差额。

* 优势：对跨境供应链的涉入较深，后续发展潜力较大。

* 劣势：招商较慢，前期流量相对不足，所需资金量较大；对于模式既定的综合平台来说，难以规避手续造假的"假洋品牌"入驻。

案例3-6 洋码头："直销、直购、直邮"的"三直"模式

一、平台概述

2009年年底成立、2011年上线的洋码头（https://www.ymatou.com）是一家面向中国消费者的跨境电商第三方交易平台。该平台上的卖家可以分为两类：一类是个人买手，即C2C模式，另一类是商户，即M2C模式。洋码头帮助国外的零售产业与中国消费者对接，让海外零售商将商品直销给中国消费者，让中国的消费者能够直购，而中间的物流是直邮，因此，模式是"三直"："直销、直购、直邮"。

目前，在洋码头网站上，80%的信息是体现商家的，买手信息只占了20%。这些入驻的商家在线下就是有零售资质的商户，与个人买手相比，他们更有采购优势，有着很强的议价能力和组织货源的能力，价格和商品质量都更有保证，售后服务也更完善。

* 买手生态：拥有3万多个认证买手，覆盖83个国家和地区。洋码头提升了买手的入驻门槛，并会不定期核查海外买手的信用情况，海外的买手也将接受当地的法律监管。

* 品类覆盖：目前洋码头有400多个品类的产品，每天有60万商品在售。

* 营销方式：创立海外场景式购物模式，通过买手直播呈现真实的购物场景。

* 物流布局：有自建的国际物流公司——贝海国际，建立了17个大型国际物流中心，覆盖美国、欧洲等多地，服务于20多个国家和地区。

* 竞争优势：拥有强大的海外买手团队、完善的跨境直邮体系、成熟的服务保障体系、专业的海外律师团队。

二、核心优势

（一）自建海外仓储物流

一般的海淘模式是，一位中国消费者，在美国的购物网站上购物，然后再由消费者自己找到适合的转运公司将商品运到中国。在这一流程中，有三个痛点：一是物流的中间状态是不透明的，二是运费昂贵，三是在物流过程中一旦商品破损或丢失，消费者将无从申诉。为了解决这些问题，也是顺应

跨境电商的发展趋势,洋码头选择在海外建立仓库,并自建国际物流公司——贝海国际,帮助美国商家把商品通过跨境直邮送至中国消费者手中。该流程为,中国消费者在洋码头平台上下单之后,美国商家或是个人买手就可以把商品打包后发到洋码头在海外搭建的仓库货站,再委托贝海国际通过海外直邮将商品配送到中国消费者手中。

在整个交易及国际配送过程中,消费者可以通过网站后台、短信、邮件全程跟踪订单及国际包裹的实时状态,例如海外仓库配货打包、国际直邮发往国内、入境报关等,将在海淘中模糊的海外快递部分,记录得十分详细。在其中,洋码头做了一件非常重要的事,就是通过系统的对接,把整个过程中不同且分散的服务商整合,打通流程。

洋码头所强调的系统化不仅包括订单处理、生成面单这样的最基本的仓储配货层面的操作,更包括对整个供应链的上下游系统的无缝对接。从用户下单开始,海外商家的ERP(企业资源计划)系统就将来自中国客户的订单进行自动化处理,海外仓储配货系统就会同时针对订单进行配货打包,而全程所有的订单信息及物流信息都会通过洋码头官方物流服务商贝海国际对接中国海关的清关系统和境内物流合作伙伴。

洋码头这种创新性的做法简化了整个过程,环节的无缝对接提升了服务效率。而最终的结果就是,通过洋码头进行直购、直邮的海外购物节奏非常快,消费者往往下单、付款4～7天之后就能收到由海外直邮回来的包裹,与一般海淘的半月甚至月度周期相比,具有巨大的优势。

(二)不做贸易商

看重优化整个进口零售产业链的洋码头,在实际的商品引进过程中没有采用贸易的方式,而是采取海外零售商直接对接国内消费者的形式进行交易,也就是说,经过洋码头的搭桥铺路,海外零售商可以把海外商品直邮到中国,直接送到消费者手中。

洋码头上的商品是以个人自用名义清关的,每位消费者第一次在洋码头上购物时都需要提交个人身份证信息,海关会在系统上记录每次购买的量是否超过个人自用的范围,防止二次售卖。

(三)完善的考核、售后体系

洋码头在美国当地建立了公司,有专门的团队对买手和商家进行严格的审核认证；此外还有一个监控团队专门考察买手和商家的买卖是否规范；最后，用户反馈会形成第三轮的考核。这三道流程都形成了一个系统化的标准和评分机制，洋码头会定期对平台上的商户进行优胜劣汰。

一旦发生商家违规违法的情况，洋码头会主动帮助中国消费者去美国起诉涉事的买手或商家，不会出现消费者申诉无门的情况。同时，洋码头会着力推荐用户使用官方物流通道进行购物，对使用护航直邮的用户进行返点激励。这样做既能让用户清楚自己的包裹状态，同时也便于售后服务的进行。而且，洋码头实行无条件退换货的政策，消费者如果有退换货的需求，只需要把商品邮寄到洋码头设置在国内的售后处理中心即可，不需要承担昂贵的国际快递费用。

六、自营 B2C 模式

在自营 B2C 模式下，大多数商品都需要平台自己备货，因此这应该是所有进口跨境电商经营模式里压力最大的一类。

自营 B2C 模式可分为综合型自营和垂直型自营两类。

（一）综合型自营跨境 B2C 模式

目前采取综合型自营跨境 B2C 模式的平台有亚马逊和 1 号店，它们出售的商品以保税进口或者直邮进口的方式入境。

* 优势：跨境供应链管理能力、供应商管理能力强；跨境物流解决方案较为完善；后备资金充裕。

* 劣势：业务发展会受到行业政策变动的影响。

案例3-7 亚马逊：进口与出口成就亚马逊中国跨境战略双引擎

一、平台概述

自 2004 年亚马逊进入中国市场到现在已有 15 年，在过去这些年中，亚马逊不断引入先进技术和最新产品，将三大核心业务（电子商务、数字阅读产品 Kindle、云计算）落地中国并加大发展。2014 年，亚马逊电商业务的战略重心转移，全力部署和推进以亚马逊海外购和亚马逊全球开店为核心的跨境电商业务。

* 特有模式形成亚马逊海外购核心卖点。

2014年11月，亚马逊在中国上线了亚马逊海外购，中国的消费者在亚马逊海外购上可以买到与亚马逊美国网站上同款同质的商品，而且可以以更快的速度拿到商品。

2015年8月，亚马逊推出保税仓业务，主打自营进口爆款，甄选亚马逊海外购网站上的畅销单品，预先备货至自贸区或保税仓，并通过国内物流直接发运，发货速度大幅提升，平均3天即可送达。当交易数量上升时，规模效应也随之产生，有利于减少物流成本，从而带给消费者良好的购物体验。同时，消费者在亚马逊海外购上的购物体验也已经全面本地化，亚马逊海外购提供各种方便的本地化支付方式、本地客户服务及本地退货政策。

2015年11月，亚马逊海外购还全面优化客户体验，推行单一账号、统一购物车、中文页面、本地支付等，开启亚马逊中国跨境战略的2.0时代。

2016年10月，亚马逊Prime会员服务上线，提供跨境配送单笔订单满200元全年无限次免运费及国内订单零门槛全年无限次免运费的服务。

2016年11月，亚马逊海外购与亚马逊英国网站正式实现对接，数百万来自亚马逊英国网站的高品质纯正海外商品登陆亚马逊海外购，亚马逊Prime会员服务开始正式支持新上线的亚马逊海外购英国选品。

2017年4月及10月，亚马逊海外购分别与亚马逊日本及亚马逊德国网站实现对接，并同步开通Prime会员服务。至此，亚马逊海外购全面对接了来自美国、英国、日本、德国四大站点的逾十万选品。

2017年7月，亚马逊Prime会员日首次登陆中国，打造了Prime会员专享的购物狂欢节。Prime会员日当天，亚马逊中国的订单总量全面超越了2016年的黑色星期五。

2018年7月，亚马逊中国第二届Prime会员日销售额再创新高，亚马逊海外购销售额比2017年Prime会员日当天实现了两位数增长。

* 全球物流体系，实现配送无忧。

亚马逊在全球构建了140个运营中心，可将产品配送至185个国家和地区。物流效率和售后服务具备明显优势。

目前开通的海外购配送提供三种可选（标准、加快、特快）服务，其中82个城市的Prime会员平均运送时间为5~9个工作日，远远快于行业平均速度。

二、主要优势

* 正品品质保证：亚马逊在全球拥有积累多年的供应商资源，所有选品全部由亚马逊从品牌方或海外授权经销商处直接采购，确保产品来源及品质。

* 种类丰富：亚马逊海外购目前提供2 000多万商品，覆盖亚马逊美国、英国、日本和德国四大站点，为国内消费者提供同款同质产品。

* 商品送达时间已缩短为平均6~8个工作日，最新上线的闪购爆款产品，更实现了平均3天的"闪电速达"。

* 亚马逊海外购为全中文购物界面，消除语言壁垒，并支持信用卡、借记卡、支付宝、微信等本地支付方式，为中国消费者提供多层次的便捷购物体验。

* 三大客户服务中心，提供7×24小时全天候的服务。

三、加码：亚马逊全球开店助力中国卖家走出国门

亚马逊全球开店于2012年在中国推出，旨在帮助中国卖家开拓全球市场。2015年，亚马逊在美国网站和英国网站推出全中文化的操作工具，提供注册、卖家管理中心和卖家支持服务等的中文界面。这也是亚马逊美国首次推出的非英文卖家支持工具。同时，亚马逊在中国还构建了亚马逊全球开店专属卖家支持团队，专门服务中国卖家。

亚马逊近期发布了"亚马逊全球货运"计划，并最先在中国推出，为中国卖家提供全方位出口物流解决方案，解决出口跨境电商物流难题，全面打通欧洲配送网络，统一管理欧洲五国（英国、德国、西班牙、法国、意大利）商品库存及配送。在现有亚马逊物流服务（FBA）之外，亚马逊还宣布推出针对轻小商品的物流试点计划。新推出的工具包括北美联合账户和欧洲联合账户，卖家可以使用一个账户进行跨区销售管理；同时推出"产品目录全球化"功能，即将一个国外站点选品快速复制到其他国外站点，便于卖家统一管理在北美和欧洲市场出售的商品的信息。2015年，亚马逊还推出了"店铺搬家"工具，帮助卖家轻松进行跨平台迁移。

目前，包括亚马逊美国、加拿大、法国、英国、西班牙、意大利、德国、日本、中国及墨西哥在内的全球十大站点全部面对中国卖家开放。中国卖家可借助亚马逊全球开店将商品销售给全球3亿活跃用户。亚马逊遍布全球的140个运营中心能将商品配送至185个国家和地区。

在2016年12月8日的亚马逊全球开店卖家峰会上，Amazon Business正式向中国卖家开放。目前Amazon Business在全球共有七大站点向中国卖家开放，包括亚马逊美国、英国、德国、法国、日本、意大利和西班牙。借助Amazon Business全球的业务发展以及创新的服务与工具，中国卖家将触达全球超过百万的优质企业与机构买家，拓展出口跨境电商布局，并快速有效地发展全球商业采购业务。亚马逊全球开店助力中国卖家拓展全球市场，在国际市场实现从"中国制造"向"中国品牌"的全面升级。

（二）垂直型自营跨境 B2C 模式

垂直型自营跨境 B2C 平台是指，平台在选择自营品类时会集中于某个特定的领域，如食品、奢侈品、化妆品、服饰等。

* 优势：供应商管理能力相对较强。
* 劣势：前期需要较大的资金支持。

案例3-8　蜜芽：进口母婴限时特卖

一、平台概述

蜜芽的前身蜜芽宝贝创立于2011年，是中国首家进口母婴品牌限时特卖平台。蜜芽对外发力，选择国际采购渠道，在全世界采买母婴名品；对内发力，选择在跨境贸易电子商务服务试点城市开展保税备货模式。这种模式下的报关、仓储、检验和发货环节由国家海关监督处理，在保证商品是正品的同时也极大地降低了消费者的购物风险。

* 品牌合作：蜜芽现已与全球2 500个品牌合作。针对奶粉、纸尿裤等供应商相对强势的品类，蜜芽已经与七大奶粉供应商建立了跨境直供的关系，与多家纸尿裤品牌巨头进行直接的战略合作。

* 线下拓展：2016 年，蜜芽联手美中宜和妇儿医院，发展线下实体店。同时，蜜芽投资了国内最大的室内儿童游乐场，打通孕产、亲子早教、亲子娱乐等母婴全产业链。

* 物流布局：蜜芽已在宁波、重庆、郑州等地设有保税仓，面积超 10 万平方米。

二、竞争优势

蜜芽作为国内较早进军跨境零售的平台，对奶粉、纸尿裤等品类，一直没有开放给第三方卖家，而是自己承担跨境采购、国际物流、保税仓发货等供应链中较重要的环节。

蜜芽是目前中国最大的母婴进口跨境电商平台，主导"母婴品牌限时特卖"，每天在网站推荐热门的进口母婴品牌，以低于市场价的折扣力度在 72 小时内限量出售。2015 年，蜜芽宝贝用户已经超过百万，平台交易额达到 25 亿元，2016 年的交易额更是增长了 2 倍多。

据电子商务研究中心研究发现，蜜芽的供应链分为四种模式：

* 从品牌方的国内总代采购体系采购；
* 从国外直接采购，经过各口岸，以一般贸易形式进口；
* 从国外订货，采取保税进口模式；
* 蜜芽的海外公司从国外订货，以直邮的模式报关入境。

这类进口跨境电商平台因其自营性，供应链管理能力相对比较强，从采购到配送的整个流程比较好把控。但值得注意的是，这种模式在前期需要比较大的资金支持。

七、导购/返利平台模式

导购/返利平台模式是一种轻资产的电商模式，主要由引流、商品交易两部分构成。

* 优势：可以对信息流进行整合，采取轻资产模式，且容易开展业务。引流部分可在较短时期内为平台吸引了不少用户，有助于把握消费者前端需求。

* 劣势：把规模做大的不确定性比较大。

案例3-9 55海淘网：海外网购的返利网站

一、平台概述

55海淘网是针对中国消费者海外网购进行返利的网站，其返利商家涵盖美国、英国、德国等B2C、C2C网站，如亚马逊、eBay等，返利比例为2%~10%，品类覆盖母婴产品、美妆产品、服饰、食品等。

二、平台特色

一是55海淘网是全中国最早发布海外优惠信息的网站，所谓的最早，不是几年前最早做这个事情，而是指55海淘在美国洛杉矶有一个三十几个人的团队，可以第一时间看到美国、欧洲、日本的海淘网站有哪些优惠的信息并发布。

二是55海淘网有一个社区，每天有几万个帖子讨论如何海淘，如何避免海淘过程中可能产生的问题等。

以上优势集合起来造就了55海淘网在2011年成立时，就迅速夺取了第一批种子用户。

导购/返利平台模式是一种轻资产的电商模式，技术门槛也相对较低，分为引流与商品交易两部分。这就要求企业在平台端与境外电商建立合作，在用户端依靠用户获取流量。从目前来看，55海淘网在获取流量上有一定优势，但与商家合作方面的特色还未完全体现出来。

八、海外商品"闪购特卖"模式

由于跨境"闪购特卖"所面临的海外供应链环境比起境内更为复杂，因此在很长一段时间里，涉足跨境"闪购特卖"的玩家都处于小规模试水阶段。

* 优势：可以拿到很低的折扣，有足够的利润空间，而且容易吸引用户二次购买，只要每天有新品，流量就有保障。同时，基于海淘的特殊性，平台基本都是先收取现金然后再采购的，"闪购特卖"能够最大化地利用现金流，这是其核心优势之一。

* 劣势：门槛太低，导致竞争非常激烈，在这个过程中，小玩家容易被

巨头拖垮，所以"闪购特卖"模式还是得有强背景或者强货源渠道的企业操盘，小微企业比较容易失败。

案例3-10 聚美海外购："直营+保税区"的跨境之路

一、平台概述

2014年9月，聚美优品（http://bj.jumei.com）低调上线海外购，极速免税店是聚美海外购的主打模式。

二、核心优势

聚美海外购直接参与采购、物流、仓储等海外商品的买卖流程，对物流监控、支付都有自己的一套体系。

* 极速：打通海外运营中心与国内保税区仓库的物流流程，建立中国领先的海外购物流体系。聚美海外购将在国外采购的货品先运至保税区，再根据订单发货。保税区仓库是聚美海外购物流链上的关键点。在郑州建立保税仓后，目前聚美海外购已能基本做到在用户下单24小时内发货，并于2~3天内送达。2014年9月，聚美优品与河南保税物流中心合作，开建上万平方米的自理仓，到2014年年底时，进口货物日处理规模达8万包。2016年5月，聚美优品落户天津保税区，是继郑州、苏州、宁波、深圳等6个跨境贸易电子商务服务试点城市的保税仓布局完成后，对北方跨境电商物流基地的巩固和扩张。

* 好货：聚美发展海外购业务初期，包括创始人兼CEO陈欧在内的高管人员频繁飞往日韩，与品牌商磋商，两周就拿下了100余家日韩知名品牌的独家授权，其中包括伊思（It's skin）、九朵云（Cloud9）、丽得姿（Leaders）、托尼魅力（Tonymoly）、得鲜（The Saem）等炙手可热的品牌。除了日韩最新、最潮爆款，聚美海外购也在开拓欧美线，增加母婴产品、保健品和轻奢品等品类。

* 价优：极速免税店能做到价优的原因，首先是切掉了传统代购流程的中间环节。具体来说，与品牌方谈判时，聚美因品牌效应掌握着强势的议价权。其次是产品均由品牌商直供，切掉了中间经销商、代理商等的三四层价格加码的运作环节，省出的利润，聚美用来投入物流布局，并且完全承担行

邮税，让消费者享受免税价格。

聚美希望以能够控制的跨境商品，替代原有第三方平台控制力弱的化妆品。更为重要的是，跨境电商是近年来最火热的概念，吸引了大量的资金投入，也是未来电商发展的重要契机，聚美也想分一杯羹。

✳ 较早建立保税区仓储体系：跨境电商的保税进口模式给整个电商格局带来了颠覆性的变化。聚美在保税区的仓储体系建立方面领跑较早，再加上高管人员的海外背景，可以与海外品牌无缝对接，执行决策也有效率。

✳ 客群对新品接受程度高：聚美在化妆品方面的客群大都是20多岁的女性，她们非常愿意尝试新事物，尤其喜欢日本、韩国的产品。聚美与其他女性电商平台在客群方面的重合度较低，而且聚美的客群对新品接受程度高，因此这些品牌可能只会在聚美平台上卖得好。这个优势与聚美的客群是有关的。

✳ 销售独家和自有品牌商品能力强：聚美在销售独家和自有品牌商品方面比较强，"独家+自有品牌"模式创造了绝大多数的净利润。跨境电商只是一种聚货渠道，在跨境电商平台上也能经营独家产品。

三、核心价值

✳ 研究用户需求，以产品为先导。

许多韩国化妆品在中国都没有正规的零售渠道和营销渠道，无法进入中国市场。在聚美海外购上线之前，很多消费者如果想买这些产品，只能通过代购的方式。聚美海外购的保税进口模式使原先中国市场中的化妆品代购正规化。聚美海外购长期与美妆厂商保持良好的合作关系，具有天然的品牌优势，同时聚美海外购上百号的买手及营销人员负责孵化和推广新品，制造爆款。

2015年4月，聚美海外购业务"杀入"母婴阵营，以母婴用品的亏损运营来换取更多的用户和市场。聚美认为，只要母婴做得好，就可以再创聚美销售额新高。

✳ 优化运营，升级供应链。

聚美海外购经营的品类以化妆品为主，奢侈品为辅，剩下的是母婴用品。聚美有足够的供应商，能在这三大品类中做到第一。

美妆用品、母婴用品和保健品等商品属于高敏感品类，要拿到正品，保证质量，拼的就是管理供应链的能力。聚美选择与美国奢侈品闪购鼻祖 Gilt Groupe,Inc 合作，由其美国官网直接发货，确保上游产品质量。同时也与品牌商达成合作协议，完成海外供应链布局，通过品牌直供的方式把原先无法在国内销售的优质产品引进来，砍掉中间三四层环节，直接面对消费者，在缩短供应链的同时，降低了因 C2C 卖家串货造成的假货风险。

案例3-11　唯品会："海外商品闪购+直采保税"模式

一、平台概述

2014 年 9 月，唯品会的全球特卖频道亮相网站首页，开通了全国首个正规进口跨境电商的全球特卖业务。唯品会全球特卖全程采用海关管理模式中级别最高的"三单对比"标准，利用消费者下单信息模式生成用于海关清关的订单、运单及支付单，并同步传给电商平台供货方、物流转运方、支付方三方，形成四位一体的闭合全链条管理体系。

* 选品方式：通过产地直采，为用户"采正品"保驾护航，同时"买手+大数据"模式，为用户"挑优品"出谋划策。

* 买手团队：采取"产地直采、自营正品、免邮包税"的策略，通过在全球 10 个国家和地区设立买手团队，建立选品优势，并通过规模采购建立价格优势。

* 物流体系：在物流方面，唯品会依托遍布国内外的 4 个保税仓和 12 个海外仓的快速配送优势，以及"三单对比"高效通关模式，在接到用户订单后 12 小时内极速发货，通过遍布全国的自建物流体系实现快速送达。

* 售后服务：在售后服务方面，唯品会实行 7 天无理由放心退，并且退货流程全部在中国境内完成，退款快，操作简便，让消费者的跨境网购省力省心，享受与国内购物一样的快速体验和安心保障。

二、主要特色

* 跨境保税仓成重要一环：唯品会与郑州市人民政府、郑州海关等部门合作，在郑州开通了唯品会自建保税仓，让用户享受更省心、省时、省钱的唯品会全球特卖服务。通过保税进口模式，从顾客下单到包裹送达的时间，由原本平均 15 天左右大大缩短，变为次日送达。

* 先进的中韩海淘模式：唯品会中韩海运跨境直购是目前较为先进的中韩海淘模式之一。由于海运货轮的运量是传统跨境采购用的飞机运量的几十甚至上百倍，唯品会利用海运进货带来了更丰富的韩国商品，而且成本比空运低30%～50%。唯品会让韩国"变身"中国网民的"百货店"。

九、跨境O2O模式

与传统电商运作模式不同，进口跨境电商O2O模式有独特的优势，例如不积压货物、成本低；消费者可以亲身体验，减少了购物疑虑；传统实体店与电商相结合，实现线上与线下同步销售；售后服务有保证，解决了消费者的后顾之忧。目前国内的进口跨境电商O2O模式有以下四大类型。

（一）在机场设提货点

2015年7月28日，天猫国际与韩国最大免税店集团新罗集团、泰国最大免税店集团王权集团达成战略合作，三方共同宣布，在中国率先启动环球免税店项目。其O2O的具体实现形式是：中国消费者在出国前、出国后，都可通过天猫国际提前购买海外机场免税店里的商品，在归国时，直接去机场免税店自提即可。

早在2012年12月28日，韩国乐天免税店就推出了中文版购物网站，中国游客可以在乐天网上免税店提前购买免税商品，结束在韩国的旅程回国时便捷地领取商品。利用这种"线上下单、线下自提"的方式，天猫国际引入免税店的商品是对网站商品丰富度的一次有效提升，也可以优化消费者在免税店的购物体验。

（二）在保税区开店

美市库是在国内保税区开店的典范，其保税区店铺采用仓储式超市的运营思维，具备了三种功能：充当存货仓库、直接向消费者售卖跨境进口商品、展示跨境进口商品。对于跨境进口商品，美市库结合了实物展示及线上展示方式，消费者看中商品后可在线下单，然后由美市库通过海外直邮或保税仓发货的方式将商品配送到消费者家中。

（三）在市区繁华地段开店

2014年12月，洋码头首个线下体验中心在上海南京东路正式亮相，联合了平台上来自美洲、欧洲、大洋洲、亚洲四大洲的数百个海外商家，在体验中心展示了近千件商品。不过，洋码头的线下体验中心虽然选址在一线城市黄金地段，但只持续开放了很短的时间，主要起品牌推广的作用。

（四）与线下商家合作

蜜芽是与线下商家合作探索O2O模式的先行者。2015年4月，蜜芽宣布联合红黄蓝教育机构向全国300多个城市的1 300余家园所开拓线下渠道。蜜芽的商品将会在红黄蓝园所里进行展示，用户可通过手机扫码直接下单，同时，用户还可以在蜜芽的特卖网站和手机APP上购买红黄蓝的早教服务产品。

第四节　进口跨境电商的未来之路

未来进口跨境电商将集中爆发，随着政策倾斜进入快速成长期。2014年，在"跨境交易"与"电子商务"双引擎的拉动下，进口跨境电商风生水起。先是天猫、亚马逊，继而是苏宁、聚美优品，纷纷挤进进口跨境电商行业，推动行业进入产业信息化时代，即结合传统资源，打造海外供应链，多渠道运营（自营或招商），拉开了品牌国际化战略的序幕。国内电商之间的竞争日趋白热化，随着消费者对海外产品的需求越来越多，进口跨境电商将成为新的增长点。

＊ 趋势一：进口跨境电商平台重获资本关注。

在经历了几个季度资本市场的冷遇以后，进口跨境电商行业在2018年第二季度得到了较多的投资，有多个进口跨境电商平台成功获得投资。KK馆获得经纬中国等机构的7 000万元投资，宝妈环球购获得九宜城的千万级投资，别样获得高瓴资本等机构2 000万美元的投资，等等。

＊ 趋势二：进口跨境电商平台向线下拓展。

2018年上半年，进口跨境电商平台纷纷在线下开实体店，小红书把线上社区搬到了线下，网易考拉首家线下实体店——海淘爆品店开业，天猫国际线下店也开始营业。未来进口跨境电商平台将进一步发展线下门店，更多地探索如何突破时间和空间的束缚，为消费者实现即买即用的购物愿望。

* 趋势三：进口跨境电商平台未来将逐步下沉到三四线城市。

进口跨境电商平台的用户目前大部分在一二线城市，在农村消费升级和新零售的大背景下，进口跨境电商平台未来将逐步下沉到三四线城市。未来随着消费者购买力的增强、物流仓储等配套设施的完善，进口跨境电商平台将在以提升客户消费体验等软实力为核心的基础上，进一步提高物流速度，增强价格优势，助力行业整体效益进一步提升。

第四章 物流：得物流者得天下

第一节 现状：发展迅猛，政策支持不足，缺乏专业化服务

近年来，我国跨境电商发展迅速，跨境包裹数量持续快速增长。据电子商务研究中心监测数据显示，2017年全国快递服务企业业务量累计完成400.6亿件，2011年—2016年，全国快递行业业务量保持着高速增长的趋势，2013年的增速最快，为61.51%，2017年的增速最慢，仅为28.07%。这表明目前中国快递行业业务量增速放缓，行业发展趋于稳定。2017年全国规模以上快递企业营收为4 957.1亿元，与2016年的4 005亿元相比，增长了23.77%，与2016年44.61%的增速相比，明显放缓。

FedEx（联邦快递公司）、UPS、DHL、TNT（荷兰邮政集团子公司）等国际物流快递公司是跨境包裹的主要承运商。除快递公司外，还有马士基等国际海运公司也开展了跨境包裹业务。中国邮政速递物流开通e邮宝服务，顺丰速运上线SFBuy，进入跨境电商寄递市场。自2013年6月起，顺丰速运对中国至美国、日本、马来西亚、韩国、新加坡的快件免收代理报关费。2017年，顺丰速运联合UPS布局国际市场，结合双方优势，为中国企业提供更多进入海外市场的新机会。

国内几大快递企业纷纷在海外布局，包括"四通一达"（四通指圆通速递、申通快递、中通快递、汇通快递，一达指韵达快递）、顺丰速运、德邦快递、远成快运等，通过自建网点或寻找当地合作伙伴，为国内外跨境电商企

业提供跨境快递物流服务，形式包括"自营+代理"、专线代理、加盟、派件合作等。收购兼并案例也不在少数，如申通收购美国优晟速递，中通收购美国天马迅达，圆通以10.41亿港元收购香港上市公司先达国际物流控股有限公司。

此外，一些电商平台也推出物流服务，如敦煌网上线"在线发货"专线物流服务，为外贸商家提供快递服务，覆盖全球107个国家和地区。PayPal在邮政、速递、海外仓储方面与多家国际知名服务商合作，推出14项海外专线物流解决方案，针对英国、德国、荷兰、法国、意大利、加拿大、澳大利亚、日本、巴西、俄罗斯、西班牙、韩国及中东的主要国家，为中国用户提供跨境物流服务。

一、我国跨境电商物流发展现状

（一）当前国际物流发展速度与跨境电商需求不匹配

我国跨境电商发展速度十分惊人，2017年中国跨境电商市场交易规模为7.8万亿元，同比增长20.3%。但是从事跨境快递业务的物流企业则比较少，大多数是由国际快递公司完成物流配送服务。如此大的物流量，仅仅靠国际快递公司是远远不够的，尤其是在购物旺季，经常会出现快件积压、爆仓等现象，这给跨境电商的发展带来了巨大障碍。

（二）我国物流基础设施不完善

当前，我国整体物流环境还有待进一步提升，特别是在跨境电商快速发展的背景下。传统的物流配送时效、配送设备、配送服务等都难以满足跨境电商的发展，而要解决跨境电商涉及的仓储、配送、运输、报关、核税等一系列问题，需建立合理高效的物流体系，并且需要配备更先进和完备的物流设施。

（三）缺乏第三方物流企业提供专业化服务

我国第三方物流企业数量较多，但是大型的、专业化程度较高的第三方物流企业较少。当前，为跨境电商提供国际快递服务的企业包括：FedEx、DHL、中国邮政速递物流、顺丰速运等传统物流快递企业，此外，专业的第三方物流企业也正在崛起，但跟跨境电商高速发展的形势相比较，还是较为落后。

二、全球电商市场的物流配送情况

全球各地在线零售的增长带动物流配送模式的多样化发展，但是由于各个区域市场的电商发展程度和基础设施条件的不同，其对物流配送的期待值也有所差别。据调查显示，亚洲在线购物者对配送时效的要求最高，欧美在线购物者则更看重多样化、定制化的物流配送服务。

当前，从各区域市场来看，在线购物者对物流配送服务的要求与当地物流体系的实际发展情况有所不同，例如北欧和北美购物者不求快但图便宜；南美购物者会为免运费凑单；在中欧市场，当日达是标配；在西欧市场，邮政比快递企业更受欢迎；在东欧市场，快递企业比邮政更受欢迎；亚洲购物者要求速度快；在中东市场，免费和当日达成重要的服务选项；在非洲市场，物流设施落后，低价成驱动因素。

第二节 模式：多种模式并存，如何选择成难题

跨境物流的种种痛点严重制约了跨境电商的发展。目前，在中国本土物流企业中，尽管中国邮政速递物流、顺丰速运等企业都有跨境物流快递的服务项目，但与国际物流快递公司相比还存在较大差距，难以有效满足跨境电商企业的需求。尽管问题不断地在解决，服务水平不断地在提高，似乎境况仍不够理想。面对各式各样的物流方案、物流服务商，从业人员又该如何选择合适的呢？目前跨境电商分为进口和出口两种，因此跨境电商物流分为出口和进口两条业务线。

一、出口跨境电商物流

出口货物的通关速度一般较快,而出口跨境电商也一般是以保税囤货、海运集箱或飞机拼板等方式出口,监管较少,门槛低,容易操作。

目前市面上主流的出口跨境物流方式主要有以下五种。

(一)邮政小包

中国邮政是万国邮联和卡哈拉邮政组织成员,在价格上相对国际快递企业有绝对优势。据不完全统计,中国出口跨境电商业务70%的包裹都通过邮政系统投递,其中中国邮政占据50%左右的份额。中国邮政旗下适用于出口跨境电商的国际物流服务包括邮政大包、邮政小包,其中邮政小包因时效快、价格低的综合特质而被广泛使用。除了中国邮政之外,还可以通过货运代理走香港邮政、新加坡邮政等渠道。

* 优势:

第一,邮政网络基本覆盖全球,比其他任何物流的渠道都要广。

第二,由于邮政一般为国营,有国家税收补贴,因此价格非常便宜。

第三,同国内集货与海外仓相比,邮政小包具有使用便捷的优势。从目前来看,邮政小包和国际快递仍然是最简单、最直接的物流方式,这两种物流模式占了出口跨境电商物流的绝大部分。对于众多规模较小的外贸企业而言,邮政小包和国际快递仍是最常选择的物流方式。

第四,相比于快递,邮政小包具有差异化定位、覆盖面广、价格低的优势。国际四大快递巨头(FedEx、UPS、DHL、TNT)定位于高端业务,与邮政小包的市场定位具有明显的差异性,短时间内不会互相影响。

* 劣势:

第一,一般以私人包裹方式出境,不便于海关统计,也无法享受正常的出口退税。

第二,速度较慢,丢包率较高。

案例4-1 中邮速递：跨境电商进出口贸易的护航者

一、企业简介

中国邮政速递物流股份有限公司是经国务院批准，于2010年6月联合各省邮政公司共同发起设立的国有股份制公司，在国内31个省（自治区、直辖市）设立全资子公司，并拥有中国邮政航空有限责任公司、中邮物流有限责任公司等子公司。中国邮政速递物流主要经营国内速递、国际速递、合同物流等业务，国内、国际速递服务包括卓越、标准和经济等不同时限水平和代收货款等增值服务，合同物流涵盖仓储、运输等供应链全过程。

主要业务：出口服务、进口服务。其中，出口服务包括e邮宝、e特快、e包裹、e速宝、e小包。进口服务包括B2B2C保税进口、商业快件进口、落地配。

B2B2C保税进口：包括行邮税代缴、邮政全国投递、全程信息跟踪服务。开通口岸包括广州、郑州、天津、杭州。主要特征：货物整批进园区、清单担保放行出区、个人网购集报免进口许可证、按照"整进、散出、集报"的模式进行。

商业快件进口：包括进口清关、行邮税代缴、境外一单到底、邮政全国投递、全程信息跟踪服务。开通口岸：广州、深圳、上海、重庆、成都、天津、郑州。主要特征：按照一般贸易进行申报清关。

落地配：提供由落地分拨同城或者省内货物的转运、配送服务（如需干线运输按重量计费）的入宅配送服务，包括开箱验货、货到付款（含POS机支付）、夜间送货、上门退货、带货换货、代收货款等多种电子商务增值服务。主要特征：时效快、成本低、服务多样化、返款周期短、客户体验好、妥投率高。

中邮速递已在美国、澳大利亚、英国、德国等地设立了海外仓，可提供国内国际段物流管理、国际贸易服务、海外仓储及落地配送的全程服务，为卖家降低物流成本，提升买家购物体验。

二、产品设计和市场推广

中邮速递以邮政速递为主进行产品设计，推出有竞争力的海外仓产品。

国内集货：在重点城市设立邮政速递的集货点，集货后统一发至海外仓，打造商业快件、保税区自主出口能力。系统软件开发：开发能够整合买卖双方资源的海外仓软件系统。国际发运渠道：采用快递、物流等空运、海运发货渠道，以低廉的运费提供优良的服务方案。产品管理：拥有丰富的发运、清关方面的经验，最大限度地降低发运问题和法律风险，减少清关费用。境外配送网络和跟踪信息：在海外已与 UPS、USPS 等建立发运渠道，以便获取全程跟踪信息。

（二）国际快递

国际快递可以按照承运方分为商业快递和国际邮政速递。FedEx、UPS、DHL、TNT 等四大国际快递公司最为知名，特点如表 4-1 所示。其中 UPS 和 FedEx 总部位于美国，DHL 总部位于德国，TNT 总部位于荷兰。国际快递公司对信息的提供、收集与管理有很高的要求，以全球自建网络及国际化信息系统为支撑。这些国际快递公司通过自建的全球网络，利用强大的 IT 系统和本地化服务，为网购中国产品的海外用户带来极好的物流体验。

相对邮政小包而言，国际快递包裹运送快、服务优，但是价格也相对高。一般国内商家只有在客户对时效性要求很高的情况下，才使用商业快递来派送商品。目前，为顺应出口 B2C 快速发展的需求，有国际快递公司推出特色服务。

表 4-1 四大国际快递公司特点

国际快递公司	DHL	TNT	FedEx	UPS
总部	德国	荷兰	美国	美国
特点	5.5 千克以下物品发往美洲、英国时，价格有优势；针对 21 千克以上物品有单独的大货价格	发往西欧国家时，通关速度快，一般 3 个工作日可到	整体而言价格偏高，21 千克以上物品发送到东南亚国家时速度快，价格也有优势	发往美国速度极快；6 千克~21 千克物品发往美洲、英国有价格优势

* 优势：速度快、服务好、丢包率低，尤其是发往欧美等发达国家和地区非常方便。比如，使用 UPS 从中国寄包裹到美国，最快可在 48 小时内到

达，用 TNT 发往欧洲，一般 3 个工作日可到达。

* 劣势：价格昂贵，且价格资费变化较大。一般跨境电商卖家只有在客户强烈要求时效性的情况下才会使用，且会向客户收取运费。

案例4-2　UPS：创造差异化价值，切入中国市场

一、企业简介

UPS 于 1907 年成立于美国华盛顿州西雅图，是一家全球性公司。作为世界上最大的快递承运商与包裹递送公司，同时也是运输、物流、资本与电子商务服务的领导性的提供者，UPS 每天都在世界上 200 多个国家和地区管理着物流、资金流与信息流。通过结合物流、信息流和资金流，UPS 不断开发供应链管理、物流和电子商务的新领域，如今已发展成为拥有 300 亿美元资产的大公司。

UPS 收购了美国电商服务和快递公司 i-parcel。i-parcel 一直为美国和英国两国的电商企业提供全球配送服务，而欧洲一直是 UPS 除美国外最大的市场。在 UPS 看来，收购 i-parcel 将使公司在英美等地的跨境业务更加便利，能够联结 100 多个国家和地区的物流。

二、商业模式

* 货车不能向左转。UPS 因高效闻名世界，5 个工作日在全球的送件量就能达到 15.8 亿件。UPS 在 2004 年就启用了一项新政策——要想多派件，快速到达任何目的地的正确方法是货车尽量避免左转。根据 2010 年的数据显示，因为执行尽量避免左转的政策，UPS 货车在行驶路程减少 2.04 亿英里（1 英里等于 1.61 千米）的前提下，多送出了 350 000 件包裹。自启动这项政策之后，UPS 就设立了相关的部门定时追踪送货卡车的情况。根据这些跟踪数据，面对竞争日趋激烈的物流业，UPS 进一步优化自己的业务，包括减少 9.6 万辆卡车，降低数百辆飞机的燃油消耗，通过缩减停车场卡车间距离、使后视镜相互重叠等办法充分利用空间。

* 大数据优化送货路线。UPS 研发了一个名为 Orion 的系统，这是 On-Road Integrated Optimization and Navigation（道路优化与导航集成系统）的缩写。UPS 准备在公司的 5.5 万条北美快递线路上装配这一系统。到 2013 年年

底，Orion 已经在大约 1 万条线路上得到使用，这让 UPS 节省了 150 万加仑燃料，少排放了 1.4 万立方公吨的二氧化碳。

三、业务布局

主要服务：为全球 195 个国家和地区提供物流和配送服务、运输和货运服务（包括空运、海运、陆运）、货运代理服务及国际贸易管理和清关服务；提供零担货运服务和整车运输服务，服务覆盖大西洋沿岸至太平洋沿岸。

特别服务：零配件物流、技术维修和配置服务；供应链设计和计划、回邮管理。

（三）专线物流

跨境专线物流一般指通过航空包舱方式运输货物到国外，再通过合作公司进行目的国（地）的派送，能够通过规模效应降低成本。目前，业内使用最普遍的物流专线包括美国专线、欧洲专线、大洋洲专线、俄罗斯专线等，也有不少物流公司推出了中东专线、南美专线。中国邮政的 e 邮宝、中环运的俄邮宝和澳邮宝、俄速通的 Ruston 中俄专线都属于跨境专线物流方面的特定产品。

* 优势：集中大批量货物发往目的地，通过规模效应降低成本，因此，价格比商业快递低，速度快于邮政小包，丢包率也比较低。

* 劣势：相比邮政小包来说，运费成本还是高了不少，而且在中国的揽收范围相对有限，覆盖地区有待扩大。

案例4-3　俄速通：做"小而美"的对俄电商物流

一、企业简介

黑龙江俄速通国际物流有限公司成立于 2013 年 10 月，业务包括俄速通物流、俄优选电商平台、俄速通人才孵化以及俄速通科技四大板块。2014 年 3 月，俄速通在阿里巴巴速卖通上线；2015 年 1 月，俄速通在敦煌网上线，成为被平台卖家广泛认可的对俄物流专线服务商。

2013 年 11 月 26 日，俄速通开始在哈尔滨运营中俄跨境电商航空专线，并打造了由揽收网络、集货仓网络、物流仓储管理系统、跨境物流、客服呼叫中心及边境仓组成的对俄跨境电商物流服务体系。6 000 个揽收网点实现了对全国市场的全面覆盖；专业的客服团队为客户提供 24 小时全天候服务；在哈尔滨、绥芬河、广州、深圳、上海、北京、杭州、义乌等地拥有高水准的集货仓，日均发货量超过 5 万件；首先在行业内实现了从揽收到妥投的实时信息跟踪；已建成的哈尔滨、绥芬河边境仓将对俄投递时效提升至 7~12 天。

2015 年 1 月 15 日，俄速通开通了乌克兰航线，并相继推出乌克兰小包、乌克兰大包等产品。这也是俄速通继俄罗斯外开辟的又一俄语系国家市场。今后，俄速通还将陆续开辟其他俄语系国家航线，实现对俄语系国家的物流全覆盖。

二、主要产品

＊ **俄罗斯航空小包**：是俄速通与阿里巴巴速卖通合作推出的，专为速卖通平台上的跨境电商卖家设立，是速卖通平台的合作物流。作为针对跨境电商客户物流需求设计的小包航空专线产品，速度快，服务水平高，提供全程物流跟踪服务。

＊ **俄罗斯商业大包**：是俄速通专门面向俄罗斯电商市场推出的跨境包裹邮寄产品，是针对俄罗斯网购消费者购买"产品数量多、种类多样化"等特点的商品特别推出的跨境物流服务产品。

＊ **俄罗斯 3C 小包**：是俄速通专门面向俄罗斯电商市场推出的跨境包裹邮寄产品，速度快，但价格比航空小包低，且对货物限制条件少。

＊ **乌克兰大包、乌克兰小包**：是针对跨境电商客户对乌克兰市场物流需求而开辟的航空物流产品，速度快，性价比高，且由乌克兰本地派送商服务，快递到门，优化客户购物体验。

＊ **俄速通边境仓**：拥有小货区、大货区、批量物品存储区、贵重物品存储区等专业划分的货物存储区，是全国第一个对俄电子商务边境仓。

（四）海外仓

海外仓是指由跨境电商平台、物流服务商独立或共同为卖家在销售目的地建立的海外仓库，提供货品仓储、分拣、包装、派送等一站式控制与管理服务。卖家将货物存储到海外仓，当买家有需求时，第一时间做出快速响应，及时进行货物的分拣、包装以及递送。整个流程包括头程运输、仓储管理和本地配送三个部分。

* 优势：一是降低物流成本；二是便于退换货；三是提高用户满意度；四是拓展销售品类。

* 劣势：一是容易积压货物；二是提高了对卖家的供应链管理、库存管控等的要求。

建立海外仓成为跨境电商的新常态，很多中国卖家把东西放在海外售卖，因此对海外仓的需求越来越强，但是从海外仓的发展来说，端到端的复杂流程，需要投入大量的人力和物力。在国际贸易持续发展、跨境电商持续升温的情况下，尤其是在季节性网购高峰的冲击之下，海外仓迎来了前所未有的机遇。

* 政策环境持续利好。近年来，从国务院到各部委，再到各地方政府，都密集出台了规范和扶持跨境电商发展的政策措施，而对海外仓的扶持也多有体现。各地政府部门皆出台了多项支持海外仓建设、发展的举措，帮助国内企业更好地"出海"。

* 消费模式深刻变革。除国内的消费升级带动进口跨境电商高速发展外，国外电商市场也进入快速发展的阶段，中国出口跨境电商交易规模进一步扩大。全球消费模式正在发生深刻变革，这给海外仓的发展带来了良好的发展环境。

* 全球供应链加速整合。在全球供应链布局中，海外仓是重要的节点，汇集人流、技术流、信息流、资金流等多重要素，支持实现跨国采购、跨国生产等多种需求。由于全球供应链覆盖范围广、涉及主体多，因此在不影响服务质量，最大限度平衡客户、运输相关资源的前提下，建立适当数量的海外仓至关重要。

案例4-4 出口易：跨境物流解决方案专家

一、企业简介

出口易是贝法易集团旗下以全球仓储和跨境物流服务为核心的供应链物流服务商，成立于2003年。出口易依托丰富的电子商务卖家经验和技术创新能力,专注于为客户提供海外仓储、物流专线、航空小包、国际快递等多种物流服务,同时配套 M2C 全球供销、供应链金融和技术支持服务等全面的跨境电商供应链解决方案。

出口易现已在英国、美国、澳大利亚、德国、俄罗斯、加拿大、西班牙等地建成九大海外仓储中心,在广州、深圳、上海、香港等国内八个城市设有处理中心,同时搭建基于海外仓储的 M2C 供销平台,帮助"中国制造"实现全球直销。凭借丰富的经验和优质的服务,出口易已获得国际顶级风投 KPCB 和赛富的风险投资,并成为 eBay、PayPal、Wish、敦煌网、速卖通与亚马逊重点推荐的物流服务供应商。

二、业务板块

出口易是国内第一家建立海外仓储的跨境物流企业,更是首创以"空运+当地派送"模式开通其自主研发的海外物流专线。出口易的业务覆盖了中国出口跨境电商主要贸易国家和地区。

* 海外仓。出口易拥有多个自营超过八年的全球仓储中心,提供仓储与配送服务,配送范围覆盖北美、欧洲及大洋洲,不受任何重量、体积限制,不受旺季航路不畅的影响。出口易不仅能够帮助中国卖家实现海外本土化销售,降低物流运营成本,还能进行实时的库存管理与监测,缩短到货时间,提高买家满意度。

* 物流资源整合。出口易最初从事跨境电商业务,随后转型为物流解决方案服务商,凭借其之前在跨境电商领域的实操经验,整合了自身的全球仓储中心及空运、海运资源,并与四大国际快递企业、各国邮政形成战略合作关系,自主研发了以"空运+当地派送"模式开展的价格低于国际快递、时效优于邮政小包且覆盖全球的出口易专线服务。

* 供销平台。M2C 供销平台是基于出口易拥有的海外仓储中心及物流配送服务衍生的增值服务产品。一直以来,M2C 供销平台秉持着"品质供销,品牌聚焦"的理念,为广大中小生产制造企业探寻转型之路,也为广大的跨境电商卖家提供完善的供应链服务。对于跨境电商卖家来说,通过 M2C 供销平台可以推送海外现货产品信息至各大跨境电商平台及自营 B2C 平台,并通过出口易的仓储管理系统处理订单,完成当地配送、退换货等服务。M2C 供销平台真正地为卖家提供了高品质的一站式服务。而对于厂家来说,通过

M2C 供销平台的市场深度分析、分销商的严格筛选及严格的自有品牌的外贸分销渠道管理，可以减少供应链环节，获得利润最大化。

* 供应链金融。该业务是出口易为跨境电商客户提供垫资采购、头程物流、海外仓储及卖家分销的一站式综合服务。出口易为中小、微小企业设计高质量的金融产品和有效的实施方案，搭建跨境电商卖家与金融机构的桥梁。

案例4-5　递四方：领跑跨境电商物流

一、企业简介

递四方是一家为跨境电商企业提供全球物流和全球仓储服务的专业物流方案提供商，拥有三大类、50 余种物流产品和服务，全面覆盖物流、仓储服务，以及反向物流解决方案，能够满足不同类型和不同规模的跨境电商企业的需求。递四方的核心产品包括全球仓储订单履约服务——订单宝，全球邮件直送服务——联邮通、4PX 全球专线，以及面向电商终端消费者的全球集货转运服务。

截至 2014 年年底，递四方在全球拥有超过 2 000 名专业物流服务人员，在中国建立了 50 多个直营网点，在英国、法国、西班牙、德国、意大利、日本、韩国、澳大利亚、美国、新加坡、马来西亚等国家拥有超过 20 个全球订单履约仓库和集货中转中心，日处理电商订单量超过 40 万件，年销售收入超过 5 亿美元。

递四方是阿里巴巴、eBay、PayPal、亚马逊等机构的全球物流合作伙伴，目前服务的活跃跨境电商商户逾 3 万家。

二、自主品牌业务

* 订单宝：是递四方利用 WMS（仓库管理系统）为卖家量身定做的集采购管理、仓储管理、订单管理、库存管理、物流配送管理于一体的海外仓储及订单履约服务产品。跨境电商卖家只需要把货物寄存在递四方分布在全球的仓库，由递四方完成入库质检、货物上架、库存管理、订单接收、订单分拣、订单复核、多渠道发货等所有物流环节的操作。

* 联邮通：是递四方自主开发的跨境物流产品，采用自主头程运输结合本地邮政派送模式,包括挂号小包及平邮小包。联邮通小包速度远超邮政小包类产品,与国际快递相比,价格优势明显。隶属联邮通的 E 通产品更具特色,上市后便受客户青睐。

✻ 4PX 全球专线:递四方多年来积累的海外商业快递资源及深厚的跨境物流基础,使 4PX 全球专线天然具备多方面优势。媲美国际快递的派送时效、优质的物流服务及低廉的服务价格,使 4PX 全球专线在跨境商业快递市场占据一席之地。

✻ GRS(Global Return Service):全球退件服务,是递四方海外仓生态链的最终环节。递四方基于海外仓布局网的优势,首推 GRS 服务,为卖家搭建头程发货、清关、上架、订单处理、派件、退件处理的完整海外仓生态链链条。GRS 服务包含退件退回、销毁、检测维修、包装再上架等。

三、核心优势

✻ 中转速度快,转运费用低廉,客户可实时追踪运单。

✻ 拥有先进的物流技术和经验丰富的专业团队。

✻ 有业内顶尖水准的 IT 团队和业内领先的电子物流平台。

✻ 拥有完善、庞大的运输体系。

(五)国内快递企业的跨国物流业务

国内快递企业主要指顺丰和"四通一达",中国邮政速递物流也提供 EMS(邮政特快专递)服务。在跨境物流方面,"四通一达"中的申通、圆通布局较早,但也是近期才发力拓展,比如美国申通 2014 年 3 月才上线,圆通也是 2014 年 4 月才与 CJ 大韩通运展开合作,而中通、汇通、韵达也是近年来才启动跨境物流业务。顺丰的国际化业务则更成熟,目前已经开通到美国、澳大利亚、韩国、日本、新加坡、马来西亚、泰国、越南等国家的快递服务,发往亚洲国家的快件一般 2~3 天可以送达。顺丰还启动了中国往俄罗斯的跨境 B2C 服务。

✻ 优势:速度较快,价格低于四大国际快递巨头。EMS 在中国境内的清关能力强,依托邮政渠道,EMS 可以直达全球 60 多个国家和地区,到达亚洲地区只要 2~3 天,到欧美地区则要 5~7 天左右。

✻ 劣势:由于并非专注跨境物流业务,相对缺乏经验,对市场的把控能力有待提高,覆盖的海外地区也比较有限。

如表4-2所示,海外仓无论价格还是发货时效,都优于其他物流方式,所以随着出口跨境电商的不断发展,海外仓将会大有作为。

表4-2 五种物流方式时效性和价格对比

渠道方式	客户收到包裹时间	价格
邮政小包	30天以上	80~90元/千克
国际快递	7~15天	120~130元/千克
专线物流	15~30天	100元/千克
海外仓	7天以内	100元/千克
国内快递企业提供的跨国物流业务	2~7天	110~120元/千克

案例4-6 外运发展:从B2B市场切入B2C市场

一、企业简介

外运发展是国内航空货运代理行业中的第一家上市公司,由中国外运集团的优质空运业务资产重组而成,其核心的航空货运代理业务常年稳居国内行业第一。外运发展是全国唯一一个获得六个跨境贸易电子商务服务试点城市报关资质的物流公司,显著受益于海淘行业的快速发展。凭借完善的国内服务网络,通过与DHL、OCS等国际物流巨头结成战略伙伴,外运发展目前的服务范围已覆盖全球200多个国家和地区。

二、核心优势

* **仓储资源优势**:在国内多个城市设立了监管仓和保税仓。随着跨境电商规模的扩大,客户对口岸仓储资源的需求成为外运发展竞争力的主要来源之一。

* **海关联动优势**:与海关长期合作,双方有着完善的数据对接系统,简化了出口跨境电商商品信息的登记备案流程,大大节约了通关时间。未来外运发展主推的空中报关,还将进一步提升通关效率。

＊ 网络遍及全球：在海外有大量分支机构，通过建设集货仓库，实现了对集货、运输、清关和国内配送全流程覆盖。

＊ 公司战略优势：外运发展母公司中国外运集团主要面对B2B和B2C市场，中外运敦豪的海外网络更为发达，主要做出口B2C市场。通过为海淘转运公司提供服务，外运发展深挖存量市场，完成了从B2B市场切入B2C市场的目标，主要提供集货、运输、保税仓储、报关和清关，以及国内配送、数据对接、信息跟踪等系列线上和线下服务。

案例4-7　顺丰速运：首家试水国际快递业务的国内快递公司

一、企业简介

顺丰速运于1993年3月26日在广东顺德成立，是一家主要经营国际、国内快递业务的港资快递企业。顺丰速运借自身全球化布局进入跨境电商物流领域。在推出海淘转运服务SFBuy之后，顺丰速运针对海外电商商家上线"全球顺"，并不断购买全货机，助力跨境物流业务。

二、核心优势

＊ 产品全球化：目前顺丰速运的直发业务已经可以覆盖全球241个国家和地区。顺丰速运从三个层面发力：客户层——掌控交易的两端，一端是商家，一端是消费者，抓住两端的精准用户；流向层——布局以中国为圆心的进出口服务；产品层——重轻结合，重是指物流仓网重资产投入，轻是指整合服务资源。

＊ 网络全球化：顺丰速运通过建立20个海外仓，来覆盖4个主要目标市场。顺丰速运的北美海外仓，布局在美东、美西和加拿大；欧洲海外仓，除了4个英国海外仓外，还布局在德国、法国、意大利和西班牙；此外还在俄罗斯和澳大利亚建立了海外仓。

三、业务布局

＊ 2013年9月，顺丰速运推出海淘转运平台海购丰运，针对跨境电商B2C市场，为海淘消费者搭建海外电商平台的导航网站，并提供转运递送业务。顺丰速运为国内消费者提供了更多接触海外消费品的机会，同时又凭借自身的物流优势帮助消费者将选定的海淘产品运送回国。

* 2014年8月，顺丰速运推出面向海外电商商家的适用于中国港澳台地区、海外至中国大陆地区的专属直邮产品——"全球顺"，价格仅是顺丰原有产品价格的60%~80%。通过"全球顺"直邮业务下，中国香港地区至内地的时间预计为7~9天，美国至中国的时间预计为7~12天，符合经济型快递的属性。

* 2015年4月，顺丰"全球顺"服务新增了为电商卖家提供保税区内仓储、进出区申报、境内派送等一系列服务。至此，"全球顺"完成进口跨境物流的全方位布局。

* 顺丰速运一鼓作气推出了俄罗斯小包、欧洲小包（平邮、挂号）、大洋洲小包、美国小包、全球经济小包、欧洲专递等一系列出口物流服务。

顺丰速运推出欧洲小包时，市场上主流的欧洲小包服务时效一般是7~15个工作日，而顺丰欧洲小包配送到欧洲主要国家能做到5~10个工作日即可投妥，整体运费也更为便宜。

顺丰速运推出欧洲经济专递，5~8个工作日即可通达欧盟26个国家，时效快，价格却远低于商业快递，解决了卖家平衡费用和时效的难题，堪称整个跨境物流行业最具创新性的服务产品。

四、业务模式

顺丰目前的主营业务包括商家和消费者进出口物流服务、俄罗斯业务。其中出口物流服务包括国际小包、国际专线和国际仓储，已覆盖全球242个国家和地区；进口物流服务包括"全球顺"，实现了运输、清关、派送等一条龙服务；俄罗斯业务已辐射东欧十国，为跨境电商客户提供出口物流及仓配一体化解决方案。

二、进口跨境电商物流

进口涉及海外转运、海外集货，以及进口清关、国内派送等环节，需要将各环节有机地串起来，尤其是海外集货，涉及进口保税等复杂流程，因此物流目前依然是影响进口跨境电商业务发展的一个瓶颈。

进口跨境电商的操作难度极高，从产品采购、海外仓库存储到物流再到清关、国内派送的每一个环节都充满了挑战。政策的不确定性也增加了进口跨境电商的风险。

进口跨境电商物流主要是针对中国市场的进口物流，随着海淘的发展而产生。根据流程参与主体的不同，当前进口跨境电商的物流模式主要有三种：直邮进口、转运、保税进口。

（一）直邮进口

直邮进口模式是国内消费者下单后，货物直接空运至中国境内，由国内商业快递公司、邮政或国际快递公司等进行清关，然后直接配送到消费者手中。

﹡特点：满足海淘客户群的需求；货量小，但货品价值高；到货周期较长，约10天左右；串货问题少。目前，婴儿食品、护肤品、保健品、奢侈品是直邮进口的主要商品。

﹡优势：相对于转运模式，直邮进口操作简单，且货品丢失、破损，甚至被偷换的风险都相对较低，更不必担心转运公司跑路。

﹡劣势：目前，直邮大多由国际快递公司承运，虽寄送时间快，但运费很高；支持跨境直邮服务的境外购物网站仍较少。

1. 国际商业快递直邮

承运人是FedEx、UPS、DHL和TNT四大国际商业快递公司，运输流程如图4-1所示。

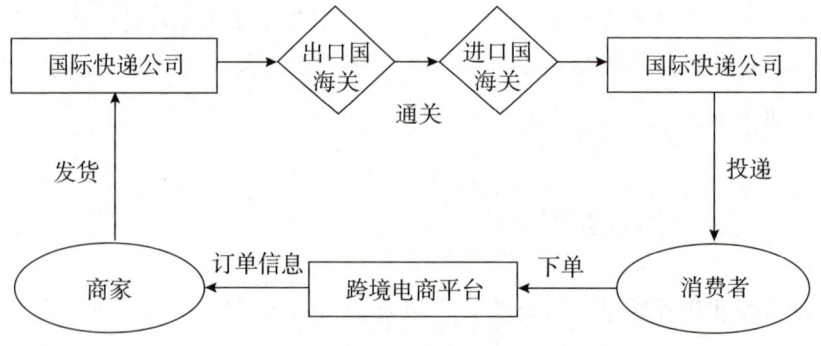

图4-1 四大国际商业快递公司运输流程

﹡优势：

第一，时效性和安全性有保障。全球网络下的时效性和配送环节的安全性是四大国际快递公司的核心竞争力。从国外到国内全程由四大国际商业快递公司自行配送，保证服务质量。

第二，清关速度快。报关时，四大国际快递公司往往自行报关，并与海关实现数据对接，提高了通关速度。

* 劣势：四大国际商业快递公司的主营业务是商业快递，在包裹的跨境运输上，并没有明显的价格优势。

2. 两国合作直邮

该模式根据承运人性质的不同，又能细分为通过万国邮联渠道和两国快递公司合作运输渠道：通过万国邮联渠道，国内外的承运人都必须是万国邮联的成员，国外承运人包括美国邮政、英国皇家邮政等，国内承运人为中国邮政，流程如图4-2所示。

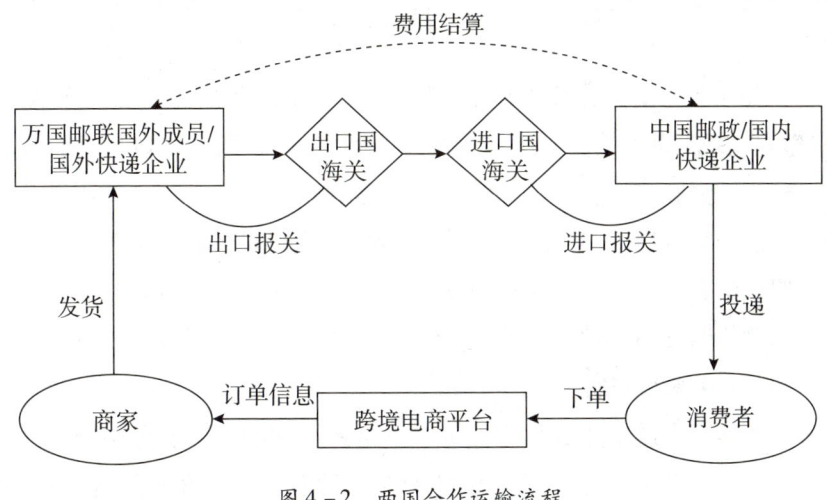

图4-2　两国合作运输流程

* 优势：

第一，万国邮联走邮政清关途径，批量报关，缩短了清关时间。

第二，包裹的抽检率也要低于其他方式。

第三，两国快递公司合作类似于UPU（万国邮政联盟）框架，但区别在于两国的快递企业不受万国邮联公约的约束，重视性价比和时效性。

* 劣势：物流时效性不如商业快递。

（二）转运

转运指国内消费者在消费前要先在国外转运公司登记注册，下单后先将货物寄到转运公司，然后由转运公司集中将货物空运至中国境内进行清关，再由国内的快递公司负责配送。

＊特点：转运是目前主流的海淘物流方式，但由于消费者需在网上搜索转运公司，且转运公司不正规的通关流程导致消费者的税负不确定，对希望便捷且合法的主流消费者，转运模式过于复杂且存在法律风险。

转运主要分为转运公司参与寄递、报关企业参与寄递。

1. 转运公司参与寄递

转运公司参与的原因主要有两个：境外跨境电商平台不提供直邮服务，或者直邮费用过高。转运公司作为中介，为消费者在境外签收货物，再将货物发回国内。

转运公司的主要运作模式如下：选取合适的地点租用房间做仓库；建立网站，搭建 IT 系统，为每位注册用户分配一个唯一的账号，用来收取和管理货物信息；选择合适的国际货运公司，将货物运送到中国。转运公司的收益主要来源于两方面：通过揽收再寄递货物，赚取手续费；提供增值管理服务。转运公司一般按照重量收费，有若干到中国的线路，如到天津口岸、重庆口岸、上海口岸、广州口岸的线路，还有港澳线。转运公司参与寄递的流程如图 4-3 所示。

2. 报关企业参与寄递

报关并不是寄递企业的核心业务，却是跨境网购寄递服务中非常复杂的环节之一。报关环节对整个寄递服务的时效性、可达性和费用等都有影响。报关企业参与寄递，本质上是两国合作直邮中两国快递合作寄递和转运公司参与寄递的延伸，这两种模式下的报关环节一般为专业报关企业承担，流程如图 4-4 所示。报关企业参与寄递，在寄递服务方面并没有独特之处。

（三）保税进口

保税进口模式允许跨境电商企业先将货物运到中国的保税仓库，提前建立仓储体系，等有了订单之后直接从保税仓发货。以保税进口模式进行跨境电商业务，货物从国内保税仓发出，基本 3 天内就能到达。在税收方面，保

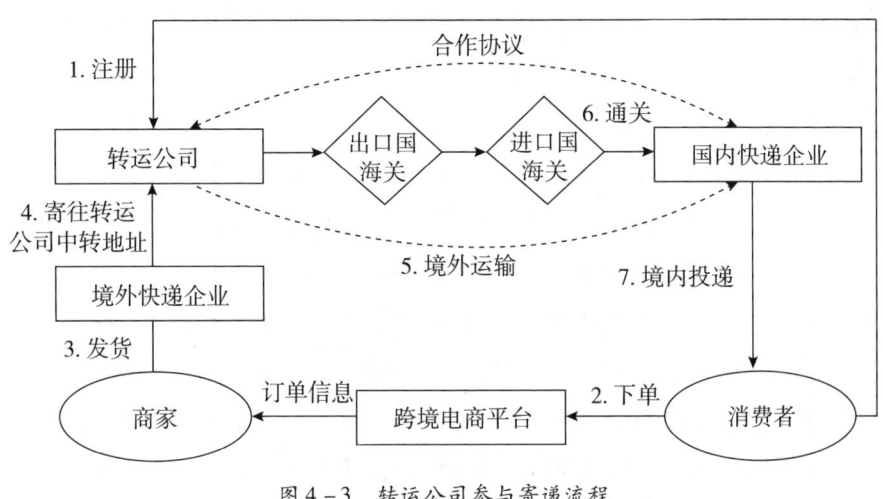

图4-3 转运公司参与寄递流程

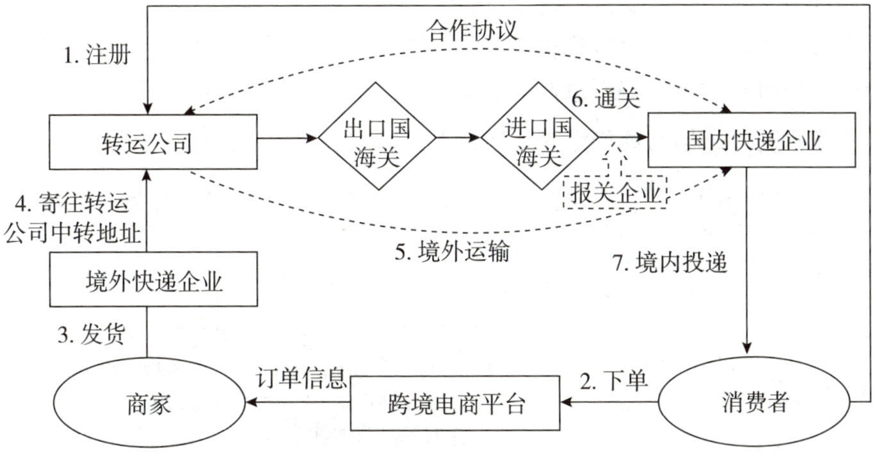

图4-4 报关企业参与寄递流程

税进口模式收取行邮税,而非进口税+增值税,且50元以下税额免税。

2013年起,跨境贸易电子商务服务试点工作在上海、杭州、宁波等各大城市迅速展开,这其中,保税进口模式被认为是未来最具潜力的跨境电商模式。目前很多跨境电商企业都是将进口货品先囤在进口口岸的保税仓中,等消费者下单后,再直接从保税仓发给消费者。

* 特征:大宗货品跨境电商进口的主要渠道,也是跨境电商进口量最大的渠道；周期短，响应速度快，消费者下单约3天可收到商品；若与自贸区政策结合，成长空间巨大。目前中国的主要电商网站和物流公司均已开展跨境保税进口业务。

* 优势：与传统进口贸易相比，保税进口模式胜在以下两点。

第一，与传统物流全程串联的形式不同，保税进口实现了跨境运输补货与国内货物发送的并联进行，大大降低了客户的等待时间。

第二，明确了跨境电商企业"清单核放、汇总申报"的报关模式。跨境电商企业先按照电子清单办理通关手续，再定期汇总电子清单，形成报关单进行申报，避免了传统通关中每批货物通关都要走一遍完整流程的问题。

总的说来，随着跨境电商的发展，转运模式将会大幅度减少，直邮进口模式和保税进口模式因各有特色，满足了不同类型的消费者的需求，将会在较长的时间内共存。国内主要进口跨境电商平台采取的物流模式及布局的保税仓如表4-3所示。

与传统转运商以及跨境电商企业是合作互利而非竞争关系，平台的生命力强。同时，避免了新设电商平台必要的巨额推广开支，也避免了与海外电商一家家商讨合作的烦琐程序，达到了扬己之长、避己之短的效果。

表4-3　国内主要进口跨境电商平台物流模式及保税仓布局

平台	物流模式	保税仓布局
天猫国际	以保税进口为主，海外直邮为辅	上海、广州、郑州、杭州、宁波等五个试点城市保税区已经和天猫国际达成合作；菜鸟物流打通直邮、集货、保税三种模式；开通了中美、中德、中澳、中日和中韩五条进口专线
苏宁易购海外购	以保税进口为主，海外直邮为辅	苏宁物流已获得国际快递牌照，杭州、广州保税仓已投入运营，后续将完成共八个保税仓的建设
京东全球购	保税进口+海外直邮	跨国干线物流与DHL合作，并在杭州、广州、宁波建立保税仓；京东自建物流，专注解决"最后一公里"配送问题
聚美优品	保税进口	已在郑州布局四万平方米的保税仓
步步高云猴全球购	保税进口	与广州保税区达成合作

续表

平台	物流模式	保税仓布局
唯品会全球特卖	以海外直邮为主，保税进口为辅	在郑州设有保税仓
蜜芽	保税进口 + 海外直邮	入驻重庆保税区、郑州保税区、宁波保税区
洋码头	保税进口 + 海外直邮，自建跨境物流体系——贝海国际	贝海国际在美国拥有3个集货站，在国内6个试点城市建立保税仓，在中国境内与EMS合作解决"最后一公里"配送问题
小红书	以保税进口为主	入驻郑州保税区
蜜淘	保税进口 + 海外直邮	入驻郑州保税区

第三节 问题：内外"痛点"阻碍跨境物流快速发展

随着"中国制造"逐渐走向全球市场，以及中国消费者对海外商品的需求量增大，我国跨境电商市场正处于"市场启动期"和"高速发展期"之间。物流作为跨境电商中的重要环节，扮演着举足轻重的角色。而在现阶段，跨境电商物流在费用、速度、清关、信息化等方面均存在问题。

* 问题一：费用问题。国际快递虽时效快，但费用高，如遇退换货情况，费用就更高。总体来说，国际物流费用整体偏高，一般为总成本的30% ~ 40%，而跨境电商的物流成本则更高。

* 问题二：速度问题。跨境电商物流的时效性是阻碍行业发展的问题之一，没有良好的物流配送时效，跨境网购的用户的消费体验水平就不能提升。

* 问题三：清关问题。由于跨境电商涉及的是跨国贸易，清关涉及出口国海关和进口国海关，其时效也影响着行业发展。在出口跨境电商中，物流的关键在于进口国海关，经常出现进口国海关扣货查验，如果商品没被放行，无疑会给跨境电商企业带来损失。

＊问题四：追踪问题。跨境物流包括境内段和境外段，很多包裹出境后，就无法追踪了。物流系统发达的国家和地区稍微好一些，对于一些使用小语种或物流行业极不发达的国家和地区，想在线追踪跨境物流的轨迹就比较难。

＊问题五：丢失问题。在以邮政小包为主的跨境物流模式下，时常出现包裹破损甚至丢失事件。在跨境物流的邮政系统中，从揽件到最终配送，往往需要经过四五次甚至更多次转运，很容易出现包裹破损、丢失等问题。无论通过邮政系统还是专线物流寄递物品，都存在一定的丢包率。

＊问题六：退换问题。在跨境电商领域中，由于跨境物流时间长，如果再遇到退换货，物流周期就会更长。再者，对于国内商家而言，退换货是一种进口行为，可能会遭遇中国海关查验，甚至要缴纳一定的关税。

第四节　对策：海外仓或成跨境电商难题破解突破口

物流一直都是跨境电商最大的软肋，虽然近年来跨境电商发展迅猛，但物流方面却频频传出爆仓、延误、禁运的消息，且频率越来越高。尽管物流行业始终致力于开发各种新的渠道，但在面对跨境电商日益增长的发货数量和不断提高的运输要求时，却显得有些力不从心。因此要加快跨境电商物流行业的发展，健全法律机制、建立战略联盟、设立海外仓等成为发展对策。

一、健全跨境电商物流法律机制

跨境电商作为一个新兴行业，相关法律法规还不完善。良好的法制环境有利于促进跨境电商及物流的发展，也有利于提高跨境电商物流的运转效率。随着跨境电商的快速发展，法律法规是不可缺少的一部分，无论是对跨境电商企业及相关物流企业，还是消费者，法律都会起到保障作用，从而使这一新兴行业能够快速、健康地发展。

二、建立电商企业物流战略联盟

在跨境电商领域中,建立电商企业物流战略联盟有利于降低企业的物流配送成本,例如联盟成员中的多个企业共同投资建立或租用海外仓、边境仓等,成员企业可将货物运输至国内物流配送中心储存,海外买家下单后,物流配送中心根据发货指令发货至海外配送中心,海外配送中心再根据送货指令将货物配送至海外买家手中。

三、海外仓或成跨境电商难题破解突破口

海外仓被看成是解决跨境电商物流难题的一个突破口,因为它可以解决很多传统跨境物流无法解决的问题,如时效、成本、清关及本土化问题,并且随着跨境电商迅猛发展,市场体量越来越大,对海外仓的需求也越来越多。截至2018年,33个国家和地区的158家海外仓企业有353个仓库,从分布上看,40%的仓库集中在美国,英国、德国也占了很大一部分,中东、南美、非洲等地的海外仓非常稀缺。可以说,无论从海外仓的服务能力,还是从实际趋势,都可以得出无可置疑的结论:海外仓是解决跨境电商物流难题的突破口。

(一)海外仓发展现状

目前欧美发达国家和地区的海外仓已经发展得非常成熟,不少企业还布局了小语种国家和地区的海外仓,可谓战略性地深入跨境电商领域的咽喉。随着中国出口跨境电商飞速发展,海外仓成为中国跨境电商行业越来越重要的竞争砝码,尤其是电商巨头,如今正在海外仓方面纷纷发力。

目前我国规模较大的出口跨境电商平台大多选择在国外建设海外仓,并且平均每个海外仓面积在3万平方米至5万平方米之间,规模较大。其中,兰亭集势、敦煌网、大龙网等知名出口跨境电商平台更是在全球广布

海外仓。相比而言，进口跨境电商平台则大多建立 2 000 平方米至 3 000 平方米的面积较小的海外仓。

早在 2015 年，海外仓就已经成为进口跨境电商平台竞争的焦点。目前，京东全球购、唯品会、蜜芽等跨境电商平台都表示要加紧海外仓布局。

* 天猫国际：与菜鸟物流一起建设海外仓，打造多种跨境物流服务方式，仅在美国，天猫国际就有两个海外仓。

* 京东全球购：在美国、韩国、日本、澳大利亚、加拿大等国，以及欧洲、中国香港等地区均建立了海外仓。

* 网易考拉：初步在美国、中国香港地区建成两大国际物流仓储中心，并将开通韩国、日本、澳大利亚、欧洲等地的国际物流仓储中心。

* 洋码头：与其他跨境电商平台不同的是，洋码头并没有重点拓展保税仓，而是先从海外仓做起，其 90% 的交易都是通过海外直邮。洋码头目前已经在洛杉矶、东京、悉尼、法兰克福等地设立了十多个海外仓。

* 唯品会：唯品会除了通过全球直采之外，还表示将通过海外仓、保税仓、自有物流配送体系等为消费者节省物流配送成本。目前唯品会已经在全球 11 个国家和地区建立了 12 大海外仓。

* 蜜芽：正在积极探索海外仓布局。作为母婴垂直型跨境电商平台，蜜芽在德国、荷兰、澳大利亚建有 3 个海外仓。

* 丰趣海淘：已经在美国、澳大利亚、日本、中国香港地区建立了 7 个大型海外仓库。

* 波罗蜜：保税、直邮两手抓，波罗蜜在海外的布局也比较早，在日本和韩国的海外仓规模不小。

进口跨境电商布局海外仓主要集中在中国香港地区、美国、澳大利亚、日本、韩国等地，"四八新政"之后，中国香港地区、日本、韩国、东南亚等地的海外仓将受到追捧。有实力的跨境电商平台可以根据情况建立海外仓，而中小跨境电商平台则可以选择与物流公司进行协作。出口跨境电商平台建立海外仓情况如表 4-4 所示。

表 4-4　出口跨境电商平台建立海外仓情况对比

平台	海外仓情况
亚马逊	在全球建立了逾 90 个仓储中心
eBay	2013 年，携手万邑通推出海外仓服务，目前已在英国、美国、澳大利亚、德国等地设立四大海外仓
Wish	2014 年，携手出口易推出海外仓服务，目前仅在美国设立了海外仓
速卖通	2015 年，上线海外仓服务，在美国、英国、西班牙、法国、德国等地设立了 9 个海外仓
环球易购	在美国、德国、英国、法国、澳大利亚及日本设有海外仓储中心，仓储占地超 1 万平方米
兰亭集势	2014 年初，欧洲海外仓投入使用；2015 年 2 月，首个北美海外仓正式投入使用

（二）模式

对于跨境电商卖家来说，入驻海外仓一般有三种选择：一是租用亚马逊、eBay 等平台商的海外仓，二是自建海外仓库，三是租用第三方跨境仓储公司的海外仓。目前，以上三种海外仓的数量和面积都在增加。此外，国内的顺丰、韵达等快递企业也加入跨境物流市场争夺战。

海外仓整个流程包括头程运输、仓储管理和本地配送三个部分。

* 头程运输：中国商家通过海运、空运、陆运或者联运将商品运送至海外仓。

* 仓储管理：中国商家通过物流信息系统，远程管理海外仓储货物，实时管理库存。

* 本地配送：海外仓根据订单信息，通过当地邮政或快递将商品配送给客户。

海外仓储费用 = 头程运输费用 + 仓储及管理费用 + 本地配送费用

（三）使用海外仓的常见问题

1. 哪些产品适合使用海外仓？

不是所有的产品都适合使用海外仓，海外仓适合那些价格高、体积大、易碎、传统物流渠道不能运输的（如电池、粉末等）货物。理论上，海外仓可以扩展跨境电商卖家的产品选择范围，不再限于小包时代 2 千克、不超过限定总长等一系列条件。重量大的产品（如五金类、家具类、户外类等），特别适合使用海外仓。但如果产品较轻，而且 SKU 还很多，没法对销售数量进行预估的话，可能就不适合使用海外仓。因为海外仓要求卖家对自己产品的销售进行预判，然后提前囤货，以大货的形式发送至海外仓。但是这些都不是绝对的选择标准，卖家还是要根据自身的具体情况来做决策。

总的来说，适合使用海外仓的产品主要有以下几种。

* 体积、重量大的产品：由于这些产品如果用邮政小包、专线物流寄递，规格超过了限制，而使用国际快递，费用又很高，但如果使用海外仓，不会受到规格限制，物流费用也更低。

* 单价和毛利润高的产品：高质量的海外仓服务商可将破损率、丢件率控制至很低的水平，为销售高价值商品的卖家降低风险。

* 周转率高的产品：即畅销品。对于畅销品来说，卖家可以通过海外仓快速地处理订单，回笼资金；但对于滞销品来说，利用海外仓囤货在占用资金的同时还会产生相应的仓储费用。因此，相比之下，周转率高的产品更适合使用海外仓。

2. 海外仓该如何选择？

除企业自建的外，海外仓可以分为两大类：跨境电商平台设立的海外仓和独立的第三方海外仓。

跨境电商平台设立的海外仓，如亚马逊 FBA。如果商家使用了 FBA，亚马逊会给予一定的优惠，如更高的曝光率、更低的运费等，但风险是商家的仓储货物将与账号紧密捆绑，万一账号出问题，仓库里的货物处理就会变成很大的问题。

在选择第三方海外仓的时候，首先要考虑第三方的 IT 系统提供的订单管理系统是否符合企业的订单整合需求；其次还要关注的一点是，第三方海外仓除了提供海外仓储服务之外，是否还有其他的附加服务，比如整柜出口、清关、退税、仓储地法律支持等。

3. 使用海外仓需要注意哪些问题？

　　✳ 清关问题。商家一般是以大货的形式通过海运或者空运发货到海外仓，如果这个时候选择的物流服务商不专业，或者涉及一些违禁品，导致货物被海关扣留，问题就比较严重。

　　✳ 滞销问题。使用海外仓要提前备货，只要有库存，就有滞销的风险。因此选择使用海外仓前一定要对产品的销售进行预判。如果对产品的销售情况没法很好地把握的话，建议刚开始不要发太多货，先发一部分产品，试销售，通过销售分析，然后再大量补充。如果出现滞销品，一般来说不要再运回中国，否则又变成进口，手续比较麻烦，因此要通过各种促销手段将这些滞销品尽量处理掉。

第五章　支付：蓝海市场，成败关键

第一节　中国跨境支付市场发展迅猛，宽松政策环境促发展

一、跨境支付 = 行业争夺的下一片蓝海市场？

当前，随着我国跨境电商的高速发展，跨境支付行业也进入了新的发展阶段。一方面，监管层逐渐放开了行业的市场准入；另一方面，跨境外汇支付业务试点方案落地实施。在政策的扶持下，跨境支付市场成为国内第三方支付企业争夺的下一片蓝海市场。

（一）2010 年—2017 年中国跨境支付市场监管现状

2010 年 6 月，人民银行发布《非金融机构支付服务管理办法》，促进支付市场参与者多元化，但针对跨境支付业务的监管细则未出台。

2012 年 12 月，人民银行表示将在支付系统中增加跨境支付清算功能。

2013 年 2 月，外汇管理局制定了《支付机构跨境电子商务外汇支付业务试点指导意见》，在上海、北京、重庆、浙江、深圳等地开展试点，允许参加试点的支付机构集中为电子商务客户办理跨境收付汇和结售汇业务。

2013 年 3 月，人民银行在《银行卡收单业务管理办法》（征求意见稿）中，增加了跨境支付管理的相关条款。

2013 年 3 月，全国政协委员、国家邮政局局长马军胜在全国政协十二届一次会议上提交提案，指出跨境网购在跨境支付、进出口通关、退（免）税、

结汇及跨境寄递等方面的阶段性障碍亟待突破。

2013年9月,支付宝、财付通、快钱、汇付天下等17家第三方支付企业获得跨境电子商务外汇支付业务试点资格。

2015年10月,人民币跨境支付系统(一期)成功上线运行。人民币跨境支付系统(CIPS)为境内外金融机构人民币跨境和离岸业务提供资金清算、结算服务,是重要的金融基础设施。

2018年5月,人民币跨境支付系统(二期)全面投产,系统运行时间将实现对全球各时区金融市场的全覆盖,满足广大用户的人民币业务需求。

截至2018年3月底,CIPS共有31家境内外直接参与者,695家境内外间接参与者,实际业务范围已延伸到148个国家和地区。

(二)跨境电商是未来第三方跨境支付增长的主要推动力

欧美零售市场受到人口因素制约,增长乏力,这使得中国这一全球最大消费市场成为海外品牌及零售运营商的首选海外市场目标。而中国零售商能力偏弱,客户定位模糊,超值品类的丰富度缺乏,如果通过与海外品牌或零售商合作,引入其优质品类,恰好可以弥补缺陷,增强客户黏性。

此外,随着出口持续低迷,未来政策加码空间巨大。2017年,跨境电商B2B交易模式占据绝对优势,占比达78.2%。随着跨境贸易主体规模越来越小,跨境交易订单趋于碎片化和小额化,未来B2C交易模式的占比将会出现大幅提升。

二、中国跨境支付发展的社会环境

(一)人均可支配收入逐年增长,跨境贸易总量保持高位

数据显示,中国宏观经济运行总体保持平稳,人均可支配收入逐年增加。从2012年的14 551元人民币增长到2016年的23 821元人民币。在人均可支配收入持续增长的基础之上,消费规模也持续增长,这为进口跨境零售电商的高速发展奠定了基础。

就支付平台的选择来说,相较于商业银行较高的费率和专业汇款公司有

限覆盖的网点,第三方支付平台能同时满足用户对跨境汇款便捷性和低费率的需求,因此受到越来越多的网民的青睐。截至 2018 年 1 月,支付宝目前在线下已经覆盖了境外的 36 个国家和地区。当支付宝服务 5.2 亿国内用户的同时,全球还有 7 个"支付宝"本地钱包,正在服务 2.8 亿的当地人。

(二)支付领域活跃用户和启动次数均保持高位稳定

图 5 - 1、图 5 - 2 的数据显示,支付领域活跃用户数量和用户启动次数均保持高位稳定。其中,季度活跃用户规模在 2017 年均徘徊在 5 亿人上下,季度用户启动次数虽然有季节波动,但 2017 年也保持在 200 亿之上。用户选择的第三方支付平台主要包括支付宝、财付通、连连支付等。2018 年第一季度,支付宝和财付通共占据第三方支付交易规模市场份额的 90.6%,其中支付宝以 49.9% 的市场份额占据第一。由此可见,目前第三方支付市场已经进入成熟期,支付宝和财付通双寡头市场格局已经形成。

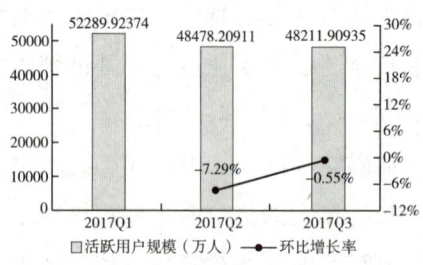

图 5 - 1　支付领域活跃用户统计

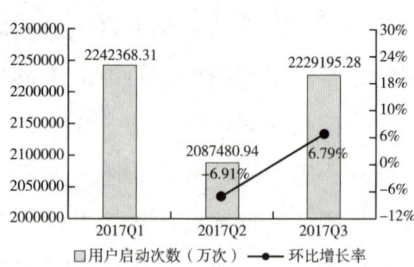

图 5 - 2　支付领域用户启动次数

三、中国跨境支付发展的政策走向

(一)跨境支付牌照数量增长放缓

2013 年,外汇管理局下发《关于开展跨境电子商务外汇支付业务试点的批复》,批准 17 家第三方支付机构开展跨境电子商务外汇支付业务试点。

2014 年,央行上海总部发布《关于上海市支付机构开展跨境人民币支付业务的实施意见》,上海银联、通联等 5 家第三方支付机构取得了首批跨境人民币支付业务资格。

2015年，外汇管理局允许支付机构自行办理轧差结算，并且不再限制支付机构合作银行数量。

2016年，"四八新政"对支付行业的影响主要表现在两个方面：第一，个人免税额单次2 000元，累计20 000元；第二，跨境代购成本增长，正规渠道B2C规模受到影响。

2017年，宝付获得跨境支付牌照，政策收紧后两年内仅仅增加2张跨境支付牌照，跨境支付牌照总数增至30张。

（二）支付新政令支付机构成本降低

外汇管理局于2015年发布的《支付机构跨境外汇支付业务试点指导意见》，真正开启了第三方支付机构跨境支付业务的大门，主要包括以下四个方面内容。

第一，将货物贸易单笔交易金额不得超过等值1万美元，服务贸易单笔交易金额不得超过等值5万美元，修改为单笔交易金额上限一律为5万美元。

第二，在满足交易信息逐笔还原要求的情况下，支付机构可以办理轧差结算。

第三，针对个人项下结售汇业务，银行在办理结售汇之日后的第5个工作日内对于单笔金额等值500美元（含）以下的区分币种和交易性质汇总后，以支付机构名义逐笔录入个人结售汇业务的管理系统，对于单笔金额等值500美元以上的逐笔录入个人结售汇业务的管理系统。支付机构跨境外汇支付业务项下的个人结售汇不计入个人年度结售汇总额。

第四，支付机构可根据需要自主选择备付金合作银行，这令跨境支付机构的选择更多，也令更多银行加入跨境贸易中。

第二节　跨境电商支付方式多样化，各地不一，差异较大

一、跨境电商主要的支付方式

支付作为跨境电商发展不可或缺的重要组成部分，发展十分迅速。当前，跨境电商企业使用的主要支付方式包括：通过境内外第三方支付平台、商业

银行及专业汇款公司付款,大部分跨境电商企业都通过这三种跨境支付方式完成交易。从事跨境电商支付业务的支付机构的主要业务有:国际信用卡收款、海外本地化支付工具收款和境外第三方电商交易平台收款。其中,国际信用卡和海外本地化支付工具是跨境电商出口独立站主要的收款方式。

* 国际信用卡收款:是由获得 Visa QSP 和 MasterCard PF 资质认证的支付机构帮助商户面向持有 Visa、MasterCard、JCB 和 AE 等境外信用卡的消费者进行收款。目前 Visa、MasterCard 的用户超过 20 亿,遍布全球。

* 海外本地化支付工具收款:指支付机构帮助出口跨境电商独立网站对接国外支付工具,例如俄罗斯的 Yandex. Money、Qiwi、Webmoney,德国的 Giropay,巴西的 Boleto,荷兰的 iDeal,西班牙的 Teleingreso,等等。

* 境外第三方电商交易平台收款:中国商户从亚马逊等平台收款,分为两种情况:一种是规模较大的企业在海外注册公司,开设企业海外银行账户进行收款;另一种是只在中国注册的企业,一般需要 DTAS、Currencies Direct、WorldFirst、Payoneer、PingPong 等跨境支付服务商帮助开设虚拟海外银行账户进行收款。

其实,在 Visa、MasterCard 诞生之前,跨境支付就产生了,最早的跨境支付还是用传统的 POS 和 ATM 支付,主要应用于酒店、饭店或者是线下商店等领域。而信用卡其实也是从传统支付领域发展出来的。

(一)境内外第三方支付平台

目前,在跨境电商支付方式中,第三方支付平台占据主流地位。国外的 PayPal、国内的支付宝等支付平台备受欢迎。截至 2017 年 12 月,已有支付宝、易宝支付、银联电子支付、钱宝等 30 家第三方支付企业获得跨境电子商务外汇支付业务试点资格。目前该试点已扩大至北京、上海、深圳、重庆、杭州等 13 个城市。按照规定,获得跨境电子商务外汇支付业务试点资格的第三方支付机构即被允许通过银行为小额电子商务交易双方提供跨境互联网支付所涉及的外汇资金集中收付及相关结售汇服务。

跨境支付需求的迅速增长促使国内第三方支付企业抢滩境外支付蓝海,向境内外卖家提供一站式资金结算解决方案,将彻底解决跨境支付过程中的资金流问题,进一步提升消费者的跨境支付体验。

未来几年,国际贸易形式将由 B2B 迅速向 B2C、C2C 转化。跨境小额交易将变成人人可以随时享受的服务,第三方支付机构跨境业务也将迎来爆发式的增长。跨境电商及跨境支付业务的快速增长将对我国的经济、金融产生越来越大的影响。整个行业极速发展的背后将是白热化的竞争。

案例5-1 PayPal:全球跨境支付江湖的"老大哥"

一、企业简介

PayPal 是全球最大的在线支付公司,由 Peter Thiel(彼得·蒂尔)和 Max Levchin(麦克斯·拉夫琴)于 1998 年 12 月创立,总部在美国。2002 年 2 月,PayPal 成功上市,总市值约 9 亿美元,并于当年 10 月被全球最大的电子商务在线交易平台 eBay 以 15 亿美元收购。

美国当地时间 2015 年 7 月 20 日,Paypal 从 eBay 独立,正式登陆资本市场,以开盘价 41.63 美元算,Paypal 的市值达到了 508 亿美元,超过了 eBay 345 亿美元的市值。

二、业务布局

* 核心:支付服务。支持互联网支付、移动支付、信用支付、线下支付等,为消费者提供便捷、安全的支付选择。

* 延伸:商业服务。支持代收代付、跨境电商、资金归集、咨询服务、O2O 服务等;综合 PayPal 在支付及 eBay 在电商领域的资源积累、技术支撑及完善的金融服务体系,为电子商务行业及传统行业电商化提供综合解决方案。

* 趋势:数据服务。通过对平台积累的庞大用户、商户交易信息进行数据挖掘和分析,为商户提供营销及供应链金融等增值服务。

三、业务体系

PayPal 以提供便捷、安全的支付服务为基础,通过产品创新、并购、收购及合作等手段奠定了在支付领域的领导地位,并不断向商业服务及金融服务领域渗透,全面覆盖 C 端和 B 端客户,以及 eBay 体系内外业务和全球支付、电商、金融市场。

(一)在线支付

1999 年 10 月,上线 PayPal 在线支付服务;

2000年，与金融支付服务公司 X.com 合并，进一步奠定了在线支付市场的地位；

2008年1月，收购以色列反欺诈科技公司 Fraud Sciences，增强 eBay 与 PayPal 的反欺诈管理系统；

2018年6月，花费1.2亿美元收购防欺诈初创企业 Simility。

（二）移动支付

2006年4月，推出手机支付服务，进军移动支付领域；

2010年3月，推出移动手机支付客户端；

2011年7月，收购 Zong，强化 PayPal 在移动支付和数字产品领域的领导地位；

2012年3月，推出 PayPal Here 全球移动支付解决方案；

2012年7月，收购新创公司 Card.io，以获取手机摄像头识别卡片信息的技术，替代 PayPal Here 的三角形读卡器，简化移动支付；

2017年4月，与 Android Pay 合作，PayPal 将成为 Android Pay 用户可使用的移动支付平台。

四、主要优势

＊ 资源优势：PayPal 在全球190个国家和地区，拥有1.23亿活跃用户，能够实现在25种货币间进行交易，PayPal 账户支付方式是当前海外主流的支付方式；

＊ 品牌优势：PayPal 在欧美普及率极高，在全球在线支付市场拥有强大的品牌优势；

＊ 先发优势：作为全球最早发展起来的支付企业，并且背靠最早的电商企业 eBay，不论是在美国境内支付市场，还是在全球支付市场，PaPal 都已经占据了在线支付的先发优势；

＊ 技术服务优势：PayPal 采用世界上最先进的、专有的防欺诈技术和模型，创建了一个安全的、全球性的、实时支付解决方案。

（二）境内外商业银行

在第三方支付公司加快拓展海外商户的同时，境内外商业银行也行动起来了。在我国，除四大国有银行外，包括招商银行、中信银行在内的多

第五章　支付：蓝海市场，成败关键

家股份行也对这块市场充满兴趣。我国商业银行正在积极与各大第三方支付机构探讨跨境支付业务合作。商业银行作为跨境支付的重要力量，支持第三方机构进行跨境人民币支付，是为自身业务创新留下空间。国内各大银行纷纷出招，发展跨境支付业务：

第一，建设银行携手全球知名第三方支付平台 PayPal，合力打造中国 PayPal 海购天下计划，推出建设银行 PayPal 专属海购平台；

第二，哈尔滨银行与俄罗斯 Wallet One 公司在哈尔滨签署跨境支付合作协议，协议涵盖了哈尔滨银行与 Wallet One 公司在跨境收款、在线支付、资金清结算等领域的全面合作；

第三，招商银行推出跨境特色汇款业务"智汇通"；

第四，中国平安联手台湾银行布局电商跨境支付。

案例5-2　中国银联：提速国际化布局

银联卡 2004 年开通了香港、澳门地区受理业务。目前，银联卡可在中国境外 140 个国家和地区实现跨境支付；在国内，其跨境支付优势更明显。

银联在线支付跨境购物服务由中国银联通过延伸全球的"银联在线支付"系统，与境外主流银行卡收单服务机构联合推出。持卡人可在与中国银联合作的境外收单服务机构旗下网上商户，通过"银联在线支付"购买海外商品。使用银联卡进行跨境网上支付，将直接扣除相应的人民币金额，持卡人无须支付任何货币转换费，节约支付成本。

从跨境业务来看，银联国际受理网络已延伸至 140 多个国家和地区，在超过 30 个国家和地区发行了银联卡，目前支持"银联在线支付"的境外网上商户已超过百万家，主要分布于中国香港地区、日本、美国等地，代表性商家包括香港 SASA、草莓网、血拼大道、爱拍摄影器材、MBLlife.com、Citiwide Online、日本佰宜杰商城、澳大利亚网上保健食品零售商 Pharmacy，以及新西兰健康生活网、美国 K-Swiss 运动鞋官网、化妆品零售商 Skinstore 等境外知名商户。

2017 年，"云闪付"APP 作为银联移动支付综合服务的拳头产品再次升级，联合商业银行正式推出银联二维码支付。据中国银联公布的数据，2017

年全年，银联手机闪付交易笔数月环比增幅不断提高，2017 年 12 月，银联二维码交易笔数较 6 月提升超 4 倍。

（三）专业汇款公司

在第三方支付平台和商业银行之后，通过专业汇款公司收付款也是跨境电商企业选择的主要方式之一。由于传统的外贸交易主要以线下支付为主，金额较大，所以一般采用 T/T、L/C、西联汇款等方式。

* 电汇（Telegraphic Transfer，T/T）：通常是 30% 预付，简单说就是确认订单后由国外买家电汇 30% 的货款给卖家，其余货款在发货后，卖家拿到海运提单并传真或 E-mail 给买家，证明货已经运走，再由买家电汇剩余的 70% 货款。电汇是国际贸易中常用的付款方式，速度快，而且相对信用证来说，费用更低。

* 信用证（Letter of Credit，L/C）：是由银行依照客户的要求和指示开立的有条件的承诺付款书面文件。采用信用证付款时，买家根据买卖合同填写开证申请书，并向开证银行缴纳信用证保证金或提供其他保证后，请开证银行开具信用证。信用证是开给卖方的，以卖方为收益人，信用证一经开出，就成为独立于买卖合同的一项约定。卖家在规定付运期之前按照信用证要求把货运出，然后取得一套单证，其中包括最重要的已装船提单，而且其中的数量、日期及货物描述与信用证要求一致，即可前往信用证指定的银行申请结汇。银行按信用证条款审核单证无误后，即把货款垫付给卖家，然后通知开证人付款赎单。

* 西联汇款：西联国际汇款公司（Western Union）是世界上领先的特快汇款公司，代理点遍布全球大部分国家和地区，在中国有中国农业银行、中国光大银行、中国建设银行等多家合作银行，可提供几分钟内提取款项的快速汇款服务，而且收款人无须缴纳手续费。

二、全球部分地区跨境支付方式使用情况

每个国家和地区的消费者的习惯都有所不同，但大部分 B2C 网站支付方

式是以信用卡支付为基础的。消费者常用的支付工具有信用卡、借记卡、电汇等，所以面向购物网站的支付系统，基本要提供这些支付方式。

全球各地区的消费者在网上购物时，使用的支付方式是有差别的，下面对全球部分地区跨境支付方式的使用情况进行盘点。

（一）北美：支付方式多样化，信用卡是常用支付方式

北美地区的消费者熟悉各种先进的电子支付方式，网上支付、电子支付、电话支付、邮件支付等各种支付方式对于美国的消费者来说并不陌生。在美国，信用卡是在线常用支付的方式。一般的美国第三方支付服务公司可以处理支持158种货币的Visa和MasterCard信用卡，支持79种货币的美国运通（American Express）卡，支持16种货币的大来（Diners）卡。同时，PayPal也是美国人熟悉的电子支付方式。

（二）欧洲：本地支付方式备受欢迎

欧洲消费者除Visa和MasterCard等国际信用卡外，本地的如Maestro（英国）、Solo（英国）、Laser（爱尔兰）、Carte Bleue（法国）、Dankort（丹麦）、Discover（美国）、4B（西班牙）、CartaSi（意大利）等也备受欢迎。

（三）中国：第三方支付方式盛行

在中国，最主流的支付方式是以支付宝和财付通为首的第三方支付，这些支付方式采用充值的模式进行付款，它们都集成了大部分的网上银行功能。因此在国内，不论是信用卡还是借记卡，都可以用来进行网上购物。信用卡在中国的使用率也逐渐攀升。

在中国香港、澳门和台湾地区，最常用的电子支付方式还是Visa和MasterCard，用PayPal电子账户支付款项也比较常见。2018年7月29日，解决方案提供商网络国际（Network International）宣布，已与中国移动支付平台支付宝合作，为支付宝网上交易提供解决方案，并在网络国际的N-Genius支付平台上推出支付宝选项，向阿联酋的中国消费者提供多元化的支付选择。

（四）日本：以信用卡付款和手机付款为主

日本本地的网上支付方式以信用卡付款和手机付款为主，日本的信用卡

组织为 JCB，支持 20 种货币的 JCB 卡常用于网上支付。除此以外，一般日本人都会有一张 Visa 和 MasterCard 卡。在日本，使用手机上网的人的数量已经超过使用个人电脑上网的人的数量，他们更习惯使用手机进行网上购物。

（五）韩国：支付方式封闭，国内银行支付占主流

韩国主流的购物平台大多是 C2C 平台，如 Auction、Gmarket、11ST 等，另外还有众多的 B2C 网上商城，如一些品牌企业的店铺和某些明星开设的商店。韩国电商平台提供的在线支付方式较为封闭，一般只支持韩国国内银行的银行卡进行网上支付，Visa 和 MasterCard 卡的使用比较少，而且多列在海外付款方式中。PayPal 在韩国也有不少人使用，但不是一种主流的支付方式。

第三节　我国跨境支付面临的问题及政策性建议

一、我国跨境支付面临的主要问题

第三方跨境支付具有极强的私密性和隐蔽性，通过第三方支付平台办理的外汇收支业务，买卖双方通过一对一的资信往来完成，客户信息处于高度保密状态，外汇指定银行基本不参与其中，无法掌握详细信息。如果缺乏对第三方支付机构的有效监管、约束，将难以有效实施外汇监管。目前在跨境支付方面存在的主要问题有如下几点。

（一）监管问题

由于跨境支付有着虚拟性的特点，因此在跨境电商市场快速发展阶段，面临的最大问题是交易的真实性无法得到保障，另外监管部门也难以对跨境交易进行审核。近年来，海淘逐渐兴起，在管理方式不合理、外汇监管存在无法触及的灰色地带的背景下，部分交易是通过第三方支付平台而不是通过银行进行的，银行基本无法通过第三方支付机构了解用户的具体信息。对于个人结售汇业务，国家对同一人或机构的结售汇业务有统一的次数规定，不符合规定的，银行一般无法受理。但是对于第三方支付机构，相关规定只针

对在境内进行的支付业务，而对于跨境业务尚无具体要求，因此在跨境支付领域还存在监管盲区。

（二）安全问题

由于跨境支付的主体处于不同国家和地区，适用的标准和法律法规不同，所以跨境支付的支付信息确认相对困难，同时个人信息和银行卡也存在被盗的风险。虽然跨境电商使得消费者能够接触到更多境内无法购买到的海外产品，并且这些产品在价格上也比国内商品更具优势，但是很多消费者更关心交易安全问题，对境外电商网站缺乏信任。另外，跨境支付在开通、操作过程中诸多烦琐的步骤也成为一道阻碍，成为制约跨境支付发展的主要问题。

（三）交易风险问题

跨境支付的整个交易流程涉及各方主体的交互，因此跨境支付的交易风险也是跨境支付能否健康发展的一大痛点。跨境支付存在的两类风险包括：一是第三方支付机构本身发生的不合规交易风险；二是用户遭遇的交易风险。

（四）资金问题

很多从事跨境电商的中小卖家由于自身资金实力不足，除了跨境支付操作过程涉及的便捷程度、支付成本、放款效率等问题，资金安全也一直是他们非常关心的方面。但因为很多中小卖家对跨境电商平台的相关条款并没有完全吃透，对国外的法律法规更不了解，所以经常会在这方面吃亏。

二、完善第三方跨境支付的政策性建议

* 建议一：规范业务市场准入机制

在规范业务市场准入机制方面，一是相关部门要明确第三方跨境支付业务的主体资格，严把市场准入条件；二是要出台针对第三方跨境支付的业务操作细则，逐步规范第三方支付机构跨境业务操作行为；三是要提高第三方支付平台跨境交易真实性审核效能，加强第三方跨境支付监管。

* 建议二：完善个人外汇支付规定

要完善个人外汇支付规定，明确购汇凭证的留存规定，明确第三方跨境支付机构的委托代理购汇资格，并且要明确购汇数据录入个人结售汇系统的相关规定。

* 建议三：规范国际收支统计

针对第三方跨境支付机构境外收单业务的实际情况，可允许银行代理境内居民个人办理对外付款申报。银行在对境外商家付款的同时必须按要求代理境内居民个人办理对外付款申报，及时准确地反映资金的跨境收支情况，便于外汇管理部门对网上跨境外汇收支的统计监测。

* 建议四：建立风险管理机制

建立一套完整的风险管理机制，无论是对跨境电商企业，还是对支付机构，都非常重要。除了搭建风险管理机制，企业还可以通过建立以数据驱动为核心的反欺诈系统来进行风险管控。不同于传统的反欺诈系统通过签名识别、证照校验、设备指纹校验、IP 地址确认的审核方式，跨境支付反欺诈系统拥有强大的实施模型、灵活的风险规则和专业的反欺诈人员判断。第三方支付机构还应该加强行业内部的风险共享和合作机制，因为一般犯罪分子在盗取一批信用卡信息之后会在多个交易平台上反复使用，实现价值的最大化，且往往把风控能力最弱的一方作为突破口，所以建立风险共享及合作机制就非常必要且非常紧急。

第四节 我国跨境支付发展前景广阔，综合服务受青睐

一、第三方跨境支付市场份额将快速增长

从出口跨境电商看，2018 年，随着全球电商市场的高速发展，我国跨境电商发展面临较好的机遇，有望迎来高速发展期。国务院办公厅转发商务部等九部委《关于实施支持跨境电子商务零售出口有关政策的意见》，其中有六项具体支持政策，针对跨境电商在海关监管、税收和收付汇等方面

存在的问题。跨境电商已经成为实现外贸转型升级的重要支点。跨境电商的高速发展，需要跨境支付的支持，跨境支付市场无疑将成为支付领域新的增长点。

受政策限制，在以往的跨境支付业务中，第三方支付公司提供的外贸收单主要还是在香港用美元结算，之后客户再通过其他渠道将资金转移至境内。而支付机构跨境外汇支付业务试点推行后，第三方支付公司即可直接在境内结汇给客户。跨境外汇支付为中国第三方支付开辟了留学教育、航空机票及酒店住宿等服务贸易领域，使国内第三方支付公司提供更大范围的跨境支付服务成为可能，为第三方支付公司开辟了更广阔的发展空间。

从进口跨境电商看，随着国内海淘需求日益强烈，进口跨境电商增长迅猛。据电子商务研究中心调查，海外代购市场交易规模连年翻番，进口跨境电商支付市场无疑是支付领域的另一片蓝海。虽然大部分外国网购平台只支持 PayPal 支付，但是使用 PayPal 账户进行支付也有其局限性，即境内消费者一旦把钱汇入 PayPal 账户，便无法在境内取出。这导致消费者在跨境消费时出现对交易安全的担忧。

外汇管理局正在推进支付机构跨境外汇支付业务试点，获得跨境支付牌照的第三方支付公司即可通过银行为跨境电商企业提供外汇资金集中收付和结算的服务。此外，上海自贸区的东方支付等第三方支付机构，还将互联网支付产品由境内延伸至境外，打造跨境支付实时处理服务平台，实现了客户通过第三方支付机构使用人民币进行海外购物的需求。这些便利政策，将使得境内第三方支付机构抢占更多的跨境电商支付业务市场份额。

二、跨境支付一站式综合服务体系将受到零售电商青睐

对于跨境电商，尤其是跨境 B2C 而言，一站式跨境支付综合服务符合其迫切要求。深受欧美客户欢迎的 PayPal，除了开展互联网支付、移动支付、信用支付、线下支付等核心业务外，还为消费者提供便捷、安全的支付选择，以及为客户提供更多的延伸服务，比如提供跨境商业服务解决方案：代收代付、资金归集、咨询服务、O2O 服务等。

三、我国跨境支付未来的三大发展方向

* 方向一：加快建设人民币跨境支付系统。CIPS 的主要功能包括连接境内外直接参与者，处理人民币贸易类、投资类等跨境支付业务，满足跨境人民币业务不断发展的需要。CIPS 的建成使人民币有望成为真正的可兑换国际货币，这将极大地降低跨境支付交易成本（如渠道成本和汇率成本），同时也使我国跨境支付不再受 SWIFT 等组织的束缚，促进跨境支付的整体安全。但与此同时，人民币国际化也将挑战以美元为主导的现有国际货币储备体系，因此可能会遭遇美国等国家的阻挠。

* 方向二：促进第三方支付账户国际化发展。与目前的跨境支付方式相比，第三方支付具有小额支付费率低、到账快等优点。美国 PayPal、荷兰 Global Collect、俄罗斯 Webmoney 等国际第三方支付机构均可提供多种外币收款及换汇服务。但支付宝、财付通等中国的第三方支付平台仅支持人民币账户支付。为适应当前跨境电商快速发展的需要，未来第三方跨境支付的重点将是账户国际化，通过与国内外金融机构合作，在符合国内外汇管理要求及相关国家监管要求的基础上，开设外币备付金账户，提供多种货币的支付、兑换服务。

* 方向三：推动设立超主权货币体系。国际货币体系从一开始就选择了超主权货币。白银与黄金都是超越主权货币，因此银本位和金本位都与超主权货币体系挂钩，并且直到主权货币成为世界货币之前都是如此。超主权货币的主张由来已久，但至今没有实质性进展。早在 20 世纪 40 年代，凯恩斯就曾提出建立国际货币单位"Bancor"的设想。2008 年全球经济危机爆发后，中国人民银行行长周小川倡议将 IMF（国际货币基金组织）的 SDR（特别提款权）发展为超主权储备货币，并提议改变当前 SDR 只能用于政府或国际组织之间国际结算的现状，使其成为国际贸易和金融交易公认的支付手段。

第六章　运营：卖家如何在风口上飞起来？

第一节　定战略：传统企业做跨境电商的准备与规划

一、传统企业涉足跨境电商的四个问题

近年来，越来越多的传统外贸企业进入跨境电商领域，如外贸工厂、传统贸易公司等。很多企业在进入这个领域时，不惜花血本雇人培训、招聘团队、找代运营公司，或者向外部的运营高手咨询等。但隔行如隔山，进入一个新行业，会遇到很多问题。在做跨境电商时，传统企业需要思考解以下四个问题。

✽ 问题一：业务增长目标。如果只是小规模试水，积累经验，不急于将规模扩大，那最好不要定一个太高的增长目标。如果希望迅速做大，那就要做好足够的准备。精英团队的组建、选品备货、海外仓储、站内外广告等都是"烧钱"的地方。

✽ 问题二：管理模式。传统企业涉足跨境电商要摒弃以往的管理模式。目前，中国互联网企业大多采用国际互联网企业的科学管理模式。因此传统企业的老板要转变观念，学习当前主流互联网公司的管理模式和经验。

✽ 问题三：项目预算。预算多少决定成败，没有钱做后盾，再牛的运营团队也难为无米之炊。企业做跨境电商是必须有库存的，不能像兼职小卖家一样去做代发货，库存是项目的最大一项支出。

✽ 问题四：自我定位。很多企业老板喜欢亲力亲为，也有很多老板习惯

放权。在自我定位上，传统企业老板如果对跨境电商行业了如指掌，那可以自己来掌舵；如果并不精通，则需要多听取运营团队的意见。

二、如何做好跨境电商战略规划？

上述的四大问题是传统企业做跨境电商前需要思考的重要问题，而如何制定企业的战略规划，则应从以下几方面着手。

* 战略一：快速扩张规模的核心品类战略。每个行业在每个阶段都会出现新的商机，这些都是要牢牢把握的，如通过核心品类战略，可以使很多企业在从事跨境电商业务的时候快速扩张规模，短时间内崛起。

* 战略二：扩张利润的快速切换战略。在一个不成熟市场的背景下，情报是最为重要的，所以一切应先以高利润产品情报的获取作为核心点。整合整个价值链就如同切生鱼片，尽量从每个环节中切取更多的利润，累计的利润就显得很可观。这种通过快速切换调整公司运营方向的战略，可使得公司的利润得以快速扩张。

* 战略三：IT驱动的弹性战略。做IT驱动和业务驱动的人会发现，有些企业采用业务驱动的时候，企业交易额、处理业务的效率等并不稳定，人工处理的效率随着平台规模扩大、公司员工数量等的增多，出现的弊端愈发明显。因此企业要采用IT驱动的弹性战略，IT的支持实力及相应速度都能起到至关重要的作用。

* 战略四：掌控核心物流资源战略。一些顶尖的跨境电商企业在物流方面有明显变化。企业的物流渠道非常多，核心的理念就在于如何能够把传统的物流渠道，用新的跨境电商模式进行重构和重组。

* 战略五：成本结构和价格战略。如何可以既控制好产品质量，又把控好价格？企业应该通过数据化的方式，而不是采用思维化的方式进行成本和价格控制。

总的来说，无论是产品、供应链、物流，还是仓库，企业都要通过一个漏斗不断地一层一层地进行筛选，通过这些方面的战略规划，企业就可以有效地控制大部分的执行成本。

第二节　建品牌："三大秘诀"助跨境电商卖家确定品牌定位

传统外贸企业进军跨境电商领域，首先就应该考虑好定位问题。业态不同、定位不同，选择的跨境电商平台也会不同。定位决定地位，一切都在变，但商业的本质不变，做跨境电商要回归商业本质，以产品定位、消费者定位、细分市场定位、商业模式定位、盈利模式定位等为中心，最终回归到企业的品牌塑造上。

企业成功的关键在于不仅能够满足消费者的基本需求，还能够在洞察细分目标人群的核心需求、把握竞争对手的不足和认识自身优势的同时，对提供的产品和服务进行创新。

一、挖掘消费者核心需求

（一）消费者需求的变化

* 双向交流和互动式购买。在线消费者和在线企业可以实现即时互动，实现一对一的双向交互，消费者可以向企业或生产商提出自己对产品的想法或对公司的建议，参与到企业的产品开发和改进工作中。

* 购买与乐趣并存。消费者在线购物时的心态大致有两类：一是由于工作压力增大、生活节奏加快，为节约时间和成本，对产品要求不高，但对价格变动相对敏感；二是由于休闲时希望通过网购带来乐趣，以满足求新心理，对价格不敏感。

* 购买行为趋于理性。目前网购用户的购买行为越来越趋向理性，受购物环境、商品选择范围等因素的影响，消费者可以理性地规范自己的消费行为，对产品的各项属性进行综合权衡与考量，从而决定自身的购买行为，使其趋于理性。

（二）从客户价值上寻找客户需求点

过去，客户会根据性价比来判断一件产品或一项服务的价值；现在，电商时代的客户将价值概念延伸了，把购买的便利性、售后服务及可靠性等方面都包含在内。促使消费者购买企业的产品和服务的关键因素有企业提供的"理性价值、感性价值和承诺价值"三个维度。

＊理性价值：主要围绕产品，包括品质、价格、功能、款式、种类、个性化等价值点。

理性价值是决定顾客购买行为的首要因素，在一般情况下，它是决定顾客购买总价值大小的关键和主要因素。在不同时期，不同类型的顾客对产品的理性价值有着不同的诉求。

＊感性价值：主要涵盖品牌个性识别、价值归属感、网络品牌公关（如娱乐性、网站设计和网站内容）等价值点。

在电子商务中，由于消费者都是通过网络渠道接触、了解品牌，品牌的感性价值由网站设计、网站内容来承载。一个成功的网站，必须在网站的内容和设计上强调产品对用户的情感影响，感性价值比理性分析对于人们做出决定更为关键。

＊承诺价值：包括新品上市速度、产品地理可获性、服务履行情况（如配送速度、支付便利程度及网站性能等）。

经营电商业务，必须得面对配送服务、支付问题、互动反馈等问题，这也是其不同于传统行业的部分。承诺价值也是影响用户的重复购买率的关键因素。

二、修正自身能力

在修正自身能力方面，亚马逊是毫无争议的行业标杆和旗帜，它在战略和经营上的一举一动都是电商企业关注的焦点和学习的榜样。"价格、品类、服务"这三点无疑是影响消费者行为最主要的三个因素，是任何一个零售商（渠道商）能提供给消费者的最直接的东西，也就是客户前端体验。

企业需要拥有动态地研究对手进而修正自己的能力，进行价值定位的时候不能依靠感性，而要综合人员、时间、成本等因素考虑。定位是由竞争者构成的市场环境和市场认同共同作用的结果。只有掌握了市场及自己所能为、所可以为，才能够明确自己的定位。

第三节 人才：如何解决跨境电商人才"一将难求"的问题

近年来，随着跨境电商的快速发展，跨境电商人才出现紧缺现象，跨境电商人才"一将难求"已经成为行业发展的阻碍因素。如何才能更好地解决行业人才紧缺问题？政府、学校、企业、行业协会共同合作是解决这一问题的长久之计。而"政校企行"合作要充分发挥各方的资源优势和功能特长，构筑以市场需求为导向、以政府为引导、以高校为依托、以企业和行业为主体的战略性、长期性和紧密性的创新体系。

一、中国跨境电商人才需求现状

据电子商务研究中心与国内专业电商人才服务商——赢动教育共同发布的《2017年度中国电子商务人才状况调查报告》数据显示，在选择跨境电商人才时，63%的被调查企业倾向于选择电子商务专业的人才，倾向于国际贸易专业的占43%，倾向于外语专业的占29%，倾向于营销、管理专业的占31%，倾向于物流运输专业的占10%，其他占10%。随着各项电商政策、基础设施的完善，以及全球消费时代的来临，跨境电商已经成为新的风口，人才需求结构也会有所变化。据调查显示，电子商务、国际贸易、营销与管理、外语成为跨境电商领域最热门的专业。

被调查企业在选择跨境电商人才培养方式时，倾向于企业自己培养的占58%，倾向于跨境电商平台培养的占39%，倾向于社会培训机构培养的占29%，倾向于高校培养的占18%，倾向于政府组织培养的占4%，其他的占13%。企业自己培养及跨境电商平台培养方式占据了前两位，一方面企业有自己的资源体系和规划，培养更有针对性；另一方面不同的跨境电商平台有不同的要求和规则，企业必须深入了解。

针对高校培养电商人才时需要改进的方面，被调查企业认为需要加强实操性教学的占83%，认为要加强与企业需求对接的占58%，认为要加强职业素养教育的占52%，认为要更新专业理论教学的占31%，认为要提高教师教学能力的占11%，认为要获取相应职业资格证书的占7%，其他占5%。从调查数据可以看出，要求高校加强实操性教学的企业占比很大，高校教学与企业要求脱节比较严重。另外，认为要加强职业素养教育的企业占比达到52%，也说明高校对人才基本素质的培养需要加强。

二、中国跨境电商人才培育问题

* 问题一：行业的快速发展与人才供应不足之间的矛盾。

跨境电商行业快速发展，需要大量的人才，而当前的人才存量及人才结构明显跟不上发展的要求。高校每年电商专业的毕业生有数十万，但不管是知识结构，还是能力要求，都出现较大断层。

* 问题二：电商企业人力成本上升与精益化运营之间的矛盾。

跨境电商行业内的招聘压力大、员工流失率高、薪酬水平上涨快等现象并没有明显的改善，企业的人力成本不断加重；团队问题、组织管理问题成为企业发展、提升利润的主要障碍，越来越需要会领导、懂管理的高水平人才操盘；市场竞争也是加重企业发展压力的重要因素，传统的运营推广方式效果越来越差，多网络、多渠道、新媒体、内容运营等新形式呈现出强大的效果。

* 问题三：企业对电商人才的要求与传统教育模式之间的矛盾。

当前，高校电商专业理论更新速度慢，跟不上电商的快速发展。同时，高校与企业的需求对接又比较少，无法给予学生有效的指导和帮助。电商是一个实践性极强的行业，高校教师大多经验不足，无法进行有针对性的实操教学。虽然高校近年来加大了实践性教学活动的比重，但更多的还是为了完成教学业务而草草了事。学习能力、团队协作能力、敬业精神等职业素养是学生走向社会、走向职业化的通行证，高校需要不断加强这方面的教育和引导，提高学生的内在素养。

三、中国跨境电商人才培养建议

＊ 建议一：完善企业的人力资源管理体系。

根据企业目标，做好人力资源规划，分析企业人才需求情况。做好企业人才招聘与配置工作，制定工作分析和胜任力分析报告，做到人尽其才，才尽其用。建立具有竞争性的薪酬体系，对外要有竞争力，对内要有公平性；完善企业培训晋升制度，促进员工职业生涯发展，使员工有更大的发展平台；重视企业文化培养，解决员工关心的问题，不断增强团队凝聚力；强化绩效管理工作，做好绩效管理循环过程中的目标计划、方法措施、检查评估、激励处罚等各项工作。

＊ 建议二：升级当前的人才培养体系。

校企合作，共建实用的电子商务人才培训体系。利用高校优质的教学资源，结合企业的最佳实践，共同打造完备的人才培养体系。人才是企业第一生产力，适当引进外部高素质人才对企业发展具有重大作用，可以带来新的思想和做法。但企业的重要人才还是要放在内部培养，一方面熟悉行业情况，有熟练的技能；另一方面价值观一致，可以形成良性人才流动机制，提升团队活力。培养企业人力资源管理，主要涉及选人、用人、育人、留人等几个主要方面。企业要不断完善内部牵引机制、激励机制、约束机制、竞争淘汰机制等，营造良好的企业文化，确保企业成长与人才成长的双赢局面。

第四节　营销：跨境电商常见三大营销推广模式

目前最常用的三类跨境电商营销推广模式主要包括：SEO、SEM、SNS。

一、搜索引擎优化（SEO）

SEO 主要分为站内优化和站外优化两种方式。

站内优化：导出链接，注意不要分离权重，选择推广的链接最好是分类页面，不要取搜索页面来进行排名。另外，针对分类页面，需要主动去分配关键词，以便配合外链发挥作用。

站外优化：在外链资源充足的前提下，保持一天自然增加 100～200 个链接（被收录的数量），三个月左右，关键词就会有不错的排名，自然流量肯定能上升。在 Alexa（一家专门发布网站世界排名的网站）的排名上升也有助于资源的获取，做 SEO 时也会相对轻松。SEO 达到最大化时，自然搜索、域名搜索、关键词搜索的比例都能持续上升。

做好 SEO 营销推广还要注意以下四点。

* 首先，明确推广的目的——用户。营销的目的无非是卖产品，想要多卖产品，用户是绝对不可忽略的。"顾客是上帝"，要把用户摆在第一位，通常这样的推广也会更具有人性化，有更好的效果。

* 其次，寻找推广对象——客源。任何一个推广都是需要有客源的，没有客源，即使再好的演出也得不到观众的关注。新手寻找客源最好的方式是针对自己推广的产品，找相应的需求客户，虽然人数会比较少，但是可以积累经验。而老手则可以运用各种网络平台，让网站的流量不断提升，在搜索引擎中的曝光率相应就会提高。

* 再次，取得客户信任。从用户角度出发，多提供便利，消除顾虑，能提高产品销售的成功率。另在软文推广里，最好不要植入得太生硬，惹人反感。

* 最后，成交——满意是最好的回复。如果用户满意度提高 2%，销售量就能提高 10%。满意度带来的口碑传播是产品最好的营销方式，推广效果显著。

二、搜索引擎营销（SEM）

SEM 主要的两种渠道是谷歌和必应广告。

谷歌广告：把握广告预算和关键词的投放是非常重要的，如果关键词 4～7 天都没有转化，那就果断放弃这些词。如果转化的关键词是花费非常高的，就要不断地监控这些关键词的投放。

必应广告：必应的广告可以同步到雅虎上，所以雅虎或者必应过来的流量有可能都是广告带过来。必应操作相对简单，在美国的优势比较突出，像 Bing Shopping 只针对美国地区开放。

三、社交网络服务（SNS）营销

跨境电商领域使用率比较高的 SNS 网站包括 Facebook、Twitter、Pinterest、Instagram、Google + 等。其中最受欢迎的是 Facebook，在众多的 SNS 营销中效果最好。Facebook 中有群组，加入群组并且粘贴上你的链接即可进行简单的营销。但是要先根据你的产品搜索相关群组，这样效果才会好。另外，还可以结合 Facebook 网站内推行的活动。比如说在 Facebook 上用第三方 APP 建立 Like-gate，只有这样才有机会得到一些优惠，可以把这个活动放在网站首页或者其他地方。

第五节　融资：借助大数据创新模式解决企业融资难问题

资金是企业的血液，关系到企业经营的各个环节，因此，筹措资金对于企业的发展来说至关重要。在市场竞争异常激烈的今天，中小外贸企业逐渐失去了明显的竞争能力。尤其是中国加入世界贸易组织之后，国外的很多商家也进入了中国市场，有些中小企业的经营更是举步维艰。

一、跨境电商平台缓解外贸企业融资难问题

中小外贸企业融资难问题一直是行业发展的痛点，在跨境电商领域也一样。如何借助互联网的优势及手段，更好地帮助企业融资是发展之要点。目前，各地跨境电商平台、服务商甚至互联网金融企业也纷纷涉足该领域，为外贸企业提供更多融资渠道，解决融资难问题。

跨境电商在帮助中小外贸企业运用互联网金融方面有着三个重要作用。首先，跨境电商平台具有聚集效应，汇聚了数百万中小企业；其次，以交易

为核心的电子商务平台，积累了大量实时交易数据，搭建了真实可靠的风险管理和信用体系，这些对于银行进行风险定价，基于企业信用给予企业授信起到了重要作用；最后，互联网企业和银行之间的合作，基本上都采用全在线的模式，全流程自动化的操作，使得企业获得融资贷款的过程更短。敦煌网、一达通、铜掌柜等平台都推出了融资服务。

敦煌网在2013年就已与招商银行正式发行联名金融服务卡"敦煌网生意一卡通"，提供融资、结算、理财一体化的小微企业金融服务，是专门针对敦煌网客户发行的专属金融服务工具。一达通也给传统外贸企业提供金融增值服务，目前推出的金融产品有"网商贷高级版""信融保""赊销保""锁汇保"等。其中，"网商贷高级版"面向使用阿里巴巴一达通出口基础服务的客户，提供以出口额度积累授信额度的无抵押、免担保、纯信用贷款服务，该服务由阿里巴巴联合多家银行共同推出。

二、跨境电商融资面临的问题及模式探讨

目前跨境电商零售企业发货需走海运，交易周期较长，这就需要互联网贸易融资的支持。提供互联网金融服务的企业主要包含仅提供资产增值和小额信贷业务的互联网金融企业及跨境电商平台类企业。

（一）跨境电商融资面临的问题

* 问题一：最关键的前提条件就是要获得相关政策的支持。跨境贸易金融服务涉及本外币融资，因此相关外汇业务经营权及境外融资资格将成为监管及经营机构需要考虑的问题，即是否可以在一定条件下开展线上跨境本外币贸易融资业务。而一旦明确了这一问题，为控制风险，应该严格按监管规则执行，未获监管机构批准的互联网金融主体，不能提供线上跨境贸易融资服务。

* 问题二：使报关、收支申报、结算、融资、退税等环节能在线上顺畅配合。之前国务院常务会议在部署促进跨境电商业务健康发展的同时，进一步明确了对通关、退税、跨境支付等环节的要求。如果未来互联网贸易金融得以破题，与各环节的配合是关键问题。

（二）跨境电商融资产品模式

* 模式一：进口跨境电商付款融资（货到付款模式），流程如图 6-1 所示。

业务案例：在跨境电商 B2B 模式下，境内进口跨境电商企业 A 通过线上平台从 X 国光学设备生产企业 B 进口一批光学仪器，总货值为 100 万美元，前期预付款为 20%，余款 80 万美元为货到后一次性支付。货到后付余款时，A 企业现金流相对紧张，遂向线上跨境电商交易平台申请代为对外支付，融资期限 2 个月，到期后一次性归还融资本息。

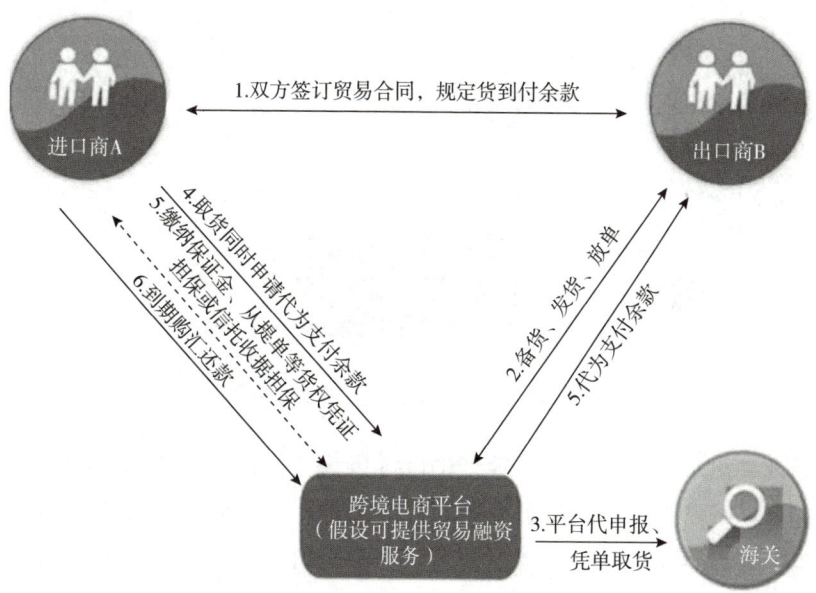

图 6-1 进口跨境电商付款融资（货到付款模式）业务流程

以上的设想案例是在理想状态下，跨境电商平台为境内进口企业 A 提供的对外付款融资业务流程。其前提是在解决了支付结算、报关、物流、收支申报等环节问题的基础上，未来能够在政策上获得外币融资支持。

* 模式二：出口跨境电商应收账款融资，流程如图 6-2 所示。

业务案例：在跨境电商 B2B 模式下，境内出口跨境电商企业 C 通过跨境电商交易平台，向 Y 国企业 D 出口一批矩形钢材，合同总价 20 万美元，全部采用赊销方式，付款日期为见提单后 90 天。C 企业在发货后希望能够尽快获得一笔与应收款金额相当的融资，用于支持其后续经营，遂将其出口单据质押给电商交易平台，由电商交易平台（或其指定的物流企业）代为向进口商D寄送单据，并以该笔出口项下形成的应收账款作为还款来源，融资期限参照应收账款到期日，到期一次性归还融资本息。

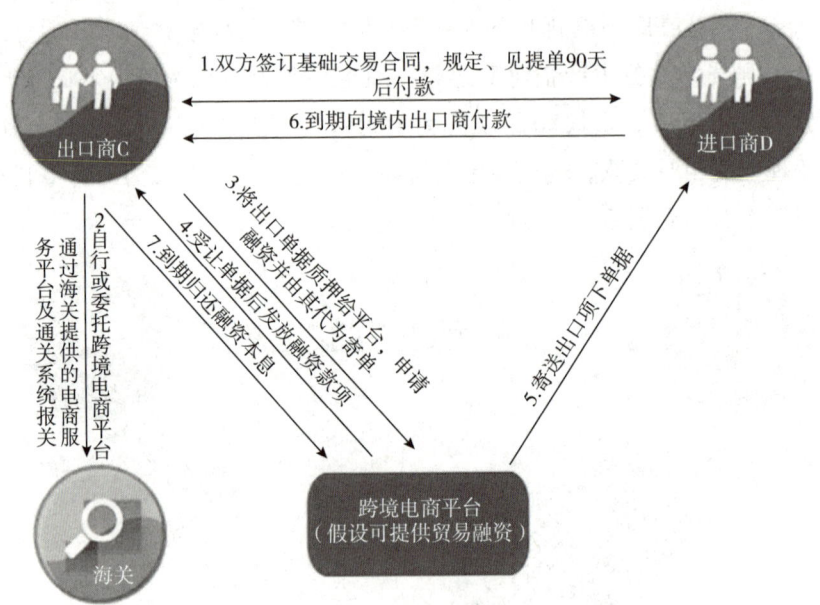

图6-2 出口跨境电商应收账款融资业务流程

目前，出口跨境电商业务很多仍以零售为主，走空运物流，物流周期较短，因此融资需求较少。如果未来有更多的中小微批发类企业也逐渐采用线上交易，需要海上运输，物流周期较长，则跨境电商贸易金融服务需求将会增长。以上为一个基本的出口发货后贸易融资案例，操作看起来非常简单，但实则需要处理好很多细节问题。首先，提供融资的交易平台需要具备一定的单据审核能力。其次，除要求出口企业缴纳一定比例的保证金或将出口单据质押给融资平台外，还可以考虑引入投保出口信用险的模式，加一道保障。

互联网贸易金融是在推进跨境电商业务发展的浪潮下针对线上小微贸易企业的融资补充渠道。从产品角度讲，可以借鉴银行的贸易融资模式，但并不能完全复制。因为在结算方式和流程方面，商业银行具有多年积累下来的成熟而完备的业务经验及国际通用的规则和体系，所以基于结算基础上的融资环节会与互联网贸易金融有所差异。

下篇

政策红利下跨境电商
开启"黄金时代"

第七章　扶持：政策红利支持下，跨境电商的机会

第一节　政策利好不断，给跨境电商带来的机会

一、跨境电商频获政策红利

近年来，我国跨境电商取得爆发式增长，增速明显高于传统贸易，使得传统贸易企业也加快了向电商企业转型的步伐。2013年8月，国务院办公厅转发商务部等九部委《关于实施支持跨境电子商务零售出口有关政策的意见》，为发展跨境电商指明了方向，对外贸转型升级具有重要而深远的意义。此后，从国务院到各大相关部委，纷纷出台针对跨境电商行业的配套政策措施。

2013年12月，财政部、税务总局发布《关于跨境电子商务零售出口税收政策的通知》，明确了出口跨境电商零售企业享受退免税的条件，从而大大降低了企业的成本。2014年1月，海关总署增列海关监管方式代码"9610"，全称"跨境贸易电子商务"。2015年6月，国务院办公厅发布了《关于促进跨境电子商务健康快速发展的指导意见》。2016年3月，财政部联合海关总署、税务总局共同发布《关于跨境电子商务零售进口税收政策的通知》。跨境电商政策的密集出台，对行业发展起到积极的推动作用。

★ 跨境电商有利于传统外贸企业转型升级，对保持我国外贸稳增长具有深远意义。我国已经成功超越美国成为全球进出口贸易规模最大的国家，但受到全球经济增长放缓的影响，我国外贸增速放缓，连续两年增速在个位数

徘徊，传统外贸企业遇到前所未有的困境。而大力发展跨境电商，有助于在成本和效率层面增强我国的进出口竞争优势，提高外贸企业的利润率。同时，随着电商渠道的深入渗透，企业和消费者之间建立了更畅通的信息交流渠道。企业及时掌握市场需求，调整产品结构，提升产品品质，树立产品品牌，同时建立电商信用体系，从而增强我国外贸的整体竞争力，这对外贸稳增长起到重要作用。

* 电子商务成未来跨境贸易发展必然趋势，产业发展潜力巨大。2017年，中国跨境电商交易规模为7.8万亿元，同比增长20.3%。其中，出口跨境电商交易规模为6.3万亿元，进口跨境电商交易规模达到1.5万亿元。跨境电商成为我国外贸的新增点，得到了政府部门的持续关注。国务院总理李克强连续4年在政府工作报告中提出，要促进跨境电商等新业态发展。

* 跨境电商政策将全面推开。跨境电商在快速增长的同时，对平台、物流、支付、通关等环节也提出了新的需求，"便利、快速、联动"成为关注的重点。跨境贸易电子商务服务试点工作在上海、杭州、宁波、重庆、郑州等5个城市率先展开，后续延展到15个城市。随着试点城市的全面铺开，海关陆续开展跨境电商贸易统计，而相关的配套政策也将更精准地服务于企业，为其发展创造出更好的政策环境。未来跨境电商政策将在我国全面推开。

随着我国跨境电商发展的政策环境、法律法规、标准体系及支撑保障水平等各方面的完善与提升，根据试点地区的实际情况以及海关等相关部门的统计数字，后续跨境电商相关配套政策措施将不断优化和深化。外贸企业应抓住难得的历史机遇，研究利用好政策红利，完成转方式、调结构，增强我国企业的国际竞争力，塑造"中国创造"的新形象，为我国外贸打开新的上升通道。

二、出口跨境电商十大政策解读

出口跨境电商在近年来火速发展，正成为互联网行业的风口，而这一切的发展都离不开政府政策的大力支持。近年来，国务院频繁发文支持"互联网+外贸"，出口跨境电商正是"互联网+外贸"的结合体。国家政策不断扶持出口跨境电商发展，有利于带动我国制造业、电子支付、物流、信息服务等产业发展，进一步优化我国产业结构，加速产业结构的转型升级。出口跨境电商作为近年来多项政策的受益者，且伴随着"一带一路"倡议的提出及"互联网+"的趋势，成功实现快速发展。未来将有更多有利于出口跨境电商的政策出台，出口跨境电商将继续其快速发展的势头。

政策一：2013年8月21日，国务院办公厅转发商务部等九部委《关于实施支持跨境电子商务零售出口有关政策的意见》。

解读：

□该意见提出六项具体支持政策，解决了目前困扰出口跨境电商的海关监管、收结汇、跨境支付、税收等方面的主要问题，有利于推动出口跨境电商规范、健康地发展。

□对出口跨境电商各监管主体的职责做出了明确的划分，解决了以往监管职责不明确、监管存在漏洞的问题，进一步从监管层面推动出口跨境电商有序发展。

□首次从国家层面对我国的跨境电子商务零售出口做出了明确的定义，解决了以往界定不清、监管困难的局面。

政策二：2013年12月30日，财政部、税务总局联合发布《关于跨境电子商务零售出口税收政策的通知》，明确跨境电商零售出口有关的税收优惠政策。

解读：

□为出口跨境电商企业提供交易服务的跨境电商第三方平台，不适用本通知规定的退免税政策。

□按通知规定，不是一般纳税人的出口跨境电商企业也可享受退免税政策，比如个体户或者小规模纳税人，已经办理了税务登记，同时获得了出口货物报关单和合法有效的进货凭证，也可以申请免税。

政策三：2014年5月4日，国务院发布《关于支持外贸稳定增长的若干意见》。

解读：

□对出口方面给予便利化的支持，强调稳定传统优势产品出口，支持拥有知识产权品牌、营销网络、高技术含量、高附加值、高效益的产品出口。

□对各类外贸企业都出台了扶持措施,既强调对中小微企业的支持,同时也强调了培育具有核心竞争力的跨国企业集团。中国现在要从贸易大国向贸易强国转变,优化企业主体结构非常重要。文件提出做强一般贸易,提升加工贸易,发展其他贸易。

□文件在整体加大政策支持力度的基础上,进一步强调了切实转变政府职能,明确要求相关部门减少行政审批,简政放权。比如,特别强调了整顿和规范进出口环节的收费,推进贸易便利化,有些收费该取消的就取消,该降低的就降低,切实减轻企业负担。

政策四:2014年7月23日,海关总署发布《海关总署公告2014年第56号(关于跨境贸易电子商务进出境货物、物品有关监管事宜的公告)》。

解读:

□此次公告正是为了明确有关监管措施而出台的。近年来,我国跨境贸易电子商务发展迅速,同时也遇到一些问题。比如,按照以往的规定,电商通过快件、邮件方式销往国外的出口商品,不能办理结汇手续,也不能享受出口退税政策。但现在通过与海关联网的电子商务平台进行跨境交易,能够有效解决结汇、退税等问题,维护广大企业的权益。

□公告调整范围:一是主体上,主要包括境内通过互联网进行跨境交易的个人、开展跨境贸易电子商务业务的境内企业、为交易提供服务的跨境贸易电子商务第三方平台;二是渠道上,仅指通过已与海关联网的电子商务平台进行的交易;三是性质上,应为跨境交易。对于未在上述条件范围内的进出境货物、物品,海关仍按照原有方式(比如一般贸易、邮件、快件等)办理通关手续。

政策五:2015年1月20日,外汇管理局出台《支付机构跨境外汇支付业务试点指导意见》。

解读:

□此举便利了民众的生活,打击了非法海外代购,为跨境电商结汇松绑。但是对于大多数跨境电商企业来说,结汇依然是一个大问题。

□监管部门尝试以跨境电商为突破口解决支付平台跨境业务发展问题,让国内的支付机构"走出去",从而推动人民币的国际地位上升,因此在跨境电商业务方面，第三方支付将会有相当大的发展空间。

政策六：2015年5月4日，国务院发布《关于大力发展电子商务加快培育经济新动力的意见》。

解读：

☐国务院力挺电商发展，从电商企业发展角度看，此次发文规格极高，措施很具体：将与电商直接相关的企业设立、税收、基础配套、市场需求和电商人才就业全部囊括在内。在此规格极高又极具操作性的政策支持下，跨境电商在经历前后十年的摸索式增长之后又迎来二次成长。

☐意见具体提及支持物流信息化、推广金融服务新工具（互联网支付、互联网金融）、提升对外开放水平、推动传统商贸流通企业发展电子商务（大宗品电商及零售O2O）、积极发展农村电子商务（农资电商）等。此次细则落地后，加之《中华人民共和国电子商务法》的施行，电商发展被进一步置于阳光之下，电商发展目前遇到的诸多难题有望从根本上解决。

政策七：2015年6月9日，质检总局发布《关于加强跨境电子商务进出口消费品检验监管工作的指导意见》。

解读：

☐该意见的提出，逐步完善跨境电商消费品线上、线下监督抽查工作机制，推动跨境电商产品质量的把控，有利于提高国内出口跨境电商企业的转型升级，同时建立自己的品牌。

☐该意见首次明确跨境电商企业的质量安全主体责任，推动了电商平台企业加强对电商经营企业的监督管理和责任追溯，有利于对产品质量的把关。

政策八：2015年6月16日，国务院办公厅出台了《关于促进跨境电子商务健康快速发展的指导意见》。

解读：

☐意见提出支持国内企业更好地利用电子商务开展对外贸易；鼓励企业间尽快实现全程在线交易，不断扩大可交易商品范围；支持跨境电商零售出口企业加强与境外企业合作，通过规范的海外仓、体验店和配送网店等模式，融入境外零售体系。

☐进一步完善跨境电商进出境货物、物品管理模式，优化跨境电商海关进出口通关作业流程；加强跨境电商质量安全监管，对跨境电商经营主体及商品实施备案管理制度，突出经营企业质量安全主体责任，开展商品质量安全风险监管。

政策九：2017 年 1 月 15 日，国务院印发《关于同意在天津等 12 个城市设立跨境电子商务综合试验区的批复》。

解读：

▫借鉴中国（杭州）跨境电子商务综合试验区的经验和做法，因地制宜，突出本地特色和优势，着力在跨境电子商务企业对企业（B2B）方式相关环节的技术标准、业务流程、监管模式和信息化建设等方面先行先试，为推动全国跨境电商发展提供可复制、可推广的经验，用新模式为外贸发展提供新支撑。

▫明确了有关部门和省、直辖市人民政府推进综合试点工作应遵守的原则：一是坚持深化简政放权、放管结合、优化服务等改革措施，大力支持跨境电子商务综合试验区大胆探索、创新发展，同时控制好风险；二是在确保安全的基础上，坚持在发展中规范、在规范中发展，为跨境电子商务综合试验区各类市场主体公平参与市场竞争创造良好的营商环境；三是试点工作要循序渐进，适时调整。

政策十：2017 年 6 月 6 日，质检总局发布《关于跨境电商零售进出口检验检疫信息化管理系统数据接入规范的公告》。

解读：

▫该政策为促进跨境电商发展、提供便利通关服务奠定了良好的基础。

▫有了数据的接入，就能获得更多的数据样本，就能对跨境电商大数据进行分析，有助于政府部门全面掌握行业发展概况，更好地对跨境电商健康发展做出指导。

三、进口跨境电商五大政策解读

中国跨境电商表现出进出口两旺的态势，进口跨境电商比出口跨境电商增速快，从 2013 年下半年开始，进口的热度超过出口。总的来说，中国进口跨境电商，经历了代购、海淘、跨境进口三个时期。我们按照时间梳理一下国家相关政策，以及对进口跨境电商市场造成的影响。

政策一：2015年3月21日，海关总署发布《关于跨境贸易电子商务服务试点网购保税进口模式有关问题的通知》。

解读：

□这次加急通知，首先表明只有上海、杭州、宁波、郑州、广州、重庆等六个城市拥有跨境电商进口模式试点的资格，也就是把保税区+行邮税模式控制在一定范围内。随后获批的试点城市都只有出口试点的资格。

□通知的内容大多与原来的规定保持一致，这也表明了国家短期内在电商进口方面的政策上不会再有大的调整，近期也不会有新的政策出来，譬如更灵活的措施、更松的监管。

政策二：2016年3月24日，财政部联合海关总署、税务总局共同发布《关于跨境电子商务零售进口税收政策的通知》。

解读：

□维护全国税收政策、法律法规执行中的统一性，并尽最大可能减少国家进口税款流失；降低线上线下进口消费品的价差，维护传统进口贸易、商品流通渠道的合法利益，减少因政策不到位引起的对当下实体零售业的冲击；规范过去几年一直"野蛮生长"的进口跨境电商行业，尤其是海淘和代购。

□税改对跨境电商企业和平台来说是挑战与机遇并存。从总体上看，跨境电商税改新政扩大了征税范围并提高了征税力度，对于跨境电商企业和平台既是一种挑战，也是一种机遇。通过税收和价格进行杠杆调节，对跨境电商行业格局、主体结构、商品结构、仓储物流模式、跨境业务发展和消费者行为会产生较大的影响，有利于行业规模化、规范化和创新性的发展。

政策三：2016年4月6日，财政部等发布了《关于公布跨境电子商务零售进口商品清单的公告》。

解读：

□该公告的发布，使得跨境平台要对其品类进行一系列调整，同时，也使得跨境监管更加规范。

□清单内明确不能通过的商品将受到拦截，极大地限制了跨境电商的

SKU，将更多的消费者推回到境外采购的道路上。

政策四：2017 年 9 月 20 日，国务院总理李克强主持召开国务院常务会议，会议指出，将跨境电商监管过渡期政策延长一年。

解读：

□过渡期政策延长一年，对进口跨境电商而言，无疑是一个重大的利好，有利于其做进一步调整，继续对跨境电商零售进口商品按个人自用进境物品征税也降低了企业成本，减少了个人用户所缴的个人消费税。在国庆节、中秋节、双十一购物狂欢节、黑五海淘大促活动前夕释放政策利好，将进一步刺激进口跨境电商的大好势头，并推动消费升级和供给侧结构改革。

□跨境电商零售进口的监管模式和措施还将继续完善，对质量的监管和把控也会加强。政府已在反思外贸监管政策，在跨境电商所引发的全球贸易新趋势下要进行监管创新，仍需时间继续推行试点，以总结经验，研究出一套更符合全球贸易发展趋势的跨境电商监管制度。

政策五：2017 年 11 月 22 日，国务院关税税则委员会发布《关于调整部分消费品进口关税的通知》。

解读：

□关税下降及此前的过渡期政策延长一年，都证明了国家对于扩大进口贸易、促进消费升级、推进供给侧结构改革的坚定决心。这也与此前十九大关于"社会主要矛盾已经转化为人民日益增长的美好生活需要和不平衡不充分的发展之间的矛盾"的论述相符。

□进口跨境电商作为一般进口贸易的补充，在效率和价格上有一定优势：在效率方面，跨境电商避免了较为繁复冗长的注册审批机制，因此对一些生命周期短、获批难的商品引进具有很大的优势；在价格方面，跨境电商享有零关税、增值税和消费税 7 折的优势，这点并不会因为此次的部分商品关税下降而改变。

□一般进口贸易关税的下降，对于进口跨境电商的商品结构优化也有促进作用，通过市场调节的手段，促使跨境电商更好地发挥效率及价格优势，引进更多样化的商品，更好地与一般进口贸易形成互补。

第二节　跨境电商政策缺陷，四个问题比较突出

跨境电商政策从无到有，到十天五道"扶持令"，可以说是史无前例，体现了政府对跨境电商的重视。政府通过各种扶持政策，给予跨境电商各种支持，除了提振精神之外，跨境电商还能得到税收减免、退税优惠，以及其他的财政和金融支持。政策支持为跨境电商持续注入动力，助力跨境电商更快发展。但是我们也应该看到，目前的政策还存在一定的问题。

一、存在滞后性

从1997年开始到现在，跨境电商已经发展22年了，政府才开始关注、重视。作为国际贸易的新形式，跨境电商对于扩大海外营销渠道、提升企业竞争能力，以及实现我国外贸转型升级有着重要而深远的意义。但是，现行的管理体制、政策法规及环境已无法满足其发展要求。政策的制定应该与时俱进。目前的政策很多是滞后的，而且在推出的时候比较雷同。

二、"雷声大，雨点小"

部分政策起到的作用比较有限。比如说，中小电商融资难是一个老大难问题。尽管政府再三推出政策，银行依然很少给中小电商直接贷款。而所谓的电商贷更多来自高息放贷。目前跨境电商不仅有融资难的问题，还面临品牌创立难、人才短缺等更多更棘手的问题。政府需要加大扶持力度，制定更多更好、能落地的政策，促进这些问题的解决。

三、缺乏顶层设计、通盘考虑

比方说，很多企业由于发展相近的电商模式，存在大量重复建设，浪费了大量资源，而且效果并不明显。如果政府牵头，给予相应的政策和资金支

持,由跨境电商产业园按市场规律来实施和运营,将极大地提升当地电子商务的效率和水平。又比如,政府要加强宏观指导,推出政策以规范市场行为,建立诚信体系,反对恶性竞争,否则恶币驱逐良币,大家都是输家,人人都没有钱赚,中国产品在国外的声誉也将一落千丈。

四、缺乏科学的调研和制定政策的机制

经济学是一门注重实践的学科,要坚持理论联系实践,从实践中来,到实践中去。但是不少政策制定者不了解一线市场,不懂跨境电商。跨境电商是一门新学科,没有既定的教材和标准答案,而且跨境电商发展、更新得很快,因此政府要建立一套更加科学的调研和制定政策的机制。

第三节 跨境电商:后政策红利时代的玩法

为了充分利用政策红利,争取更多资金及更宽松的环境,增强竞争力,加快发展速度,跨境电商企业需要及时了解各种相关政策,与政府相关部门,比如海关、经济贸易和信息化委员会、税务局、市场监督管理局等,保持良好的互动。

一、主动申请各种政策扶持

各个地方都制定了鼓励跨境电商发展的扶持政策。例如义乌,如果工商注册地在义乌的电商企业,实现税种税收收入(包括增值税、营业税、消费税和企业所得税)首次达到50万元并保持五年,将按主税种地方财政贡献额前三年100%、后两年50%的比例予以奖励,同时对连续三年实现税收收入100万元以上且未供地的电商企业,以财政贡献度为序,优先给企业发展用地。

如果有些条件暂时不具备,可以积极创造条件,尽量争取对自己有利的政策,也可以根据政策,调整发展步伐和方向。如浙江宣布将建成覆盖全球

主要出口国家（地区）的60个公共海外仓，实现"本土直邮"。没有海外仓的跨境电商企业就可以在海外积极建仓，而已经有海外仓的跨境电商企业就可以申报，在得到政府贷款之后，可以对海外仓进行升级改造，加快发展速度等。

很多时候，各地政府为了吸引有实力的跨境电商企业，会主动联系这些企业。有的地方政府甚至推出"一事一议"制度来对待跨境电商企业。因此，跨境电商企业要仔细权衡，确定是否接受当地政府抛出的"橄榄枝"。比如说，义乌的饰品配饰是龙头支柱行业，如果跨境电商主要品类是饰品配饰，就很难离开义乌市场，就算外地政府给再好的条件也没用。同样，深圳的跨境电商企业主要经营消费类电子产品，当然也就离不开深圳这个制造基地。另外，就算在同一个地区，也不可忽视搬迁成本，还有因此而造成的员工流失等因素，都需要综合考虑。

二、把产品和品牌做好

政府和政策都是锦上添花的。有政策、有补贴固然很好，没有这些也不要失望，关键的时候还是要靠自己。千万不要为了迎合政府和政策，犯拔苗助长、满足虚荣心等错误，忽视企业运营，会容易把企业拖垮。

跨境电商的发展不能也不应该完全依仗政策的支持。发展企业的核心优势应着眼于缩短产业链，增强流通性，以及丰富产品的多样性。因此，竞争还是会回到零售的选品、供应链、售后服务等方面上来。对于进口跨境电商企业和国外品牌商而言，要进一步完善渠道，不要把鸡蛋放在同一个篮子里，一般贸易进口与跨境电商进口多种模式需要权衡布局和多点布局。

第八章 监管：传统监管迎挑战，监管亟须创新

第一节 阳光和灰色并存，监管盲点亟待清除

跨境电商在全球范围内异军突起，不仅改变了传统国际贸易的运行方式，深刻影响了世界各国对外贸易的产业布局，也对各国对外贸易的监管提出了新的诉求和新的挑战。国际贸易涉及的进出口货物通关、国际货款结算、国际物流等领域的问题往往复杂而又烦琐，网络电子技术的发展之迅速又使得这些领域发生了深刻变革。监管方式和手段如果不能及时跟上这些变革，必然导致风险扩大，不仅会对跨境电商的发展带来影响，更会对国家安全造成重大威胁。

新常态下，以"互联网＋外贸"为基础发展起来的跨境电商，对国家相关监管部门提出了很多新的要求。我国的跨境电商已经初步形成新业态模式，而我国目前的管理体系却存在诸多不足，在海关监管、税收、外汇管理、风险控制等方面存在许多问题，无法满足跨境电商的发展需求。因此，有必要对我国跨境电商的监管体制进行深刻解读，充分了解我国监管体系的问题和不足，创新监管方式，以求建立完善的监管体系。

想要了解跨境电商的监管问题，首先必须对跨境电商的相关内容有充分的认识。跨境电商是不同国家（或地区）的交易主体通过互联网及其相关信息平台进行的各种商务活动，包括进口和出口两个部分。因此，对跨境电商的监管是指为了维护跨境电商的市场秩序，维护国家的跨境交易安全，由拥有监控主体资格的国家机关及其授权组织依据法律、法规、规章实施的，对

包括进口和出口两个部分在内的整个跨境电商活动过程进行的监督和管理。

我国的跨境电商主要有四种运营模式，即第三方服务平台模式、小宗 B2B 或 C2C 模式、大宗 B2B 模式以及独立的 B2C 模式，因此对跨境电商的监管也就是对这四种模式的跨境电商的监管。然而，从我国跨境电商的发展特点来看，小宗 B2B 或 C2C 模式发展迅速，成为近期跨境电商发展的爆发点，而对其的监管却较为不足。

第二节　商务部：外商投资监管放开，将引发新一轮白热化竞争

互联网信息服务领域一直是外商垂涎已久的产业领域，但是我国对外商投资存在一定程度的限制，但在跨境电商大发展及"一带一路"倡议背景下，我们应当重新审视关于外商投资的法规政策。

诸多外商企业，比如说亚马逊，只能通过合资公司的形式在中国开展互联网电子商务经营，但是在跨境电商的大发展形势下，将会有越来越多的国外商家考虑到中国直接设立经营实体，从而开展跨境电商经营。2015 年 5 月 4 日，国务院发布《关于大力发展电子商务加快培育经济新动力的意见》，明确规定："放开外商投资电子商务业务的外方持股比例限制。"这说明国家对于电子商务的发展有了更高的期待。

一、外资投资比例放开，促进行业发展

2018 年 3 月 29 日至 30 日，全国外资工作会议在北京召开，明确要着力推进"外资促进行动计划"，高质量建设自贸试验区，实施开发区创新提升工程，拓展外资并购，改善营商环境。

目前，我国对于互联网信息服务领域的外商投资规定主要体现在《中华人民共和国电信条例》和《外商投资电信企业管理规定》中，后者规定："外商投资电信企业，是指外国投资者同中国投资者在中华人民共和国境内依法以中外合资经营形式，共同投资设立的经营电信业务的企业。"这说明外商

必须以中外合资经营的形式经营电信业务。该规定还提出："经营基础电信业务（无线寻呼业务除外）的外商投资电信企业的外方投资者在企业中的出资比例，最终不得超过49%"，"经营增值电信业务（包括基础电信业务中的无线寻呼业务）的外商投资电信企业的外方投资者在企业中的出资比例，最终不得超过50%"。

根据工信部《电信业务分类目录（2013版）》（征求意见稿），（跨境）电子商务业务应当属于增值电信业务中的在线交易处理业务，属于互联网信息服务的一部分，因此，外商投资（跨境）电子商务，其在合资公司中的持股比例不得高于50%，即外商不得控股。

但是，值得注意的是，2015年1月13日，工信部发布了《关于在中国（上海）自由贸易试验区放开在线数据处理与交易处理业务（经营类电子商务）外资股权比例限制的通告》，决定在上海自贸区内试点放开"在线数据处理与交易处理业务（经营类电子商务）"的外资股权比例限制，外资股权比例可至100%。这无疑是送给上海自贸区的一份大礼。

二、外资经营资质问题待逐步解决

在解决上述外商投资的准入条件后，我们仍需要解决外商投资运营的资质问题，否则外商即使在中国境内设置了公司实体，也不能展开互联网信息服务，设立电子商务网站从事跨境电商业务。

《互联网信息服务管理办法》规定："经营性互联网信息服务，是指通过互联网向上网用户有偿提供信息或者网页制作等服务活动。非经营性互联网信息服务，是指通过互联网向上网用户无偿提供具有公开性、共享性信息的服务活动"，"国家对经营性互联网信息服务实行许可制度；对非经营性互联网信息服务实行备案制度。未取得许可或者未履行备案手续的，不得从事互联网信息服务"。

具体而言，经营性互联网信息服务包括网上广告、代制作网页、出租服务器内存空间、主机托管、有偿提供特定信息内容、互联网电子邮件服务、电子商务及其他网上应用服务，需要获得ICP（互联网信息服务资质）许可证；而非经营性互联网信息服务主要是指政府上网工程的各级政府部门的网站、新闻机构的电子版报刊和企业事业单位的各类公益性网部、本单位对产品或业务作自我宣传的网站、个人网站、博客等网站，只需办理 ICP 备案即可。

但是外资企业办理 ICP 许可证是非常困难的，所需时间十分漫长。相较而言，国内电子商务公司办理 ICP 许可证，只要满足规定的条件，即可按流程办理。

以往，很多境外投资者会选择通过搭建"VIE 架构"（VIE：Variable Interest Entity，可变利益实体，又称协议控制，是指被投资企业拥有实际或潜在的经济利益，但该企业本身对此经济利益并无完全的控制权）的方式来投资中国的互联网公司，如新浪及聚美优品等。但在目前形势下，"VIE 架构"的搭设作用似乎已渐渐弱化。商务部颁布的《实施外国投资者并购境内企业安全审查制度的规定》明确了协议控制属于外国投资者并购境内企业的一种形式，"对于外国投资者并购境内企业，应从交易的实质内容和实际影响来判断并购交易是否属于并购安全审查的范围；外国投资者不得以任何方式实质规避并购安全审查，包括但不限于代持、信托、多层次再投资、租赁、贷款、协议控制、境外交易等方式"。在外资管控渐渐放开的领域，例如跨境电商领域，势必引发新一轮的白热化竞争。

第三节　海关总署：监管对跨境电商和海外代购行业的影响

近年，海关总署针对我国跨境电商的监管问题出台了一系列规定，提高了监管的质量。从长期来看，降低关税和部分产品消费税，减少商品内外价差只是治标的办法，想要改变跨境电商市场的乱象，需要出台相应条例，规范行业发展。

一、海关监管法规政策频出，通关服务进入2.0时代

海关是国家进出关境的监督管理机关，负责监管进出境运输工具、货物、物品，征收关税和其他税费，查缉走私等工作。不管是一般贸易，还是跨境

电商，面临的第一道关卡就是海关监管，因此进出口跨境电商企业，必须了解海关监管的法规和政策。

海关总署于2014年1月发布《海关总署公告2014年第12号（关于增列海关监管方式代码的公告）》，增列了海关监管方式代码"9610"，全称"跨境贸易电子商务"，简称"电子商务"，适用于境内个人或电子商务企业通过电子商务交易平台实现交易，并采用"清单核放、汇总申报"模式办理通关手续的电子商务零售进出口商品。2014年7月，海关总署又增列海关监管方式代码"1210"，全称"保税跨境贸易电子商务"，简称"保税电商"，适用于境内个人或电子商务企业在经海关认可的电子商务平台实现跨境交易，并通过海关特殊监管区域或保税监管场所进出的电子商务零售进出境商品。

2014年7月23日，海关总署颁布《海关总署公告2014年第56号（关于跨境贸易电子商务进出境货物、物品有关监管事宜的公告）》（简称"海关56号文"），目的就是为了促进跨境电商健康发展。根据该公告，电商企业采取"清单核放、汇总申报"方式，个人采取"清单核放"方式办理电子商务进出境货物报关手续；同时，公告还就企业注册登记及备案管理，电子商务进出境货物、物品通关管理，货物、物品物流监控等进行了规定。"海关56号文"对监管对象以及监管方式进行了界定，让海淘有了合法身份，也对代购、海淘等行为予以了管制，但从跨境电商总体发展而言，"海关56号文"仅仅只是其中一只鞋子落地，仍有待其他部门的配套措施出台，才能形成合力。

2017年8月，海关总署发布《中华人民共和国海关监管区管理暂行办法》，明确了海关监管区与海关监管作业场所的区别，强化企业自主经营权，淡化海关管理属性，简化了海关监管区的注册条件和程序。

为了优化通关流程，并打通海关、物流和支付环节，各地海关或相关主管机关均自行开发了跨境通关系统，例如宁波海关开发的"宁波海关跨境贸易电子商务进出口通关系统"，是宁波海关对进口跨境电商交易、仓储、物流和通关环节实施监管执法的自动化电子管理系统；广州海关上线了"广州跨境电商通关管理系统—网购保税进口子系统"；杭州跨境贸易电子商务进口业务启动，"跨境一步达"成为跨境电商通关服务平台的门户。

在跨境电商通关服务平台上，进境商品通关的最高标准是"三单对比"，三单是指跨境电商企业提供的订单、支付企业提供的支付清单及物流企业提供的物流运单,三单数据确认无误后即可放行。在"三单对比"模式下,消费者一旦点击购买,海关等部门就开始审核订单,使商品实现迅速通关。海关总署统一跨境贸易电子商务零售出口通关系统,有利于各地跨境电商平台执行统一跨境服务标准,能应对外贸订单碎片化趋势,提升消费服务体验。

二、海关监管升级,跨境电商被纳入《中华人民共和国电子商务法》管辖范围

跨境电商这几年的迅猛发展,让海关倍感监管压力,因为原监管手段已经无法跟上市场发展的步伐。在进口跨境电商中,很少有商品是按一般贸易方式入境,因为跨境进口主要涉及的消费品是婴儿食品、日常用品、服饰箱包等小批量、分散型商品,若按一般贸易进口,无一例外均需要进行商检,部分商品还涉及许可证、进口配额等,报关单也有商品项目数量的限制,这对于小型电商而言太烦琐。为了规避海关监管,很多跨境电商企业的产品都是从灰色渠道进出境。

2018年8月31日,《中华人民共和国电子商务法》(后文简称《电子商务法》)出台,第二十六条规定"电子商务经营者从事跨境电子商务,应当遵守进出口监督管理的法律、行政法规和国家有关规定",将跨境电子商务经营纳入法律管辖范围。

《电子商务法》的施行势必会对海外代购产生巨大的影响,对于消费者而言,也可能产生商品价格上涨等负面影响。但是从跨境电商市场的长远发展来看,法律的出台将使现阶段处于法律盲区的海外代购监管有章可循,代购的违法成本将会增加。对于消费者而言更是利大于弊,因为消费者在购买商品时,不仅质量可以得到保障,同时,在售后服务等环节的权益也会得到保护。因此海外代购市场不仅不会萎缩,反而会在法律的框架内良好、有序地发展。

三、跨境电商针对性检验检疫监管法规政策出台

为防止动物传染病、寄生虫病和植物危险性病、虫、杂草以及其他有害生物传入、传出国境,保护农、林、牧、渔业生产和人体健康,我国制定了

《中华人民共和国进出境动植物检疫法》，这是海关开展检验检疫活动最为重要的法律依据之一。

随着国内一系列食品安全事件的爆发，消费者对国产食品产生了强烈的不信任感，随之而来的就是海淘市场飞速发展，特别是婴幼儿奶粉等食品引发了海外抢购的狂潮。这也促使国家对《中华人民共和国食品安全法》的大修。最新修订的《中华人民共和国食品安全法》在 2015 年 10 月 1 日正式颁布实施，该法规定："向我国境内出口食品的境外出口商或者代理商、进口食品的进口商应当向国家出入境检验检疫部门备案。向我国境内出口食品的境外食品生产企业应当经国家出入境检验检疫部门注册"，"进口的预包装食品、食品添加剂应当有中文标签；依法应当有说明书的，还应当有中文说明书"。2017 年 6 月 6 日，国家质量监督检验检疫总局颁布《关于跨境电商零售进出口检验检疫信息化管理系统数据接入规范的公告》，该政策对促进跨境电商发展、提供便利通关服务奠定了良好的基础。另外，有了数据的接入，有了更多的数据样本，就能对跨境电商大数据进行分析，有助于政府全面掌握行业发展概况，更好地对跨境电商健康发展作出指导。

为适应进出口跨境电商的迅猛发展，原国家质量监督检验检疫总局先后发布了诸多政策文件，包括《关于促进电子商务健康发展的指导意见》《关于进一步发挥检验检疫职能作用促进跨境电子商务发展的意见》等。

2018 年 3 月，第十三届全国人民代表大会第一次会议批准了《国务院机构改革方案》，将国家质量监督检验检疫总局的出入境检验检疫管理职责和队伍划入海关总署。2018 年 12 月 10 日，海关总署发布《关于跨境电子商务零售进出口商品有关监管事宜的公告》，公告表示海关对跨境电子商务零售进出口商品及其装载容器、包装物按照相关法律法规实施检疫，并根据相关规定实施必要的监管措施；对需在进境口岸实施的检疫及检疫处理工作，应在完成后方可运至跨境电子商务监管作业场所。

四、跨境电商中检验检测发展现状

商品的检验环节是一个非常重要的环节，因为对商家、商品的把关能为消费者提供坚实的保障。在传统贸易流程中，国家对进口商品的检验、质量管理非常严格。不过，这也导致了如时令水果等保质期非常短的商品难以进入国内市场。

在一般贸易中，商品是按照批次来进行检验的。每一批次的产品经过申报、抽样等流程，被送到对应的产品质量检测中心，然后中心按照国家的各类标准进行检测，检测合格的商品才能放行，进入国内销售环节。

在跨境电商中，目前采取多种方式并行，主要分为：货主出具符合性声明、行政部门采信第三方检验检测报告、事中抽查和事后风险检测。

由此可见，在跨境电商领域，商品的检验具有原则性和灵活性相结合的特点，一定程度上为贸易的便利化提供了空间，提高了货物的周转效率。

（一）法规层面

2017年6月6日，国家质量监督检验检疫总局出台的《关于跨境电商零售进出口检验检疫信息化管理系统数据接入规范的公告》规定："跨境电商经营主体、第三方平台对于其向出入境检验检疫局所申报及传输的电子数据承担法律责任。"这也为很多检验检测的业务定下了大方向。行政部门会更加侧重于扮演裁判员的角色，力求营造一个公平、开放、有序的检验检测大环境，各个符合资质要求的检验检测机构再按照法规办理各类业务。

（二）电商平台经营与消费者购买层面

在传统的网购流程中，消费者在选择心仪商品、填写送货地址并支付货款后，即可等待商品送上门。这个过程已经被广大消费者所接受和习惯。而现在在跨境购买商品时，消费者需要提前提交身份信息，平台方按照预先估计的物流费用和关税为消费者核算总费用。这是原先没有的环节，但消费者在同一个平台第二次购物时，无须再次提供身份信息。在物流层面，分为直邮模式和备货模式。直邮模式：按照单个商品为最小单位，跨境电商企业在消费者下单后从海外发货，通过国际快递将商品送达消费者手上。备货模式：跨境电商企业事先在保税区的仓库存放一批货物，在消费者下单后再按照订单数量从保税区发货。在直邮模式下，无法实现商品的事先检验，目前基本采取事中和事后的监管抽查。在备货模式下，可以实现事先检验，不过按照目前的保税区政策，还是鼓励事中监管抽查，在需要的时候，可以采信一些第三方检测机构的检测数据和报告。

第四节　税务总局：传统监管模式和跨境电商税务问题的冲突

在跨境电商中，小额邮寄商品的偷税漏税问题严重。在小额商品批发零售模式中，产品主要通过邮寄、快递等方式运输，报关的主体也是邮政或者快递公司。在这种模式下，很多商品无法被纳入海关统计中，如海外代购的物品，这些物品多为日用消费品和食品，诸如化妆品、服装、奶粉等，由于包装小、价值低，个人单次携带数量有限，是否为个人合理自用范围很难判断，实际操作中很难监管，因此存在偷税漏税问题。

一、税务监管法规政策

对于出口跨境电商企业而言，出口退税一直是其关注的重点。《中华人民共和国税收征收管理法》《中华人民共和国增值税暂行条例》对出口退税做了规定，纳税人出口商品的增值税税率为零，对于出口商品，不但在出口环节不征税，而且税务机关还要退还该商品在国内生产、流通环节已负担的税款，使出口商品以不含税的价格进入国际市场。2013年12月，财政部、税务总局联合发布的《关于跨境电子商务零售出口税收政策的通知》明确规定：符合条件的电子商务出口企业出口货物［财政部、国家税务总局明确不予出口退（免）税或免税的货物除外］，可享受增值税、消费税退（免）税政策。

关于跨境进口，海关依照《中华人民共和国进出口关税条例》以及《中华人民共和国海关关于入境旅客行李物品和个人邮递物品征收进口税办法》规定征收进境物品进口税，即俗称的"行邮税"。2017年11月22日国务院关税税则委员会发布的《关于调整部分消费品进口关税的通知》规定自2017年12月1日起，以暂定税率方式降低部分消费品进口关税，共涉及187个8位税号，平均税率由17.3%降至7.7%。

二、出口跨境电商退税和进口跨境电商退换货、退税问题繁杂

跨境电商退税，可以区分为出口退税以及进口退换货、退税两类。

（一）出口跨境电商退税问题

出口退税主要是通过退还货物国内已纳税款来平衡国内产品的税负，使本国产品与国外产品在同等条件下进行竞争，从而增强其竞争能力，扩大出口创汇。企业能否享受出口退税不仅关系到企业本身盈利，也关系到国家的商品的竞争力。

以往的出口退税，只针对一般贸易模式而设，跨境电商的小单只能通过快递或邮寄的方式出境，跨境电商企业一般不会专门请报关员，一票一票去申报，这导致有的跨境电商小微企业无法提供发票、付款凭证和报关单。而《中华人民共和国增值税暂行条例》规定："纳税人出口货物适用退（免）税规定的，应当向海关办理出口手续，凭出口报关单等有关凭证，在规定的出口退（免）税申报期内按月向主管税务机关申报办理该项出口货物的退（免）税。"因此，跨境电商基本不被纳入出口退税的行列。

出口跨境电商的迅猛发展，导致小单出口数量急速增长，这就需要对原来的出口退税政策进行调整，在进一步提升我国出口跨境电商国际竞争力的条件下，保持税负平衡。2013年9月，广州获批成为跨境贸易电子商务服务试点城市；2013年10月1日起，在已经开展电子商务通关服务试点的上海、重庆、杭州、宁波、郑州等五个城市展开了国家跨境电商新政策试点；2015年1月，长沙成为跨境电子商务出口全国第七个试点城市。在试点区域，电商企业可以提前将货品运到保税区，一次性进行申报，然后等该批次货物全部售出后，再一次性向海关申请出口退税，这样就不用一单一单申报，极大地简化了手续。

海关总署在2014年1月和2014年7月相继出台了三部关于跨境电商监管方面的文件：《海关总署公告2014年第12号（关于增列监管方式代码的公告）》《海关总署公告2014年第56号（关于跨境贸易电子商务进出境货物、物品有关监管事宜的公告）》《海关总署公告2014年第57号（关于增

列海关监管方式代码的公告)》，使出口跨境电商能够顺利结汇、退税。

按照以往的规定，跨境电商通过快递、邮件等方式销往国外的出口商品，不能办理结汇手续，也不能享受出口退税的鼓励政策。而新规定要求企业对进口商品备案，电商平台与海关系统互联，海关要进行"三单对比"，消费者可通过与海关联网的电子商务平台进行跨境交易。海关对电子商务出口商品采取"清单核放、汇总申报"的方式办理通关手续。电子商务企业向海关提交电子跨境贸易电子商务进出境货物申报清单，逐票办理商品通关手续。电子商务企业每月定期将上月结关清单所涉货物的数量、金额、件数等相加，汇总形成进出口货物报关单向海关申报，海关据此签发报关单证明联，从而有效解决跨境贸易电子商务出境商品出口退税和结汇问题。

(二) 进口跨境电商退换货、退税问题

不论是消费者，还是跨境电商企业、第三方平台，都会考虑若发生退换货情况，那么在已经承担了行邮税费的情况下，该笔税费是否可以退还的问题。宁波海关早在2013年制定《宁波海关跨境贸易电子商务进境商品监管办法（试行）》时就考虑到了这个问题，并明确规定："跨境贸易电子商务商品退换货申请海关应予以办理。缴款书未打印的，海关不予征收税款，税款已缴纳且商品在放行之日起15日内返回区内的，海关予以退还已征收税款，超过15日返回区内的，已征税款不予退还。"当然，在实际操作中，关于退换货情况下可否退还行邮税问题，各地规定不一，因为海关很难确认进境和出境的商品是否属于同一商品，在极端情况下，有的政策还容易被不法分子利用。

目前很多大型跨境电商平台对此也没有通过用户协议的方式进行明确约定，比如天猫国际也只是做出了"关税一般要求商家进行承担"的原则性要求。如果因个人原因退货，跨境电商企业或第三方平台只退还商品货款，行邮税则由消费者自行承担；但如果是产品质量问题，或者是因为跨境电商企业或第三方平台造成的退换货，跨境电商企业或第三方平台应当承担退回行邮税的责任。

第五节　市场监督管理总局：市场秩序最后的保障

根据商务部等九部委《关于实施支持跨境电子商务零售出口有关政策的意见》的要求，跨境电商出口要建立电子商务出口信用体系，严肃查处商业欺诈行为，打击侵犯知识产权和销售假冒伪劣产品等行为，不断完善电子商务出口信用体系建设。对于进口跨境电商而言，急需解决的是消费者权益维护中的新型问题，因此市场监管任重道远。目前国务院已将国家质量监督检验检疫总局的职责、国家工商行政管理总局的职责、国家食品药品监督管理总局的职责、国家发展和改革委员会的价格监督检查与反垄断执法职责、商务部的经营者集中反垄断执法以及国务院反垄断委员会办公室等职责整合，组建国家市场监督管理总局，正是对新形势下市场管理的积极调整和变革。

一、市场监管法规政策分散，监管宽度和深度不断加强

从主体框架来看，目前市场监管政策主要包括《中华人民共和国消费者权益保护法》《中华人民共和国食品安全法》《中华人民共和国产品质量法》《中华人民共和国药品管理法》《中华人民共和国广告法》《中华人民共和国价格法》《中华人民共和国反垄断法》《中华人民共和国反不正当竞争法》以及商标、著作权等知识产权权利保护法规等。这些市场监管法规政策从整体布局来看，较为分散。

在电子商务领域，《侵害消费者权益行为处罚办法》《网络交易管理办法》《关于加强网络团购经营活动管理的意见》《网络零售第三方平台交易规则制定程序规定（试行）》《最高人民法院、最高人民检察院关于办理侵犯知识产权刑事案件具体应用法律若干问题的解释》《最高人民法院关于审理涉及计算机网络域名民事纠纷案件》也相继出台，体现了市场监管的宽度和深度正在不断加强。

二、市场监管中的消费者权益保护问题

市场监管对于民生而言,终极意义是保护消费者的权益。随着跨境电商的崛起,特别是进口跨境电商的蓬勃发展,跨境网购消费者的权益保护问题也逐渐突显。跨境网购消费者权益保护问题主要体现在以下几个方面。

＊首先,甄别商品较难。在国内购买商品时,消费者能够轻松地通过货比三家的形式对商品的质量、价格及售后服务等进行比对,从而选择心仪的商品。但在跨境电商模式下,面对陌生的购物环境,消费者很难对商品的质量、价格做出甄别。

＊其次,争议管辖问题。2017年修订的《中华人民共和国民事诉讼法》规定:"以信息网络方式订立的买卖合同,通过信息网络交付标的的,以买受人住所地为合同履行地;通过其他方式交付标的的,收货地为合同履行地。合同对履行地有约定的,从其约定。"以往通过第三方平台购物,平台企业一般会规定平台所在地为法院管辖地。我们也应该看到,互联网的无地域性导致第三方交易平台在确定管辖问题时,首先要确保的就是有益于自身,在消费者权益被侵害后,市场监督管理机关可以行使行政执法权。对此,《网络交易管理办法》规定:"网络商品交易及有关服务违法行为由发生违法行为的经营者住所所在地县级以上工商行政管理部门管辖。对于其中通过第三方交易平台开展经营活动的经营者,其违法行为由第三方交易平台经营者住所所在地县级以上工商行政管理部门管辖。"

＊最后,网规应当如何制定。跨境电商面临的交易结构,较之于国内销售会更复杂,这从平台网规的制定中就可见一斑。网规应当遵守何种程序发布及正式的生效时间,对于消费者权益保护应尽到何种责任,都是非常值得关注的问题。网规的制定虽然是第三方交易平台的行为,但很多情况下,我们不得不看到,网规的制定应当有更多主体界入,第三方交易平台不能随意而为。很多人也在考虑是否设立"平台规则备案中心",制定平台规则的最终确定标准,这是其一。其二,第三方交易平台是否需要设立"消费者保证金制度",以便商户损害消费者权益时及时对消费者进行代位赔偿,从而有效减少消费者的不良体验,该类保证金是否应当是强制性的,而保证金设置的水

平、适用范围，亦是需要考虑的重要问题。保证金对消费者权益保护无疑是有正面意义的，但反过来无疑会加重商户以及第三方交易平台的资金安全保障负担。

第六节 《电子商务法》针对跨境电商规定的十大解读

《电子商务法》作为我国电商领域首部综合性法律，引发业内的极大关注。今后，保障电子商务各方主体的合法权益、规范电子商务行为有了一部专门法。《电子商务法》第五章用较大篇幅表述了鼓励、支持、推动跨境电子商务发展的举措，足见国家对跨境电商的重视程度。

一、解读一：《电子商务法》规范的主体

对此，盈科互联网法律事务团队分析，《电子商务法》第二条规定："中华人民共和国境内的电子商务活动，适用本法。本法所称电子商务，是指通过互联网等信息网络销售商品或者提供服务的经营活动。"同时，《电子商务法》明晰了电子商务经营者的主体分为三大类，分别是"电子商务平台经营者、平台内经营者以及通过自建网站、其他网络服务销售商品或者提供服务的电子商务经营者"。

按《浙江省跨境电子商务管理暂行办法》的规定，跨境电商是指"分属不同海关境域的交易主体，通过电子商务平台达成交易、进行支付结算，并通过跨境物流送达商品、完成交易的一种商务活动"，其经营主体分成以下四类：

自建跨境电子商务平台开展进出口业务的企业，简称"自建平台企业"，对应《电子商务法》通过自建网站销售商品的电子商务的经营者；

利用第三方跨境电子商务平台开展进出口业务的企业（含个体商户、个人网商），简称"电商应用企业"，对应《电子商务法》平台内经营者；

为电商应用企业提供交易服务、物流仓储、报关、退税等专项服务或综合服务的跨境电子商务第三方平台或服务企业，简称"电商服务企业"，对应

《电子商务法》提供服务的电子商务经营者；

为跨境电商应用企业提供网上交易服务的第三方电子商务平台，简称"第三方平台"，对应《电子商务法》电子商务平台经营者。

《海关总署公告2014年第12号（关于增列海关监管方式代码的公告）》和《海关总署公告2014年第57号（关于增列海关监管方式代码的公告）》，明确了"跨境贸易电子商务"与"保税跨境贸易电子商务"，均适用于境内个人或电子商务企业通过电子商务交易平台实现跨境交易，不同的是，"保税跨境贸易电子商务"要在经海关认可的电子商务平台实现跨境交易。

综合上述规定，我国境内的电子商务经营者（个人或电商企业）从事帮助消费者从境外采购商品等跨境电子商务活动，同样要遵守《电子商务法》的规定，即我国消费者通过境内电子商务经营者从境外购买商品等电子商务活动，可以按照我国涉外民事法律关系适用法律、法规，也可适用《电子商务法》关于消费者保护的相关规定。这也符合当代消费者通过代购或者自行在海淘网站从境外购买商品的实际情况。

二、解读二：跨境电商的主体资质及许可

《电子商务法》规定："电子商务经营者应当依法办理市场主体登记"，"电子商务经营者从事经营活动，依法需要取得相关行政许可的，应当依法取得行政许可"。

对此，盈科互联网法律事务团队分析，根据相关规定，我国对跨境电子商务经营主体实行备案登记管理。经备案的跨境电子商务经营主体，才能办理对外贸易经营、报关、退税和结汇主体资格的相关手续。跨境电子商务服务企业也应当办理主体备案登记。2018年4月13日，海关总署颁发的《海关总署公告2018年第27号（关于规范跨境电子商务支付企业登记管理的公告）》规定："跨境电子商务支付企业在向海关办理注册登记或信息登记手续时，应当提交相关资质证书。其中，提供跨境电子商务支付服务的银行机构提交中国银保监会或者原中国银监会颁发的金融许可证复印件；非银行支付机构的提交中国人民银行颁发的支付业务许可证复印件，支付业务范围应当

包括'互联网支付'。"

2016 年,国家食品药品监督管理总局在《关于食品跨境电子商务企业有关监管问题的复函》中明确规定:"一、食品跨境电商企业在线下开设展示(体验)店,但实际不销售食品的,不需要办理食品经营许可证。但该展示(体验)店应当在其营业场所设立提示牌,提醒消费者现场不销售食品。二、食品跨境电商企业在线下开设展示(体验)店,但实际有销售行为的,需要按照规定办理食品经营许可证,所销售的食品需符合食品安全法律法规、食品安全标准的规定。"

综上所述,跨境电子商务经营主体应当办理市场主体登记,依法取得相关行政许可,不过这需要结合具体跨境业务模式来看待,比如,国家对有多个仓储地的跨境电商企业实行"一证多址",对跨产业多品种生产企业实施生产许可"一企一证",实行地域性、区域内管辖,都有利于对跨境电商业务的监管。

三、解读三:跨境电商消费者权益保护

对此,盈科互联网法律事务团队分析,《电子商务法》明确要求电子商务经营主体应当履行消费者权益保护的义务,依法承担产品和服务质量责任,跨境电商经营主体亦在《电子商务法》约束范围内。那么,这是否意味着消费者完全可以依据《电子商务法》主张涉外民事法律权益或消费者保护权益呢?其实,并不尽然。

在跨境电商通关过程中,电商企业应当通过海关服务平台提供订单、支付清单、物流运单,三单数据确认无误后,海关才会放行。海淘、代购身份主体虽被认可,但进境通关难度极高,涉及报关、许可证、进口配额等多方面,这对于小型电商企业而言,无疑会增加成本和负担。为了规避海关的监管,很多海淘客选择从灰色渠道运送商品进境,或者人肉代购。这也导致很多委托灰色海淘客或人肉代购者购买的商品,一旦发生质量问题,消费者难以倒追境外商品经营主体的责任。

直邮商品和保税区商品,一旦出现问题需要退换货或追责的,则需要区别对待。消费者从境外电商平台比如海外亚马逊直邮购买的商品出现问题,

很难要求退换货或追责；如果通过网易、天猫等平台购买境外直邮商品，网易、天猫作为国内电商平台经营者，理应保护消费者合法权益，承担产品和服务质量责任。这一点从天猫国际的规则也可看出，天猫国际要求商家必须向消费者提供当地指定退货地点及正规退货渠道，即商品销往中国大陆的商家需提供中国大陆的指定退货地点；商品销往中国香港地区的商家需提供香港的指定退货地点；商品销往中国台湾地区的商家需提供台湾的指定退货地点。如此规定，也迫使需要入驻天猫国际的品牌方在中国境内建立"国内仓"和国内运营中心，最大限度地保障了消费者从天猫国际购买的境外直采商品可以在中国境内进行退换货。

另一方面，《电子商务法》也提及国家推动建立国际和地区间的跨境争议解决机制，完善跨境电商消费者权益纠纷解决机制，依法维护跨境电子商务消费者的合法权益。2018年8月1日，最高人民法院制定的《关于为海南全面深化改革开放提供司法服务和保障的意见》也明确提出："跨境电子商务平台经营者使用格式条款与消费者订立仲裁协议，未采取合理方式提醒消费者注意，消费者请求确认仲裁协议无效的，人民法院应予支持。"可见，国家有关机关也将从司法实践层面逐步完善跨境电商纠纷解决机制。

四、解读四：跨境电商食品安全标准

对此，盈科互联网法律事务团队分析，自《中华人民共和国食品安全法》修订实施以来，国家对于食品监管更加严格，无论是以直邮模式还是保税模式进口的食品均属于进口食品，更应当受到约束和管辖。在传统外贸模式下，境外食品的进口商、代理商，要依法建立食品、食品添加剂进口和销售记录制度等；进行商品入境要经过检验检疫；对进口预包装食品、食品添加剂加贴中文标签；有说明书的，提供中文说明书；提供相关资质材料，以处理商品不符合食品标准安全和质量问题，也可以按照中国境内法律法规及时进行下架或整改，比如加贴中文标签，预包装食品要符合国家标准《预包装食品标签通则》的规定，包装按照相关规定标示日食用量等。

但是，直邮商品、代购商品或者保税商品，在无法提供前述资质材料的情况下，按照法律规定也确实属于不符合食品安全标准的商品，没有加贴中文标签或中文说明书的，消费者可以依据《中华人民共和国食品安全法》主张退一赔十。而《中华人民共和国消费者权益保护法》第四十四条规定："消费者通过网络交易平台购买商品或者接受服务，其合法权益受到损害的，可以向销售者或者服务者要求赔偿。网络交易平台提供者不能提供销售者或者服务者的真实名称、地址和有效联系方式的，消费者也可以向网络交易平台提供者要求赔偿"，又规定："网络交易平台提供者明知或者应知销售者或者服务者利用其平台侵害消费者合法权益，未采取必要措施的，依法与该销售者或者服务者承担连带责任"。《电子商务法》第三十八条也做了类似规定。这意味着，在直邮模式或保税模式下，电子商务平台方需要严格审核海外商家的经营资质及品牌资质，在无法提供海外商家资质，不能提供商家名称、地址和有效联系方式的情况下，要承担连带责任，同时，为了保障消费者知情权，也应当向消费者披露海外商家的真实信息。平台方并不能够以商家在境外而无法核实、披露等不合理理由主张免责。

结合立法及司法实践来看，跨境电商企业，无论是前文提到的哪种主体，销售进口食品应当符合我国法律法规、其他国家规定及标准，预包装食品标签不符合国家标准的，认定为属于不符合食品安全标准，至于是否属于标签瑕疵，则需看具体标签内容才可予以判断。

五、解读五：跨境电商数据共享

《电子商务法》第六十九条规定："鼓励电子商务数据开发应用，保障电子商务数据依法自由流动"，同时又规定，"国家采取措施推动建立公共数据共享机制，促进电子商务经营者依法利用公共数据"。这意味着国家鼓励电子商务数据商业化，鼓励电子商务数据流转、共享，打破各个主管部门之间的数据"孤岛"问题，开放公共数据进入商业领域及各个部门数据。同时，这也表明，数据间的共享、流转，能在很大程度上推进和实现跨境电商备案、申报、审查等有效监管，提高进境通关速度，更加适应互联网模式下跨境电商的发展速度，也将决定着电商发展的进阶形态。

六、解读六：跨境电商模式下的犯罪形态

对此，盈科互联网法律事务团队分析，随着移动互联网、网络购物、跨境电商等的快速发展，国内消费者购买境外服务或产品，到境外或通过境外网站交钱参与活动，其合法权益无法得到国家法律全面保护，这也滋生了一些非法组织，比如传销组织，打着所谓"微商""电商""消费投资""旅游互助"等名义，以高投资、高回报率作为诱饵，看似推销产品和服务，实则从事"拉人头、发展下线"的传销活动。特别是一些境外传销组织，向境内消费者推销境外产品和服务，再通过境外网站，用外币或虚拟货币进行结算，或者怂恿消费者直接到境外交钱加入，以此来逃避中国境内法律法规和执法部门的约束和监管。这种境内境外操作的犯罪形态及犯罪行为更加隐蔽，有些非法组织甚至以合法的、受国家政策支持的新兴互联网企业名义开展活动，呈现虚假的欣欣向荣之景，并许以高额回报，蒙蔽消费者，导致众多消费者上当受骗。这也需要加强对利用跨境电商进行犯罪的模式的深入研究和分析。针对跨境电商，《电子商务法》中尚有诸多内容仅属于原则性规定，因此需要尽快出台具体实施细则，进行明确和细化。

七、解读七：跨境电商法律规范中的民商事法律问题和行政管理法律问题

对此，电子商务研究中心特约研究员、北京德恒（深圳）律师事务所高级合伙人吕友臣律师认为，就跨境电商本身来讲，其规范可以分为两个方面：一方面是与普通的电子商务相通的部分，可以适《用电子商务法》的规定；另一方面，是跨境电商独有的问题，需要单独的、专门的规范。

吕友臣表示，跨境电商独有的问题，又体现为民商事法律问题和行政管理法律问题两类。

电子商务的一个根本特性就是全球化，局限在一国之内的电子商务很少见，也不是电子商务发展的趋势。现在大型的电子商务平台和经营者基本上都是在全球范围内经营。《电子商务法》第二条规定："中华人民共和国境内

的电子商务活动,适用本法。"如何理解这点,非常关键。是电子商务经营者在中国境内注册,电子商务经营平台在中国境内注册?还是电子商务交易的行为全部或部分发生在中国境内?抑或是只要一方主体在中国境内即可,比如中国消费者在国外电商平台上购买商品的行为,算不算中国境内的电子商务活动?这一条法律需要解释。根据上下文,我们也可以做一个推断,立法者的本意应该是指电子商务经营者、电子商务平台经营者在中国境内注册,就要受到《电子商务法》的约束。如果是这样的话,那么大量的跨境电商行为将被排除在《电子商务法》的规范之外。

就跨境电商的行政管理问题(专指其特有的进出境监督管理问题)而言。实践中存在的最为突出的问题就是海关、税务局、外汇管理局等部门的监督管理问题。如何确定跨境电商平台销售商品的性质,是货物还是个人物品,如何设定通关模式,如何办理通关手续,如何征收税款,如何办理出口退税,如何办理外汇结汇手续等,对管理部门和跨境电子商务经营者、消费者来讲都是需要明确的问题。否则,必然会带来不确定性,给跨境电商带来消极影响,实践中也会产生大量的问题。《电子商务法》对此几乎没有涉及,只是做了一些原则性的、宏观的、宣言性的规定,远远不能满足社会实际需求。

当然也应理解,一方面是因为此次立法的重点不在于此,另一方面是因为跨境电商进出境监管方面的相关问题还存在一些争议,有待厘清。

八、解读八:《电子商务法》如何进一步规范跨境电商?

电子商务研究中心特约研究员、上海亿达律师事务所律师董毅智认为,《电子商务法》以四条法律条款就跨境电商问题做出了规定,可以看出规范方式也是比较笼统的,但是态度很明确:支持为跨境电商提供便利,同时也要求其合法合规。长期以来,跨境电商存在两种业务模式:保税和直邮,由于法律关系不明确,合同关系或委托关系导致的责任也不同,因此产生了一系列纠纷。此外,跨境交易还存在逃税避税、涉嫌走私等问题;部分跨境经销商真假掺卖,不提供售后服务;通过私下交易、现金交易逃避监管,侵犯知识产权。《电子商务法》第二十六条规定:"电子商务经营者从事跨境电子商务，应当遵守进出口监督管理的法律、行政法规和国家有关规定。"这明确了跨境电商无论采用何种模式，必须遵守进出口的法律法规。

以奶粉为例，2018年7月，英国多名婴儿饮用爱他美奶粉后出现呕吐症状，当时海关总署称未通过一般贸易和跨境电商渠道进口爱他美奶粉到中国，即未有报关产品，那么采取直邮、代购等模式进境的产品便处在监管盲区。在《电子商务法》公布后，直邮模式被纳入跨境电商范畴，也就意味着直邮奶粉需要走报关流程并满足中国对奶粉的规定。另外，微商及其他网络平台如果继续向消费者提供跨境采购的奶粉，也应当进行工商登记。

总的来说，《电子商务法》出台后对于跨境电商产生了较大的影响，许多原本的"法外之地"被纳入监管范围内，就现阶段的全民认知以及外贸环境来说是一件好事。

九、解读九：跨境电商方面的规定是亮点也是缺憾

对此，电子商务研究中心特约研究员、北京德恒（深圳）律师事务所高级合伙人吕友臣律师持两个基本意见：一方面，我国跨境电商确实存在立法缺失，不仅在法律、行政法规的层面上存在缺失，就连海关总署等管理部门此前都没有出台行政规章。目前实践中能见到的就是国务院的一些政策性规定和海关总署等部门的一些公告，行政管理规范严重缺失。从这个方面讲，电子商务立法对跨境电商的规范，确实是一个标志性事件。另一方面，《电子商务法》对跨境电商的规范是框架式的、笼统的，没有具体详细的规定，不具备可操作性，实践中的难题没有真正解决。

此外，电子商务研究中心特约研究员、宁波新东方工贸有限公司总经理朱秋城则表示，2018年8月31号，《电子商务法》最终通过，聚焦的五大电商热点中，跨境电商是其中之一。这首先表明中国已经成为全球领先的跨境电商市场和跨境电商规则的制定国。相对于国内电商，跨境电商环节多，涉及面更多，通关、税收、知识产权、数据安全等，所以政府监管和引导是未来跨境电商的核心环节。《电子商务法》除了明确规定跨境电商从业者应该遵守进出口监管的法律法规外，更强调了跨境电商企业要履行消费者权益保护的义务。对于广大跨境电商企业来说，以《电子商务法》为基础，跨境电商

合规化会是大势所趋，灰色利润空间会越来越小，中小跨境电商企业未来也将经历洗牌的过程。政府监管合规化，必然是跨境电商的未来方向。

十、解读十：如何看待《电子商务法》中跨境电商的规范？

对此，电子商务研究中心特约研究员、北京德恒（深圳）律师事务所高级合伙人吕友臣律师认为，《电子商务法》开创了我国电子商务立法的先河，对世界范围内的电子商务立法具有示范意义。《电子商务法》在促进跨境电子商务发展方面做了宏观的、宣示性规定，但对跨境电商管理尤其是进出境管理方面缺乏基本规定和具体规定，不具备实践操作指导性，对规范跨境电商的作用有限，实践中突出的问题依然存在。因此，我们建议有关部门尽快启动针对跨境电商进出境监督管理的立法。

第九章 试点：国内试点城市如何做跨境电商？

2012年12月，国家发改委和海关总署联合组织的跨境贸易电子商务服务试点工作正式启动，宁波、上海、重庆、杭州、郑州一起被列入全国首批五个开展跨境贸易电子商务服务试点城市。自2013年起，试点区域逐步推广至广州、深圳、青岛、平潭等十余个城市，其中上海、重庆、宁波、郑州、杭州、广州、深圳、福州、平潭、天津等10个城市同时拥有直购进口、保税进口、一般出口三项业务许可。

2015年3月，国务院批复同意杭州设立首个跨境电子商务综合试验区。2016年1月，国务院决定在天津、上海、重庆、合肥、郑州、广州、成都、大连、宁波、青岛、深圳、苏州等12个城市设立跨境电子商务综合试验区。2018年7月，国务院召开常务会议，决定推动跨境电商在更大范围内发展，择优选择电商基础条件好、进出口发展潜力大的地方，并向中西部和东北地区倾斜，在北京、呼和浩特、沈阳、长春、哈尔滨、南京、南昌、武汉、长沙、南宁、海口、贵阳、昆明、西安、兰州、厦门、唐山、无锡、威海、珠海、东莞、义乌等22个城市新设一批跨境电子商务综合试验区。加上之前获批的13个跨境电子商务综合试验区，至此，全国共有35个跨境电子商务综合试验区。

对全国第一批、第二批13个跨境电子商务综合试验区典型平台的梳理如图9-1所示。

图 9-1 全国第一批、第二批跨境电子商务综合试验区典型平台图谱

第一节 深圳市

一、深圳跨境电商发展现状

2017年，深圳跨境电商交易额达491.66亿美元，同比增长21.84%。自2016年获批成为跨境电子商务综合试验区后，深圳跨境电商规模迅速扩大。目前，在深圳海关备案的跨境电商企业有近500家，主要进口电商商品种类近10万，包括保健品、母婴用品、化妆品等；在出口方面，主要商品有无人机、手机、VR眼镜等电子类产品。2017年，深圳关区网购保税进口零售总值达19.2亿元。

主要平台：环球易购、有棵树、递四方、百事泰、傲基电商、么么嗖、通拓科技、价之链、跨境翼、赛维网络、爱淘城、帕拓逊。

二、深圳跨境电商发展建议

✱ 建议一：建立一体化跨境电商信息平台。

深圳拥有众多跨境电商企业，B2B模式占据跨境电商的主流地位，而随着消费者需求多样化以及跨境电商规模化,跨境电商订单愈加趋于小额化、碎片化,B2C 模式具有广阔的发展空间。B2C 模式的发展主要依托于国际电商平台,深圳需建立集交易渠道、金融服务、物流管理、风险监控及市场营销为一体的深圳跨境电商信息平台,加快资源优化整合和信息流通,促进贸易便利化。

* 建议二:开辟创新渠道,实现质量升级。

深圳应该加大跨境电商行业的技术创新投资力度,增加对跨境电商企业的技能培训与创新投入,引入与培养复合型人才,为跨境电商行业创新提供智力支持;努力实现从"深圳制造"到"深圳创造"、"粗放型"到"集约型"的转变,构建具有全球竞争力的现代产业体系;提高产品科技含量与附加值,打造自主特色品牌,提升贸易效益。跨境电商企业则需要积极学习、借鉴国内外优秀电商企业与平台经营管理经验,依托深圳经济环境优势,开辟深圳特色跨境电商技术通道。

第二节 广州市

一、广州跨境电商发展现状

2017 年,广州市跨境电商进出口贸易额达 227.7 亿元,同比增长 55.1%。广州海关打造了以南沙保税港区、白云机场综保区为核心区域的跨境电商产业集聚区,推出零售进口申报清单修撤单流程简化、商品入区单自动化审核、物流辅助系统对接跨境系统、商品 24 小时自动出区放行等 7 项专为跨境电商海关通关流程制定的"去繁就简"措施,减少不必要的人工干预与审核环节,让"数据多跑路",进一步提升了关区跨境电商的竞争力。

网购保税进口模式是多种跨境电商业务模式中最为成熟的一种,也是广州海关最早推动的模式之一。2017 年,在网购保税进口业务量占广州海关 9 成的南沙保税港区,约 2 440 万票跨境电商货物从世界各地汇聚在这儿,又从这里运往千家万户。

主要平台:唯品会、环球市场、网上广交会、出口易、卓志供应链、美悦优品、摩登网。

二、广州跨境电商发展建议

* 建议一：建立健全跨境电商消费各项机制。

广州应建立符合跨境电商企业需求的责任机制和质量安全预警通报机制；研究建立与跨境电商相关的矛盾纠纷仲裁机构，在尊重消费者选择权的前提下，形成一套跨境电商通用的处置纠纷模式；建立健全消费者权益保护渠道，逐步完善跨境电商商品售后服务机制；建立重大消费安全事件应急处理机制，加强各监管部门间的联合执法，完善跨境电商经营者的惩戒机制和退出机制。

* 建议二：建立健全风险防范机制和信用评价体系。

政府应该对跨境电商企业进行信用的征集、查看和监管，将企业的信用信息保存于特别建立的数据库当中，同时向各部门开放企业信用信息查询，以便部门之间合作执法；建立第三方评估机构，对各种利用跨境电商或者在跨境电商交易过程中出现的违法犯罪行为进行严厉的打击和制裁。

第三节　杭州市

一、杭州跨境电商发展现状

杭州作为全国首批跨境贸易电子商务服务试点城市之一，也是全国首个获批的跨境电子商务综合试验区。截至 2018 年 2 月，杭州从事跨境电商的外贸和制造企业有近 8 000 家，形成了服装、家居、照明等产业集群。2018 年，杭州跨境电商进出口总额达 113.7 亿美元，同比增长 14.4%，其中出口额达 80.2 亿美元，同比增长 14.2%；进口额达 33.5 亿美元，同比增长 15%[①]。在杭州跨境电子商务综合试验区内已形成"一区十三园"格局，包括下城、下沙、空港、江干、临安、余杭、萧山和邮政速递等十三个产业园。

---

① 截至本书出版时，本章中所涉及的数据均为最新数据。因各个城市数据公布的时间节点不同，有些城市暂未公布 2018 年相关数据，仍沿用 2017 年相关数据。

在杭州跨境电子商务综合试验区，跨境 B2B、B2C 和跨境 B2B2C 等各种模式并存，天猫国际、全球速卖通、网易考拉、执御等跨境电商平台及一达通、PingPong、连连支付、百世国际等专业服务供应商得到快速发展，亚马逊、谷歌、Wish、Paytm 等全球电商巨头也纷纷来杭州设立项目。2015 年以来，杭州共引进跨境电商产业链企业 1 421 家，注册资本达 229 亿元，跨境电商产业链和生态圈日臻完善。

2015 年 3 月，国务院批复同意设立中国（杭州）跨境电子商务综合试验区。杭州跨境电子商务综合试验区通过先行先试，形成以"六体系、两平台"为核心的跨境电商"杭州经验"。"六体系"包括信息共享服务体系、金融服务体系、智能物流体系、电商信用体系、风险防控体系和统计检测体系；"两平台"是指线上"单一窗口"和线下"综合园区"平台。其中，建立信息共享服务体系，将统一信息标准规范、统一信息备案认证、统一信息管理服务，打通"关""税""汇""商""物""融"之间的信息壁垒。

主要平台：阿里巴巴国际站、全球速卖通、生意宝、天猫国际、网易考拉海购、淘宝全球购、执御、海拍客、环球捕手、贝贝网、海蜜、PingPong。

二、杭州跨境电商发展建议

✳ 建议一：创新物流模式，建设跨境交易平台。

针对传统物流制约跨境电商发展，以及走私、逃税的情况，应充分发挥保税仓、保税物流系统的优势，建设跨境电商仓储中心和交易平台。一方面，针对进口贸易，要充分发挥保税区的作用，利用"境内关外"的政策优势，吸纳社会资本，在杭州保税物流中心内建设仓储中心，为跨境电商企业提供仓储、配送、邮递等服务。另一方面，针对出口贸易，政府应鼓励企业到境外投资建立海外跨境电商仓储中心和配送服务网络，提供境外货物配送服务。同时，企业应尝试设立统一的售后服务中心，为境外客户提供相关产品投诉、咨询等在线服务，构建完善的售后服务体系。

✳ 建议二：培育服务企业，带动跨境电商发展。

针对目前大多数传统企业，包括一些中小电商企业，不太了解如何开展跨境电商业务的现状，有必要培育一批既懂电子商务又懂对外贸易，集报关、退税、国际物流、海外仓储、汇兑服务于一体的跨境电商服务企业，为有意愿开展跨境电商活动的传统企业提供培训，或帮助企业制定相应的跨境销售策略。

第四节 宁波市

一、宁波跨境电商发展现状

2018年宁波市累计实现跨境电商进出口额1 093.66亿元，同比增长76.97%。2018年11月，宁波率先成为全国跨境进口累计销售额突破百亿美元大关的城市。2018年双11期间，宁波跨境进口呈现井喷式增长，在24小时内实现跨境进口单量773万单、货值14.48亿元。宁波跨境电商企业全年共服务消费者逾千万人次，主要的消费者集中在日本、德国、澳大利亚、韩国等国家和地区。

目前，宁波跨境电商试点企业已近700家。宁波不仅聚集了全球龙头电商平台亚马逊、美国第二大零售商好市多，以及天猫国际、京东全球购、网易考拉、蜜芽等一批国内电商巨头，还引进了菜鸟网络、嘉里大通、百世物流、顺丰速运、云商智慧物流等一批国内外知名物流企业。

主要平台：淘淘羊、摩西、YY趣购、世贸通、跨境购、正正电商、欧购、宁波保税区网上商城、畅行、宁兴优贝、又一猫、海猫商城。

二、宁波跨境电商发展建议

✳ 建议一：优化试点模式下的口岸环境。

宁波海关放宽了"四限"（限试点企业、商品种类、购买数量、购买金额）条件，缩短了企业审核报批时间，此外还应探索建立准入备案制，加强事后监管，降低试点企业准入门槛；在进一步完善风险控制体系的基础上，灵活把握"自用合理数量"的要求，最大限度满足消费者需求。

✳ 建议二：开辟新型通道，探索新型商业模式。

宁波应进一步加大国际邮件互换局和交换站设立工作的推进力度，解决宁波当前试点进出口电商模式不平衡局面；在现有 B2C 大框架基础上，积极开展衍生的 O2O、C2B（消费者对商家的电子商务模式，即消费者根据自身需求定制产品和价格，或主动参与产品设计、生产和定价，产品、价格等彰显消费者的个性化需求，生产企业进行定制化生产）新型电子商务模式探索研究；为丰富客户购买体验，可与连锁商业卖场、商业综合体和社区等合作，开辟一批贴近消费者的跨境电商体验店，做好宣传推广、下单和售后服务等工作。

第五节 郑州市

一、郑州跨境电商发展现状

2017 年，郑州跨境电商进出口清单达到 9 128.7 万票，同比增长 59.1%；货值为 113.9 亿元，同比增长 71.7%；其中，进口清单为 7 366.9 万票，同比增长 32.7%，出口清单为 1 761.8 万票，同比增长 8.5 倍。自 2012 年郑州跨境贸易电子商务服务试点正式运行至今，郑州海关累计验放跨境电子商务进出口清单超过 2 亿票，商品总值突破 200 亿元。2017 年，郑州与跨境电商相关的税收增加了超过 200%，全年实现了零投诉。截至 2018 年 5 月，郑州有 2 个国家级电子商务示范基地、14 个省级电子商务示范基地。2014 年，郑州开通了"E 贸易"试点平台，平台吸引了包括 3 000 余家韩国企业、310 多家德国企业、100 多家以色列企业到郑州展开业务对接。

主要平台：中大门、万国优品、保税国际、富安娜、世界工厂网、西联坐标。

二、郑州跨境电商发展建议

* 建议一：加快和完善跨境物流设施建设。

郑州应不断完善跨境物流基础设施，吸引更多企业入驻，提升本地物流企业服务效率和水平，加快推进电子口岸和物流信息平台的建设，实现不同部门间和地区间的信息共享，为跨境物流企业、电商企业、海关等提供全面的信息，实现物流信息、资金结算和通关等多种功能的集成，提高整体运作效率和水平。

* 建议二：大力引进和培养跨境电商人才。

跨境电商人才是既懂外贸又懂电子商务的交叉型复合人才，郑州应将本地培养、在岗培训和外部引进三者结合。首先，要促进相关企业开展校企合作，进行类似航空物流专业人才的"订单式"培养，培养适时可用的跨境电商人才；要鼓励高校与社会培训机构调整对跨境电商人才的培养，引导高校整合资源，进行模块化教学，搭建校企合作平台，让学生到企业实习和实践，同时为企业输送人才。其次要加强跨境电商在岗员工知识和专业技能培训，提升跨境电商人才的综合素质。最后，要利用各种优惠政策吸引高水平的跨境电商人才，加快郑州跨境电商的发展。

第六节 上海市

一、上海跨境电商发展现状

2017年，上海海关共监管跨境电商进口订单1 643.7万单，涉及金额36亿元，同比分别增长45.2%和66.3%。其中直购进口模式成交535.4万单，涉及金额16.2亿元，同比分别增长144.8%和89.6%；网购保税进口模式订单1 108.3万单，涉及金额19.8亿元，同比分别增长21.4%和51.1%。截至2017年6月底，上海跨境电商企业已达1 034家，相关支付企业及银行达36家，相关仓储及物流服务企业达96家。

政策特色方面，上海自贸区实行"7+2"的税收政策，即7项明确实行的税收政策和2项探索实行的税收政策。其中，明确类政策包括鼓励投资的政策和促进贸易的政策：前者主要涉及非货币性资产对外投资、股权激励等2项政策，后者主要涉及融资租赁出口退税试点、进口环节增值税、选择性征税、部分货物免税、起运港退税试点等5项政策。

主要平台：eBay、洋码头、小红书、55海淘网、海欢网、波罗蜜、美购、汇付天下、1号店、丰趣海淘。

二、上海跨境电商发展建议

* 建议一：加快培育平台型大型龙头企业。

上海要吸引、培育一批平台型大型龙头跨境电商企业。从其他地区的经验来看，大型龙头企业对于跨境电商的发展具有明显的带动作用，如阿里巴巴、敦煌网等第三方电商平台帮助大量外贸企业开展跨境电商业务。上海要进一步排除人为设置的体制机制障碍，以真诚的姿态迎接企业回流，吸引大型龙头企业在上海扎根，逐步实现规模效应。

* 建议二：加强部门协同，完善监管手段。

政府对企业的监管既要规范，又要创新：加强跨境电商各监管部门的协同，创新相关监管规则，试行保税集货模式，减轻企业备货压力，降低资金成本和销售风险；试点实行部门协同监管，"一口对外"；避免事出多头，深化海关、市场监督管理局、外汇管理局、工商行政管理局、公安局等部门之间的统筹协调、协同监管。

第七节 成都市

一、成都跨境电商发展现状

2018年，成都跨境电商交易规模超110亿元，同比增长120%。2018年以前，由于受到政策限制，成都跨境电商进口主要以直邮为主。2017年成都跨境直邮进境近50万单，货值达1.1亿元。继2015年9月开通个人进境物品业务以来，成都口岸已能开展全品类跨境电商业务。成都跨境贸易电子商务公共服务平台自2016年2月29日正式上线，经过一年多的开发调整，目前已具备进出口双向申报功能，并在双流空港、青白江铁路港、双流综保区、邮政等园区实际投运。2018年，成都跨境贸易电子商务公共服务平台对接与正在对接的跨境电商企业超过300家，完成跨境电商进出口申报超213.36万单，申报货值近6.76亿元，同比增长672.9%。

主要平台：米兰网、德宝海购、信通信息、汇通天下、澳美优品、宝妈乐购、爱林善集、易欧蓉、摩宝网络、现代金控、蓉欧联合、丝路易购。

二、成都跨境电商发展建议

* 建议一：打造跨境电商服务资源集聚中心。

当前，成都的服务商资源集聚效应不明显，要加快构建围绕跨境电商产业链的服务资源集聚中心。如果在整个产业链上能有更齐备的服务商集聚在成都，将使得每个环节都具有很强的服务能力，同时也会吸引大量的品牌商集聚，进而增加成都跨境电商发展的产业后劲。

* 建议二：全力提升跨境电商物流效率。

一是建设出川大通道：加快成都新机场建设，打造国家级国际航空枢纽；进一步缩短蓉欧快铁、中亚班列运行时间，并推动其稳定运行；加快成兰铁路、西成客专、成渝客专等中西部铁路项目建设进度，尽快实现扩能提速。二是夯实菱形经济圈交通基础：成都市应加强与重庆、西安、昆明等城市之间的轨道交通、高速公路建设，提升互联互通水平，依托成渝西昆菱形经济圈"顶点"城市优势，积极参与孟中印缅经济走廊和中巴经济走廊建设，全面融入"一带一路"倡议和长江经济带发展战略。

第八节 苏州市

一、苏州跨境电商发展现状

苏州是首批国家电子商务示范城市之一。自2016年1月获批以来，苏州跨境电子商务综合试验区将发展跨境电商B2B出口作为业务发展的重中之重，鼓励、引导本地制造企业和传统外贸企业通过电子商务综合试验区线上综合服务平台B2B出口报关通道报关，确定了首批115家重点企业、15个重点项目。苏州跨境电子商务综合试验区打通线上综合服务平台B2B出口报关通道，促进 B2B 出口发展等方面的经验做法，获得商务部等 14 个部门联合发函推广。2017 年，苏州跨境电子商务综合试验区线上综合服务平台 B2B 出口贸易额突破 10 亿美元，主要出口方向为北美、欧洲、日本等地，商品主要为纺织品、电子产品等。

目前，苏州跨境电子商务综合试验区实现了保税进口 B2B2C、直邮进口 B2C、一般出口 B2C 以及跨境出口 B2B 全模式支持。苏州跨境电子商务综合试验区线上综合服务平台还与东盟"单一窗口"平台成功联调，出口 B2B 业务数据可直达东盟十国和印度等国。苏州跨境电子商务综合试验区线上综合服务平台正在探索打造全国特殊监管区域一般纳税人服务平台、全国境外游客的退税平台、跨境电子商务出口一站式平台等延伸发展定位，拓展商业增值服务。

主要平台：虎丘婚纱城、沃金网络、苏州婚纱定制网、破浪电商、雷盛网络、阿拉丁。

二、苏州跨境电商发展建议

* 建议一：促进政府主导作用与市场调节有效结合。

基于不同的政策法规、文化理念和消费习惯，不同国家在跨境电商涉及的海关通关、消费者权利保护、税收、知识产权专利保护等方面的做法各不相同，政策变化大。苏州要及时跟进欧洲、美国、澳大利亚、日本等传统市场和俄罗斯、巴西、印度等新兴市场的政策变化，及时了解各个国家和地区政策变化趋势，及时关注试点城市发展情况，结合苏州实际做好政策应对。

苏州要适时制定跨境电商发展规划，并与相关产业发展规划、土地利用规划有机结合，明确发展定位、发展目标、措施举措；树立互联网思维，健全政府投入与社会资本有效融合的投融资机制，引导风险投资基金向电子商务领域倾斜，重点支持电子商务试点示范、关键技术研发、重大工程和公共服务平台建设、模式创新及人才培训，努力将跨境电商打造成外贸增长的助力器、产业升级的新亮点；设立"跨境电商专项资金"，通过税收减免和补贴等扶持政策，引导跨境电商第三方平台、物流企业通过苏州口岸开展业务。

* 建议二：推动跨境电商集聚式、链条式发展。

苏州跨境电商平台功能是否完善，配套设施是否齐全，直接检验苏州跨境电商零售出口试点成效。因此政府要进一步加大与试点企业沟通力度，着力解决平台运营中出现的问题，设立快件中心，推动海关、税务局、外汇管理局、电商企业、物流企业等主体间的业务协同、数据共享，确保试点企业便捷通关、快速退税结汇，提升对跨境电商企业的吸引力。

第九节　重庆市

一、重庆跨境电商发展现状

2017年重庆跨境电商订单量达1 500万单，位居全国第六，进出口贸易值达33亿元，同比分别增长63%、60%。海关验放直购进口包裹约5.7万件，货值达到1 172万元，相较2016年同期，分别增长了27.5%、23.5%。目前，重庆的跨境电商企业总计102家，基本形成企业集群协同发展的产业生态。在重庆注册的跨境电商企业有88家，占比达86%；异地注册的跨境电商企业有14家，占比达14%。

主要平台：大龙网、55海淘网、爱购保税、世纪购、海享购、西港全球购。

二、重庆跨境电商发展建议

* 建议一：加强跨境电商基础设施建设。

政府要加快通信基础设施建设，积极推进网络建设，提升固定宽带网络和无线网络覆盖率；鼓励电信运营商、软件供应商、系统集成商加快业务转型，发展跨境电商外包服务，为传统外贸企业开展跨境电商提供安全、可靠、便捷、低成本的基础设施服务、平台服务、软件服务，降低跨境电商应用成本。

* 建议二：完善跨境电商信用与认证体系。

政府要加强信用信息征集、使用、评价和管理，着力构建信用记录完善、征信体系健全、信用服务便捷的跨境电商信用体系；鼓励跨境电商信用信息与其他领域信用信息共享；支持开展行业自律，倡导诚信经营，营造电子商务可信交易环境；支持认证服务机构推广身份认证、电子签名、电子合同、电子印章等应用，探索发展电子公证、电子证据保全、电子交易责任认定等新兴服务，维护跨境电商交易安全。

第十节　青岛市

一、青岛跨境电商发展现状

2018年青岛实现跨境电商进出口额342.45亿元，同比增长41.9%；其中，B2B进出口额为329.26亿元，B2C进出口额为13.19亿元。2017年，美国、韩国、俄罗斯、澳大利亚为青岛市跨境电商前四大出口市场，出口至这四大市场的货物总值占出口总值的86.6%。自美国、加拿大、日本、澳大利亚进口的商品的总值占进口总值的96.7%。青岛市跨境电商主要出口商品为服装及衣着附件、假发和机电产品等，主要进口商品为服装、化妆品、宠物食品及保健品等。2018年起，跨境电商零售进口监管过渡期政策适用范围新增青岛等5个城市。目前青岛海关辖区共有15个业务现场开展进口跨境电商业务，共有8个现场开展出口跨境电商业务。青岛市共有8个海关业务现场开展进口跨境电商业务，3个现场开展出口跨境电商业务。

主要平台：新华锦、鼎商动力、易品全球购、壹通信息、雷迅在线、商贸通、启德供应链、橡胶谷。

二、青岛跨境电商发展建议

* 建议一：增强"触电"意识，提高跨境电商水平。

青岛要增强传统外贸企业的"触电"意识。企业除通过参加展会的方式寻找外贸订单的传统贸易模式外,更要建立线上的营销渠道,不断提高跨境电商业务水平,实现从"能用"到"会用",进而迈向"巧用",抓住行业大发展的历史机遇,创新发展思路,开发外贸的蓝海。

* 建议二:转变传统营销模式,有效拓展营销渠道。

在开放条件下,跨境电商企业要最大限度开发利用各种网络平台资源,抓住一切展现产品、服务质量的机会,与跨境电商平台企业深度合作,抓住海外拓展的机遇;千方百计了解市场需求和行业发展趋势,通过多维媒体展示自我,让更多海外买家了解并认识企业的产品和品牌,不断提高产品和服务品牌在网络上的知名度和影响力,进而有效拓展营销渠道,提高营销效率。

第十一节　合肥市

一、合肥跨境电商发展现状

2017年合肥市进出口邮件包裹数超过1 200万件,进出口邮件包裹中跨境电商货物占比达90%以上。2017年,仅安徽邮政速递物流就实现快递物流服务收入约2亿元,进出口产品货物估值约10亿元,服务跨境电商企业2 000家以上。目前,合肥跨境电子商务综合试验区"单一窗口"平台已完成直购进口、保税进口、B2C出口、B2B出口四个模块的开发工作。合肥跨境电子商务综合试验区线下"一核三区"作为首批试点园区,有效承接线上"单一窗口"平台功能,实现跨境电商线上平台和线下园区的联动发展。

主要平台:百大易购、海购汇晓万家、合趣网络、邮境通、格致优品。

二、合肥跨境电商发展建议

* 建议一:营造氛围,构建势能,解决信息流不对称的问题。

跨境电商是一项新兴事物,在各地区都还处于受扶持的阶段,合肥政府和行业主管部门制定的政策应向中小微型跨境电商企业倾斜,简化企业跨境经营的各项流程,这类企业的发展能为整个地区的行业发展带来创新、聚集的效应；加强与跨境电商发达地区政府和商会的交流、合作；相关部门要主动作为，向先发地区取经，各类行业协会、地区商会也可利用自身的资源互通有无，加强合作。

政府要引导主流第三方电商平台（如亚马逊、eBay、全球速卖通、Wish等）在安徽的招商活动。由于相对于第三方平台而言，自建平台具有培育周期长、培育成本高、成功概率小等特点，所以政府应加大力度引进在第三方平台进行销售的跨境电商企业，特别是B2C企业，快速聚集产业人才，丰富产业品类资源，促进制造业升级。

* 建议二：完善跨境电商相关物流配套服务。

物流企业要优化流程，提高本地直发包裹处理效率，整体缩小与沿海企业在物流方面的时效和成本差距。政府要引进更多优秀的国际物流配套企业，提供更专业的配套服务，提高并优化国际运能，包括空运、海运及陆运。

第十二节　天津市

一、天津跨境电商发展现状

2018年1月，天津海关接受跨境电商进口清单申报近80万单，同比增长近20倍。2018年1月至11月，天津市跨境电商共计进口1 768.48万单，同比增长359.3%，进口销售额达到25.56亿元，同比增长209.8%。2018年，天津港保税区交易单量突破1 100万单，占天津市跨境电商整体单量的60%，交易额达15亿元。

天津结合整体功能布局及跨境电商发展现状，形成了武清区、滨海高新区、空港经济区、东疆保税港区等多个跨境电商集聚区。美国亚马逊、天猫国际、全麦网、纵腾网络等一批跨境电商企业在天津落户，而已落户的阿里巴巴、京东商城、苏宁易购、唯品会、聚美优品等国内知名电商企业也都准备在天津开展跨境电商业务。

主要平台：蒲尚科技、云动力、阳光码头、一帆海购网、欧贸商城、小斑马科技、海鸟城、天天希杰、多贺谷、酷吧全球购。

二、天津跨境电商发展建议

* 建议一：打造符合天津发展趋势的产业核心竞争力。

天津跨境电子商务综合试验区实施方案提出"力争经过 3 至 5 年的改革试验，以物流通关渠道、单一窗口信息系统、金融增值服务为核心竞争力"。为此，天津应以境外海外仓建设及境内跨境商品仓储集散中心建设为抓手，推动传统仓储物流企业的信息化建设，以及跨境电商公共服务平台与物流信息化平台对接，推动本市本土物流企业的壮大和走出去；打造京津冀一体化监管平台，对海关、税收部门各自监管业务按照差别化原则探索监管方法，创新监管方式；借助京津冀金融协同发展下区域金融资源的合理流动与金融业务同域化，推动在线支付、在线保险、在线融资、风险可控的"一站式"金融服务。

* 建议二：加强跨境电商服务体系建设。

天津应培育、引进一批既懂电子商务，又懂对外贸易，可为企业提供报关、退税、国际物流、海外仓储、汇兑等专业化服务的跨境电商服务企业；为有意愿开展跨境电商活动的传统企业提供培训、海外法律与财务咨询、海外售后支持、国际运输、全球仓储等全方位的跨境电商解决方案；打造跨境电商创新试验区，进一步优化园区服务，加快建设综合服务平台、物流分拣流水线、保税仓库等基础服务设施；完善园区相关配套政策，吸引金融、物流、生产、贸易等跨境电商相关企业和项目落户，形成良好的跨境电商生态环境。

第十三节　大连市

一、大连跨境电商发展现状

2017 年大连海关共接受跨境电商零售出口清单申报 10 492 单，同比增长 23.03%，商品总值达 2 936.63 万元，同比增长 18.94%；接受跨境电商零售进口申报清单 18 298 份，征收税款约 123 万元。同时，大连的跨境海运直购进口、跨境网购保税进口业务相继开展。

随着各种设施的建设和业务渠道的开通，大连跨境电商行业增速明显：2017 年，线上平台企业有 82 家，类型比较齐全；跨境电商企业由 2016 年的 400 多家增至 2017 年的 800 多家；跨境电商交易额增长迅速，由 2016 年的 1.73 亿美元增至 2017 年的 2.4 亿美元，同比增长 38.73%，其中邮政小包出口呈 10 倍以上的增长速度，日均近 2 万单，邮资达到年 4 000 万元，出口货值约 4 亿元。

主要平台：大渔国际、出口时代网、设备时代网、天天出口通、海宝国际、诗家装、一生一纱、大连天呈、中国方舟。

二、大连跨境电商发展建议

* 建议一：加强未来战略意识。

大连市企业在进行内部变革时，不能只利用传统的贸易方式，还要大胆尝试使用跨境电商进行交易。企业要加强未来战略意识，跨境电商作为未来主流的贸易方式之一，不仅节省成本，还能快速清空库存，扩大销量，提高产品利润，另外，跨境电商在增加产业附加值的同时，也能带动企业转型，使企业迈上经济发展的快车道。

* 建议二：充分利用第三方平台。

企业要充分利用好现有的第三方跨境电商平台开展跨境贸易，第三方跨境电商平台是流量的聚集地，有利于传统外贸企业产品的有效曝光；要紧跟平台发展的战略，流量是电商企业发展的关键，要充分利用好平台的流量优势。

第十章 跨境电商产业园：生态系统尚未形成，运营机制不完善

第一节 我国跨境电商产业园发展现状

跨境电商产业园作为电子商务园区的重要组成部分，随着跨境电商行业的发展而呈现快速发展之势。跨境电商产业园除提供传统电子商务园区有的实体场地及物流、培训等配套服务外，因跨境电商的特殊性，还为园区企业提供清关、结汇、退税、金融融资等增值服务。

一、跨境电商产业园建设在全国铺开

当前，跨境电商产业园的建设正在全国铺开，但因园区需对接海关等政府职能部门，所以目前国内跨境电商产业园以政府主导运营为主。据电子商务研究中心监测数据显示，截至2018年8月，全国电子商务园区数量已经超过2 000个，其中跨境电商产业园数量已超百个。跨境电商产业园是电子商务园区发展的新趋势。

在地理分布上，当前跨境电商产业园主要分布在第一批、第二批、第三批跨境电子商务综合试验区。跨境电子商务综合试验区基本采用"六体系两平台"（六体系包括信息共享、金融服务、智能物流、电商诚信、统计监测和风险防控体系，两平台包括线上综合服务平台和线下产业园区平台）的运作模式，实现了政府与市场、部门与地方、线上与线下的有效结合，调动了各参与方的积极性，催生了跨境电商生态圈。

跨境电商产业园的盈利模式呈现多样性，常见的有三种：租金收入、政府补贴和增值服务收入。目前，跨境电商产业园的盈利更多来自以上一种模式或多种模式组合。总体来看，企业主导的跨境电商产业园的收入主要来自租金收入和增值服务收入，政府主导的跨境电商产业园在初期会对入驻企业减免租金，因此收入主要来自政府补贴。此外，有的跨境电商产业园通过地产开发、投资运作等方式获得收入，还有个别园区开发出了租金免费、服务收费或按企业销售额提成等新的盈利模式。

二、跨境电商产业园发展的三种模式

从政府与企业在园区中的作用来看，目前的跨境电商产业园的发展主要有以下三种模式。

* **政府主导型跨境电商产业园**：是目前跨境电商产业园中最常见的模式，通常由省市级地方政府牵头成立。园区具体所在的市、区级单位设立相应的园区管理委员会，对园区的规划、基础设施及配套设施的建设、土地招投标、招商引资等实行全面管理。

* **政企合一型跨境电商产业园**：相比于政府主导型园区而言，该类园区与政府关系较对等。对中等规模的电商企业来说，对等合作关系比保姆式管理领导更有利于企业发展。

* **企业主导型跨境电商产业园**：在此类园区中，企业居于支配地位，受政府扶持和控制的程度较轻，园区在布局和运营上也都为企业的整体战略服务。该类园区数量较少，基本只有像阿里巴巴、京东、苏宁等产业巨头才有能力开发此类园区。目前来看，此类园区还未发展成熟，阿里巴巴等企业旗下的园区也并没有兼具跨境电商产业园定义的全部功能。

三种模式的对比如表10-1所示。

第十章　跨境电商产业园：生态系统尚未形成，运营机制不完善

表 10-1　三类跨境电商产业园对比

	政府主导	政企合一	企业主导
对象	针对中小型电商企业	主要针对中型电商企业	建设者以阿里巴巴、京东、苏宁等巨头为主
方式	配套服务设施主要由政府提供，规格较统一	园区以电商企业具体要求为主，为企业提供个性化服务	建设"电商+仓储+物流"的综合性物流基地
特点	出台产业、税收、激励等政策，降低入园门槛，吸引相关企业入驻	职能机构政企结合，既具有行政职能，又兼具经济职能。园区管理委员会与建设公司通常为同一团队，这样既能同时行使行政与经济职能，又能避免行政审批与市场协调所产生的烦琐程序	数量较少，发展不成熟

第二节　我国跨境电商产业园发展的阶段及特征

一、中国跨境电商产业园发展的三个阶段

* 第一阶段：网商聚合

在发展的初期，跨境电商产业园的角色接近二房东，单纯是网商的聚集地，园区只提供基础设施和服务，盈利模式以政府补贴和租金收入为主。

* 第二阶段：浅层次服务聚合

在该阶段，跨境电商产业园已经形成了规模化产业链，聚集了一些服务商，能够为跨境电商企业提供全方位的服务，但这种服务为浅层次服务，并未与跨境电商企业产生紧密的联系，盈利模式以租金收入、政府补贴为主。

* 第三阶段：创新聚合

在这一阶段，跨境电商产业园致力于使企业之间建立更深层次的联系，园区形成独特的运营模式，能够为跨境电商企业提供深度、系统的服务，比

如培训、客服、数据、供货分销等,盈利点向增值服务转移。

跨境电商产业园发展三个阶段的对比如表 10-2 所示。

表 10-2 跨境电商产业园发展三个阶段的对比

形态	网商聚合	浅层次服务聚合	创新聚合
入驻企业	以网商为主	网商、服务商等	网商、服务商等
企业间关系	入驻企业相对独立,园区与企业间联系较弱	入驻企业之间建立多样的联系,园区与入驻企业间联系较弱	入驻企业之间建立多样的联系,园区与入驻企业间联系较强
配套服务	以基础服务为主	提供基础服务、增值服务,部分园区还引入政府服务	提供基础服务、增值服务,园区创新整合部分服务
重点工作	招商	招商、运营	运营、服务
盈利模式	租金收入、政府补贴	租金收入、政府补贴	租金收入、增值服务

二、中国跨境电商产业园特征

✱ 特征一:发展迎来高峰

跨境电商产业园实现了海关、税务局、外汇管理局、电商企业以及服务企业的联动,为园区内的各大电商企业的跨境业务提供了极大便利。跨境电商势不可挡的劲头吸引了各大电商园区建设方,颐高电商园区、南极电商园区等都已经开始布局跨境电商产业园建设。

✱ 特征二:形成生态化产业圈

跨境电商产业园已经从初期单纯的网商集聚地,发展为融合各类供应商、销售商、服务商的产业生态圈。跨境电商产业园不仅为电商企业提供了上下游厂商合作的大平台,还提供了各类增值服务,具体包括仓储物流业务、设计和摄影业务、融资业务、外贸业务、代运营业务等。园区还会组织一些活动,使入驻企业之间建立起多样的关系,比如分享经验、联合营销、集体采购、合作招聘等。浓郁的电商创业和经营氛围进一步形成集聚效应,有利于跨境电商企业和园区的共同成长。

跨境电商产业园还能为商家与各类组织机构的合作提供桥梁和平台。作为一个有机聚合体，跨境电商产业园具有吸引各类组织机构主动合作的能力。首先，政府希望跨境电商产业园能带动区域经济发展，跨境电商产业园带动的规模经济效益十分明显，因此目前大多数由政府直接或间接投资；其次，高等院校直接与跨境电商产业园合作，既提升了就业率，也为园区定向输入高素质专业人才，缓解双方压力；再次，金融机构与跨境电商产业园合作，能够发展供应链金融；最后，材料供应商与跨境电商产业园合作，不仅能获得稳定的客源，还能促进自身渠道转型、业务拓展，同时，众多供应商的竞争还有利于上游产品品质的优化。

* 特征三：垂直产业集聚

现代化跨境电商产业园产业集聚化趋势明显，首先要凭借集聚优势打造特色化、专业化服务。同类型的网商集聚使得集聚效益明显，主要通过空间集中、竞争协作、资源共享等途径实现集聚效益。其次，现代化跨境电商产业园可以进行联合营销和集体采购。由于共同的产业背景，跨境电商企业之间知识传播较容易，知识溢出效应明显。产业是支撑电商园区发展的根本因素，电子商务模式必须要依靠实体产业才能持续发展，而一些网商创业园由于缺乏支撑性产业，已经颓势凸显。南极电商园区靠近很多生产厂家，一方面可以减少第一道物流（从供应商到园区）费用，另一方面可以依靠当地的产业来支撑园区后期的持续发展。

三、我国跨境电商产业园面临洗牌升级

当前，全国各地已经掀起一波跨境电商产业园发展热潮，而跨境电商产业园受前期规划和政策因素的影响，遍地开花的同时也存在着大面积重复建设、资源浪费的隐忧。对于一直在努力寻找新的经济增长点的地方政府而言，跨境电商产业园模式能集中提供相应的服务，利用信息化手段实现园区运营、物流交通、电商企业、出口业务的联通，无疑是城市经济增长和产业聚集的助推器。跨境电商产业园将各类跨境电商企业集中在一起，可以通过规模效应降低成本，同时也能得到政策的扶持。不过，跨境电商企业经营的商品五花八门，商家也从大型生产型企业到个体商户不等，这对跨境电商产业园的

规划和运营都提出了很大的挑战。

  2014年7月30日，海关总署公布了《海关总署公告2017年第57号（关于增列海关监管方式代码的公告）》，增列海关监管方式代码"1210"，全称"保税跨境贸易电子商务"。该文件更加明确了对跨境电商的监管和对试点城市的认可，这也意味着保税区跨境电商产业园的竞争优势将日益凸显，而其他地区雨后春笋般出现的同类园区的生存空间将日渐逼仄。此外，跨境电商仓储需要专业的管理服务，而目前国内正处于起步阶段的电商仓储还难以消化巨量的线上交易需求，加上每日巨大的订单较量以及较高的退货率，不难看出数年之后一批同类型产业园将大面积转型或关闭。

第三节　我国主要跨境电商产业园发展模式

表 10-3　我国主要跨境电商产业园发展模式

园区名称	现状	模式	优势	优惠政策	仓储情况
中国（杭州）跨境电子商务产业园	已有 32 家相关企业入驻，融快速通关数据服务、跨境智能物流、外汇金融服务、跨境支付对接和一站式服务为一体，初步形成了跨境电商服务的产业链。入园企业包括阿里巴巴、全麦、创梦谷、顺丰速运、圆通速递、探骊、中国邮政速递物流等	目前主要做直邮业务，是杭州跨境电子商务综合试验区开展出口业务最早的园区。除了出口业务外，园区也全面开启了直邮进口业务	通关高效，首创"一次申报、一次查验、一次放行"的"三合一"模式	初步制定了特色企业入园优惠政策，并结合省市区有关电商发展的政策，初步形成跨境电商优惠政策体系在新天地跨贸小镇，企业可享受部分房租补贴，符合条件的还可享受相关引导基金	目前暂无保税仓
上海松江出口加工区	是上海首个跨境电商示范园区，建设用地面积有 10 万平方米。园区将建设 10 多万平方米的跨境电商集中监管区。入园企业匀括天猫国际、飞商网、波罗蜜、金宝贝、亚商所等	直邮业务	拥有自贸区政策优势。同时，国际航运优势突出，仓储物流服务能力、通关时效率排全国前列	设立了每年总额 3 000 万元的跨境电商产业发展基金	设有松江保税仓

193

续表

园区名称	现状	模式	优势	优惠政策	仓储情况
河南保税物流中心	占地55万平方米,总投资20亿元,分为封关作业区、特色物流交易区、口岸综合服务区。入驻企业包括聚美优品、敦煌网、菜鸟网络、天猫国际、小红书、唯品会、蜜淘、蜜芽宝贝、京东、韩国贸易馆、中大门、网易考拉海购等	是全国唯一具有集货、备货两种模式的园区,形成了"电子商务+保税+邮快件体系"网购保税进出口模式	拥有保税物流中心特殊功能政策优势,同时具备"E贸易"试点先行先试的先发优势		建有一座高标准保税仓库和一座综合查验中心保税仓库
南方易骏跨境电商产业园	是广州最大的跨境电商产业园,也是国内第一个集跨境电商业务、电商公共服务体系、中心(以色列)合作基金和孵化器、O2O展示体验中心为一体的跨境电商产业园	B2C直邮进口 B2B2C保税进口	(1)提供"线上集成+跨境贸易+综合服务"(2)对接海关通关服务平台,提供"物流通关全渠道+单一窗口信息系统+金融增值服务"(3)设立了跨境电商专用商检海关监管中心和全球进出口商品O2O展示体验中心	提供办公场地租赁补贴,可享受政府最高每月每平方米12元的补贴,每年补贴一次。提化区内采购补贴,年销售额超过1亿元的企业,可获补贴50万元;超过2亿元的企业,可获补贴100万元;超过3亿元的企业,可获补贴150万元	设有保税仓

续表

园区名称	现状	模式	优势	优惠政策	仓储情况
重庆龙工场跨境电商产业园	是重庆的第一个跨境电商产业园，也是第一个实现产业集群的园区，吸引了大龙网等跨境电商企业入驻		以渝新欧铁路为通道，面向"新丝路经济带"沿线国家，打造跨境电商仓储、互联网支付、大型电商、融资和综合服务平台，建设互联网上的"丝绸之路"		

案例10-1　中国(杭州)跨境贸易电子商务产业园——国内首个优势效应凸显的园区

一、园区简介

中国（杭州）跨境贸易电子商务产业园成立于2013年7月8日，是国家跨境电子商务产业试点园区，开展进出口双向业务，是全国首个进入实单运作且成功探索跨境小包出口模式的园区，获得了国务院、商务部、海关总署认可，并被作为范本推广。

园区位于浙江省杭州市下城区，产业园（一期）建筑面积近4万平方米，其中地上面积近3万平方米，第一层面积为7 800平方米，第二层至第四层每层面积约7 100平方米，地下面积近1万平方米，楼宇中部为750平方米的长方形中空设计，设客梯、观光梯和客货两用梯各2部。

2014年3月1日，杭州市首单直购进口业务在园区清关，首创"一次申报、一次查验、一次放行"的"三合一"模式。4月，外贸综合服务平台"融易通"正式上线，为园区企业清关、结汇、退税、金融融资等业务提供了强大的支撑。9月，浙江电子口岸入园，进一步完善了园区跨境电商大通关服务平台。11月，园区进口、出口日单量双双破万。12月，园区成功举办进口商品O2O体验日活动，吸引了大量媒体宣传报道，既提升了社会影响力，又为引导消费者形成"跨境阳光直邮"的消费模式开展了探索。

目前，园区正通过跨境电商产业服务集成创新，初步形成了集大数据通关服务平台、一站式服务平台、外贸综合服务平台、跨境智能物流平台、跨境电商孵化平台、快捷转关通关服务平台等各功能平台于一体的服务生态链。

下一步，园区将积极融入杭州跨境电子商务综合试验区建设，推进"产城融合"，建设跨境电商创新创业中心、跨境电商服务中心和跨境电商大数据中心，打造集生活品质区域、阳光休闲区域和低碳生态区域于一体的跨贸小镇。

二、核心优势

* 海关进驻园区，提供一站式清关服务，管理全程无纸化。
* 为进口跨境电商企业打造阳光、透明、便利的通道：商品按照个人物

品行邮税完税进口,直接从境外寄至消费者手中,减少流通环节,实现进口商和消费者双赢;为消费者提供海外直购、税费透明、物流便捷和可退换货的良好购物环境。

＊为出口跨境电商企业打造良好的经营环境:企业出口外汇收入,按照相关规定,可通过银行办理结汇;充分享受国家出口退税政策,提升企业经营利润。

三、园区配套服务

产业配套如图10-1所示。

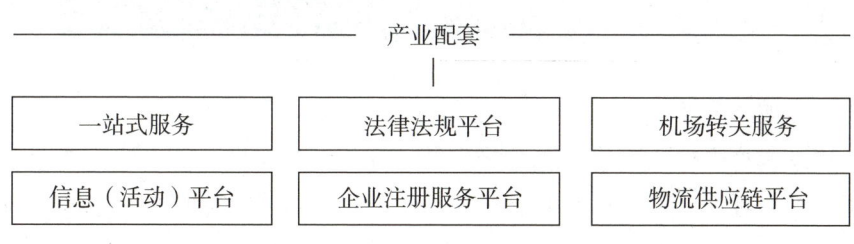

图10-1 园区产业配套

生活配套:园区住宿配套有下城区人才公寓、杨家村人才公寓等,并建有能同时容纳600人用餐的职工食堂,园区道路将从12米拓宽为24米。

四、政策支持

2012年以来,为规范和鼓励外贸企业发展跨境贸易电子商务,国家、省、市出台了一系列政策文件。根据企业发展情况,可享受物流优惠政策、税收优惠政策、房租减免政策、海外建仓和平台资助政策、出口补贴政策、贴息补助政策、传统外贸企业转型政策、人才政策等,各类政策总体结合最高可享受500万元政策资助。

五、产业布局

＊园区布局:分为仓储区、包装分拣区、服务中心和卡口。海关、税务局、外汇管理局、进出口电商企业、第三方跨境平台企业、第三方服务企业、物流企业等集聚园区,共谋发展。

＊土地规划:园区对周边230亩土地做了总体规划,分为启动区、核心区和拓展区。作为今后"网上自贸区"的落地实体,园区计划打造一个跨境电商的O2O平台、"单一窗口"平台和跨境电商类企业集聚的区域。

＊O2O模式：将跨境电商业务从B2B、B2C模式拓展至O2O模式，消费者可以先去实体店体会商家服务，再确定是否购物。这使消费者既可以享受传统服务，又能得到购物的优惠。

＊"网上自贸区"服务：充分发挥园区内浙江电子口岸（单一窗口）的功能，实现监管体系、金融服务体系、智能物流体系、电商信用体系等信息共享。园区为"网上自贸区"线下提供外贸综合服务、跨境衍生服务等相关跨境服务。

案例10-2 南方易磐跨境电商产业园：创新"三位一体"模式

一、园区简介

南方易磐跨境电商产业园创新采用"基金、孵化器、园区"三位一体的模式，面向跨境电商企业及其产业链服务企业，以广州母园区为中心，同时在台湾、上海、河南、浙江、山东、福建、云南以及海外等地布署联盟园区，不断培育并孵化具有国际竞争力的跨境电商服务企业。南方易磐跨境电商产业园，致力于打造最具规模的跨境电商聚集区，打造中国跨境电商产业园示范模板，为帮助广东省建设珠三角国际电子商务中心，推动跨境电商阳光化，加快实现"广东制造，全球直销"的南粤梦贡献价值。

二、优惠政策

入驻南方易磐跨境电商产业园的企业，可享受科学城一系列优惠扶持政策。

＊办公场地租赁补贴：在园内租赁办公场地的跨境电商企业，可享受政府最高每月每平方米12元的补贴，每年补贴一次。

＊境内外参展补贴：园内企业参加境内外电子商务专业展会，园区可协助申请参展补贴，补贴标准为企业当年度实际交纳展位费的50%（最高不超过10万元），每年补贴一次。

＊区内采购补贴：对采购科学城企业生产的产品并进行销售的电商企业，政府将按照销售产品的金额（不包括关联企业间的产品购销）给予一定的补贴。年销售额超过1亿元的企业，可获补贴50万元；超过2亿元的企业，可获补贴100万元；超过3亿元的企业，可获补贴150万元。

第十章 跨境电商产业园：生态系统尚未形成，运营机制不完善

* 同享科学城全方位优惠、服务政策：入园企业可享受国家、省、市出台的关于服务业用电、用水、用气与一般工业同网同价，以及科学城"零收费""无费区"的相关政策。电商企业还可享受科学城已出台的其他科技、金融、人才、创业、企业上市等方面的相关政策。

三、主要服务

如图 10-2 所示，南方易磐旗下的袋鼠通提供的通关服务、支付服务、物流服务实现一站式解决企业跨境交易难题，已开通的广州白云机场 BBC & BC 清关服务、广州萝岗 BC 清关服务，帮助进口企业阳光化清关，并且采用高效低成本的跨境直邮模式。

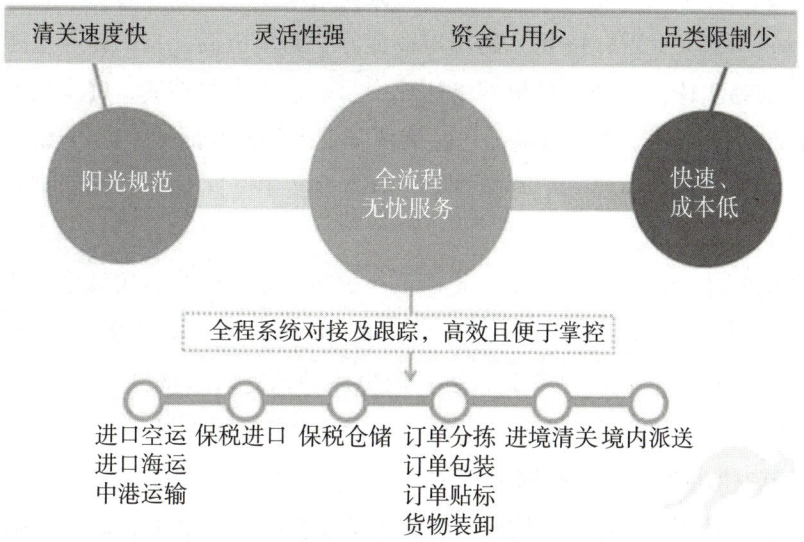

图 10-2 袋鼠通提供的全流程服务

附录一　名词解释

跨境电商：从广义上看，包括 B2B 和 B2C 跨境电商，B2B 跨境电商指分属于不同关境的交易主体，通过电子商务的手段将传统进出口贸易中的展示、洽谈和成交环节电子化，并通过跨境物流送达商品、完成交易的一种国际商业活动；从狭义上看，指 B2C 跨境电商或零售跨境电商，指的是分属于不同关境的交易主体，借助计算机网络达成交易、进行支付结算，并采用国际快递、邮政小包等物流方式将商品送达消费者手中的商业活动。值得注意的是，消费者中也会包含一部分小 B 端商家，但在现实中，这类小 B 端商家和 C 端个人消费者很难区分。

跨境电商 2.0：现阶段中国跨境电商正式进入 2.0 时代，跨境电商出口和进口全面升级。政策利好不断，行业标准、准入标准、监管保障逐步完善，出口跨境电商逐步走向品牌化，注重用户体验，进口跨境电商从试点开始，直邮进口、保税进口模式开绿色通道，效率、服务都得以提升。

"互联网+"：是互联网思维进一步的实践成果，代表一种先进的生产力，推动经济形态不断发生演变，从而激发社会经济实体的生命力，为改革、发展、创新提供广阔的网络平台。通俗来说，"互联网+"就是"互联网+各个传统行业"，但这并不是简单的两者相加，而是利用信息通信技术及互联网平台，让互联网与传统行业进行深度融合，创造新的发展生态。

"一带一路"："丝绸之路经济带"和"21 世纪海上丝绸之路"的简称，在 2013 年 9 月和 10 月，由中国国家主席习近平分别提出。它将充分依靠中国与有关国家既有的双多边机制，借助既有的、行之有效的区域合作平台。"一带一路"的建设不仅不会与上海合作组织、欧亚经济联盟、中国—东盟（10+1）等既有合作机制产生重叠或竞争，还会为这些机制注入新的内涵和活力。

新常态:"习式热词"之一,就是不同于以往的、相对稳定的状态,是一种趋势性、不可逆的发展状态,意味着中国经济已进入一个与过去三十多年高速增长期不同的新阶段。而目前,跨境电商能够极大地扩大对外贸易量,更好地适应经济发展"新常态"。

海淘:即海外/境外购物,就是通过互联网检索海外商品信息,并通过电子订购单发出购物请求,然后填上私人信用卡号码,由海外购物网站通过国际快递发货,或是由转运公司代收货物再转寄回国。海淘一般是款到发货(在线信用卡付款、PayPal 账户付款)。

电子商务通关服务平台:指由电子口岸搭建,实现企业、海关以及相关管理部门之间数据交换与信息共享的平台。

电子商务通关管理平台:指由中国海关搭建,实现对跨境贸易电子商务交易、仓储、物流和通关环节电子监管、执法的平台。

海关:是国家的进出境监督管理机关,基本任务是出入境监管、征税、打私、统计,对外承担税收征管、通关监管、保税监管、进出口统计、海关稽查、知识产权海关保护、打击走私、口岸管理等主要职责。

报关:指进出口货物收发货人、进出境运输工具负责人、进出境物品所有人或者他们的代理人向海关办理货物、物品或运输工具进出境手续及相关海关事务的过程,包括向海关申报、交验单据证件,并接受海关的监管和检查等。基本程序是申报、查验、征税、放行。

通关:即结关、清关,是指进口货物、出口货物和转运货物进入一国海关关境或国境必须向海关申报,办理海关规定的各项手续,履行各项法规规定的义务;只有在履行各项义务,办理海关申报、查验、征税、放行等手续后,货物才能放行,放行完毕叫通关。

商检:即商品检查,《商检法》规定,进出口商品实施检验的内容,包括商品的质量、规格、数量、重量、包装以及是否符合安全、卫生要求。检验的依据主要以买卖合同(包括信用证)中的有关条款为准。

行邮税:行邮税是行李和邮递物品进口税的简称,是海关对入境旅客行李物品和个人邮递物品征收的进口税。由于其中包含了进口环节的增值税和消费税,故也为对个人非贸易性入境物品征收的进口关税和进口工商税收的总称。课税对象包括入境旅客、运输工具,服务人员携带的应税行李物品、个人邮递物品、馈赠物品以及以其他方式入境的个人物品等。

出口退税：其基本含义是指对出口货物退还其在国内生产和流通环节实际缴纳的增值税、消费税。出口退税主要是通过退还出口货物的国内已纳税款来减轻国内产品的税收负担，使本国产品以不含税成本进入国际市场，与国外产品在同等条件下进行竞争，从而增强其竞争能力，扩大出口创汇。

收汇：一般是指出口企业在出口货物或提供服务等时产生了应收货款，从境外汇入外币到境内指定收汇银行的外币账户上的过程，是因出口货物或提供劳务等而产生了收入外汇款项，相当于收款。

结汇：指外汇收入所有者将其外汇收入出售给外汇指定银行，外汇指定银行按一定汇率付给等值的本币的行为。结汇有强制结汇、意愿结汇和限额结汇等多种形式。强制结汇是指所有外汇收入必须卖给外汇指定银行，不允许保留外汇；意愿结汇是指外汇收入可以卖给外汇指定银行，也可以开立外汇账户保留；限额结汇是指外汇收入在国家核定的数额内可不结汇，超过限额的必须卖给外汇指定银行。

跨境支付：是指两个或两个以上国家或地区之间因国际贸易、国际投资及其他方面所发生的国际间债权债务，借助一定的结算工具和支付系统实现的资金跨国或跨地区转移的行为。

电汇（T/T）：指汇款人将一定款项交存汇款银行，汇款银行通过电报或电传给目的地的分行或代理行（汇入行），指示汇入行向收款人支付一定金额的一种汇款方式。

跨境电子支付：也称"跨境互联网支付"，是指为不同国别的交易双方提供的基于互联网的在线支付服务。

跨境支付网民：指最近一年内由于商务旅行、探亲等短期出境，跨境转账汇款、跨境网络消费等活动使用过跨境支付方式的现居中国境内的网民。

国际快递：指在两个或两个以上国家或地区之间所进行的快递、物流业务，经营国际快递业务的有DHL、UPS、FedEx、TNT、Aramex等公司。

国际小包：重量在两千克以内，外包装长宽高之和小于90厘米，且最长边小于60厘米，通过邮政空邮服务寄往国外的小邮包，可以称为国际小包。国际小包分为普通空邮（Normal Air Mail，非挂号）和挂号（Registered Air Mail）两种。前者费率较低，邮政不提供跟踪查询服务，后者费率稍高，邮政提供网上跟踪查询服务。目前常见的国际小包服务渠道有：中国邮政小包、新加坡邮政小包、香港邮政小包、荷兰小包、瑞士小包、俄罗斯小包、中国邮政 e 邮宝等。

转运： 即在商家和客户之间，增加一个中转机构，让商家在无法通过既有物流方式将商品送达客户手中的时候，利用此中转机构，间接将商品送达客户手中。而这样的中转机构，即为转运公司。转运公司是第三方物流公司，提供代收转寄服务。

海外仓： 是在除本国或地区以外的其他国家或地区建立的海外仓库，一般用于电子商务。货物从本国出口，通过海运、陆运、空运的形式运送到海外仓，买家通过电商平台下单购买所需物品，卖家只需在网上操作，对海外的仓库下达指令，就可以完成订单。货物从买家所在国家或地区发出后储存在海外仓，消费者下单后就可以立即发货，大大缩短了消费者等待的时间。

边境仓： 指在跨境电子商务目的国的邻国边境内租赁或建设的仓库。卖家通过物流将商品预先运达仓库，通过互联网接受顾客订单后，从该仓库进行发货。根据所处地域不同，边境仓可分为绝对边境仓和相对边境仓。

关税： 指进出口商品在经过一国关境时，由政府设置的海关向进出口商所征收的税收，不同商品适用不同税率。按征收方法可分为从价关税、从量关税、选择关税、滑动关税；按商品流向可分为进口税、出口税、过境税。

消费税： 是以消费品流转额作为征税对象的各种税收的统称。我国目前仅对四类货物征收消费税，即特殊消费品（烟酒、鞭炮、烟火等）、奢侈品（珠宝、化妆品等）、高耗能消费品（轿车、摩托车、轮胎）、不可再生能源（汽油、柴油）。

增值税： 对商品生产、流通、劳务服务中多个环节的新增价值或商品的附加值增收的税，一般情形下，税率是 17%，部分销售或进口货物的税率是 13%。

直邮模式： 国外卖家直接通过邮件、快件的方式将国内买家购买的商品运到中国，大多采用航空方式运输。适合小规模 B2C 模式对于物流的需求，速度快，有四大国际快递企业、万国邮政等完备的服务体系，过程相对简单，适合不愿意操心的小卖家。

保税模式： 也称"自贸模式"，即境外商品入境后暂存于保税区内，消费者下单后，包裹以个人物品名义清关，再通过国内物流的方式送达境内消费者手中。

个人邮递物品：按我国海关的规定，属于自用、合理数量范围内的进出境旅客分离运输的行李物品、亲友间相互馈赠的物品和其他个人物品。

邮件：是邮局传递的函件和包裹的统称。邮件分国内邮件和国际邮件两大类。国内邮件按内容性质可分为函件和包件。在中国，函件包括信函、明信片、印刷品和盲人读物四种，包件包括包裹和快递小包。国际邮件分为国际函件和国际包裹。

进出境货物：指一般进出口货物，保税货物，暂准进出境货物，特定减免税货物，过境、转运和通用及其他进出境货物，要缴纳进出口关税。

进出境物品：指进出境的行李物品、邮递物品和其他物品，要符合"合理数量""自用"要求，要缴纳行邮税。

水货：指从境外流入境内的产品，产品本身没问题，但由于涉及平行进口、逃税和售后等问题，所以可能构成侵犯商标权、走私或损害消费者权益（例如美版的苹果手机，虽然是真机，但在中国不保修，甚至可能侵犯在中国注册的苹果商标）。

询盘：也叫询价，指交易的一方，即准备购买或出售某种商品的人，向潜在的供货人或买主探寻该商品的成交条件或交易的可能性的业务行为，不具有法律上的约束力。询盘的内容可能涉及价格、规格、品质、数量、包装、装运及样品等。

退关货物：指向海关申报出口并获准放行，但因故未能装上运输工具，经发货单位请求，退运出海关监管区域不再出口的货物。

转关货物：指经收、发货人申请并经海关核准，进口货物可以转至设有海关的指运地办理进口手续；出口货物可以在设有海关的起运地办理出口手续后，再转运至出境地海关核查放行出口。

转关运输：进出口海关监管货物需由进境地或起运地设立的海关转运至目的地或出境地海关，这种转运方式称为转关运输。经海关同意可采用不同的交通工具承运接驳转关运输货物。

货管监管：简称"货管"，是海关代表国家在口岸，根据《中华人民共和国海关法》和其他进出口法律、法规和政策监督合法进出境货物和运输工具的重要管理职权，也是海关完成征收关税、制止走私违法行为、编制海关统计等各项任务的基础。

关境：是实施同一海关法规和关税制度的境域，即国家（地区）行使海关主权的执法空间，又称"税境"或"海关境域"。海关合作理事会对关境的定义是"完全实施同一海关法的地区"。一般情况下，关境等于国境。但有些国家的关境不等于国境。我国有港、澳、台三个单独关税区，此时关境小于国境；欧盟有25个国家适用同一关税制度，此时关境大于国境；其他如日本等国家，无特殊情况，此时关境等于国境。

虚拟关境：国务院批准成立的七大海关监管区域，出口加工区、保税区、综合保税区、跨境保税区、物流园区、物流港区、自贸区，相当于一个最小的行政区、一个直属机关。

自贸区：即自由贸易区（Free Trade Zone），又称对外贸易区（Foreign Trade Zone）或免税贸易区（Tax-Free Trade Zone），是在关境以外划出的，对进出口商品全部或大部分免征关税，并且允许港内或区内进行商品的自由储存、展览、加工和制造等业务活动，以促进地区经济和对外贸易的发展的一个区域。自贸区按功能分为转口集散型、出口加工型、贸工结合以贸为主型、保税仓储型。

保税区：保税区的功能定位为"保税仓储、出口加工、转口贸易"三大功能。保税区具有进出口加工、国际贸易、保税仓储商品展示等功能，享有"免证、免税、保税"政策，实行"境内关外"运作方式。

保税港区：指经国务院批准，设立在国家对外开放的口岸港区和与之相连的特定区域内，具有口岸、物流、加工等功能的海关特殊监管区域。保税港区的功能具体包括仓储物流，对外贸易，国际采购、分销和配送，国际中转，检测和售后服务维修，商品展示，研发、加工、制造，港口作业等八项。

综合保税区：是设立在内陆地区的具有保税港区功能的海关特殊监管区域，由海关参照有关规定对综合保税区进行管理，执行保税港区的税收和外汇政策，集保税区、出口加工区、保税物流区、港口的功能于一身，可以发展国际中转、配送、采购、转口贸易和出口加工等业务。

属地征税：又称"属地原则"，指一个国家以地域的概念作为其行使征税权力所遵循的原则。属地原则可称为"来源地国原则",按此原则确定的税收管辖权,称作"税收地域管辖权"或"收入来源地管辖权"。它依据纳税人的所得是否来源于本国境内,来确定其纳税义务,而不考虑其是否为本国公民或居民。

平均订单价值:就是在选定时间段内网站上发生的所有交易的平均价值。计算方法是:平均订单价值=交易总价值(不含税款和运费)÷交易总数。

附录二 政策汇总表

发布机构	发布时间	政策名称	主要内容
国务院	2013年7月28日	《关于促进进出口稳增长、调结构的若干意见》	积极研究以跨境电商方式出口货物遇到的海关监管、检验、退税、外汇收支、统计等问题,完善相关政策,抓紧在有条件的地方建立试点,推动跨境电商的发展
	2014年5月4日	《关于支持外贸稳定增长的若干意见》	出台跨境电商贸易便利化措施,鼓励企业在海外设立批发展示中心、商品市场、专卖店、海外仓等国际营销网络
	2014年10月23日	《关于加强进口的若干意见》	抓紧总结试点经验,按照公平竞争原则,加快出台支持跨境电商发展的指导意见
	2015年2月12日	《关于加快培育外贸竞争新优势的若干意见》	积极开展跨境电商综合改革试点工作,研究制定指导意见,培育平台和企业,支持企业运用跨境电商开拓国际市场,鼓励企业通过规范的海外仓运营模式,融入境外零售体系
	2015年4月1日	《关于改进口岸工作支持外贸发展的若干意见》	意见要求,支持跨境电子商务综合试验区建设,同时,加快出台促进跨境电商健康快速发展的指导意见,支持企业运用跨境电商开拓国际市场

续表

发布机构	发布时间	政策名称	主要内容
国务院	2015年5月4日	《关于大力发展电子商务加快培育经济新动力的意见》	基本原则可以概括为12个字:"积极推动、逐步规范、加强引导"。落实细则含6个方面内容,具体可细分为26点,包括营造宽松的发展环境、促进就业创业、推动转型升级、完善物流基础设施等
	2015年6月16日	《关于促进跨境电子商务健康快速发展的指导意见》	明确了跨境电商的主要发展目标,提出了五个方面的支持措施,强化了跨境电商改革服务意识,鼓励企业探索创新,有效防控风险等总体要求
	2016年1月12日	《关于同意在天津等12个城市设立跨境电子商务综合试验区的批复》	同意在天津、上海、重庆、合肥、郑州、广州、成都、大连、宁波、青岛、深圳、苏州等12个城市设立跨境电子商务综合试验区
	2016年5月5日	《关于促进外贸回稳向好的若干意见》	开展并扩大跨境电子商务、市场采购贸易方式和外贸综合服务企业试点,支持企业建设一批出口产品海外仓,重点支持先进设备技术进口,降低部分日用消费品关税
	2017年11月22日	《关于调整部分消费品进口关税的通知》	自2017年12月1日起,以暂定税率方式降低部分消费品进口关税。此次降税产品的一大特点是与人民生活息息相关,覆盖面广,降幅明显,涵盖食品、保健品、药品、日化用品、服装鞋帽、家用设备、文化娱乐用品、日杂百货等消费品,共涉及187项商品,平均税率由17.3%降至7.7%

续表

发布机构	发布时间	政策名称	主要内容
商务部	2011年4月12日	《第三方电子商务交易平台服务规范》	规范了第三方电子商务交易平台、站内经营者与消费者之间的关系。要求平台经营者从会员注册、合同规范、行为规范、信息管理、秩序维护、错误交易处理、知识产权保护以及禁止行为等八方面对站内经营者进行监督管理
	2013年8月21日	《关于实施支持跨境电子商务零售出口有关政策的意见》①	内容分为三部分，共十二条，提出了六项具体支持政策，以解决出口跨境电商在海关监管、收结汇、跨境支付、税收等方面的问题
	2013年10月31日	《关于促进电子商务应用的实施意见》	一是鼓励各地积极推进跨境电子商务创新发展，努力提升跨境电子商务对外贸易规模和水平。二是鼓励电子商务企业"走出去"。三是支持区域跨境（边贸）电子商务发展
	2015年4月9日	《2015年电子商务工作要点》	要点提出要推动跨境电子商务健康发展。加快建立健全适应跨境电子商务的监管服务体系，提高各环节便利化水平。支持企业运用跨境电子商务开拓国际市场，推动建立电商企业"走出去"的境外支撑服务体系
	2017年11月27日	《关于复制推广跨境电子商务综合试验区探索形成的成熟经验做法的函》	该文件表示，跨境电商线上综合服务和线下产业园区"两平台"及信息共享、金融服务、智能物流、风险防控等监管和服务"六体系"等做法已成熟，可面向全国复制推广，供各地借鉴参考

① 发布机构为商务部、发展改革委、财政部等九部委，现列于商务部项下。其他由多部门联合发布的均列于第一个部门项下，不再注释。

续表

发布机构	发布时间	政策名称	主要内容
发展改革委	2011年3月7日	《关于开展国家电子商务示范城市创建工作的指导意见》	提出了"创建一批具有典型规模带动作用的国家电子商务示范城市,推动电子商务的规制与政策在局部地区取得突破性进展;网上信用、电子认证、在线支付和物流配送等基础设施基本满足电子商务的发展需求;电子商务在拓展国内国际国内两个市场、促进经济发展方式转变、方便百姓生活、改善民生、提高政府管理与服务能力等方面取得明显成效"的总体目标,列出了具体的任务及实施机制
	2012年2月6日	《关于促进电子商务健康快速发展有关工作的通知》	提高通关管理和服务水平。由海关总署牵头,组织利用各示范城市的地方电子口岸平台资源,推动地方电子口岸开展跨境贸易电子商务服务,并在相关示范城市组织开展试点
	2013年4月15日	《关于进一步促进电子商务健康快速发展有关工作的通知》	进一步完善跨境贸易电子商务通关服务环境,各部门共同研究制定相配套的管理制度及标准规范,推进外贸电子商务企业备案信息共享,探索多部门联合推动跨境贸易电子商务通关服务的综合试点工作
	2013年12月30日	《关于跨境电子商务零售出口税收政策的通知》	明确了出口跨境电商企业享受出口退税或免税的条件
财政部	2016年3月24日	《关于跨境电子商务零售进口税收政策的通知》	我国将自2016年4月8日起实施跨境电子商务零售进口税收新政策并调整行邮税政策。跨境电子商务零售进口商品将不再按邮递物品征收行邮税,而是按货物征收关税和进口环节增值税、消费税

续表

发布机构	发布时间	政策名称	主要内容
中国人民银行	2009年7月3日	《跨境贸易人民币结算试点管理办法实施细则》	细则要求，为境外参加银行开立人民币同业往来账户、境内代理银行应当与境外参加银行签订代理结算协议，约定双方的权利义务，账户开立的条件、账户变更撤销的处理手续、信息报送授权内容等
	2010年7月2日	《海关总署公告2010年第43号（关于调整进出境个人邮递物品管理措施有关事宜）》	从2010年9月1日起，对个人邮递物品应征进口税税额在人民币50元（含50元）以下的，海关予以免征
海关总署	2014年1月24日	《海关总署公告2014年第12号（关于增列海关监管方式代码的公告）》	增列海关监管方式代码"9610"，全称"跨境贸易电子商务"，简称"电子商务"，适用于境内个人或电子商务企业通过电子商务交易平台实现交易，并采用"清单核放、汇总申报"模式办理通关手续的电子商务零售进出口商品
	2014年3月4日	《关于跨境贸易电子商务服务试点网购保税进口模式有关问题的通知》	购买金额及数量：每次限值1 000元人民币，超出规定限值的，应按照货物规定办理通关手续，但单次购买仅有一件商品且不可分割的，虽超出限值，如属个人自用的，可参照个人物品规定办理手续 征税：以实际销售价格为完税价格，参照行邮税税率计算，应征进口税额在50元（含）人民币以下的，免征
	2014年7月23日	《海关总署公告2014年第56号（关于跨境贸易电子商务进出境货物、物品有关监管事宜的公告）》	对电子商务进出境货物、物品监管问题，例如企业注册登记及备案管理、电子商务进出境货物、电子商务通关管理及电子商务进出境货物、物品物流监控等，做出具体规定

续表

发布机构	发布时间	政策名称	主要内容
海关总署	2014年7月30日	《海关总署公告2014年第57号（关于增列海关监管方式代码的公告）》	增列海关监管方式代码"1210"，全称"保税跨境贸易电子商务"，简称"保税电商"，适用于境内个人或电子商务企业在经海关认可的电子商务平台实现跨境交易，并通过海关特殊监管区域或保税监管场所进出的电子商务零售进出境商品
	2015年5月8日	《关于调整跨境贸易电子商务监管海关作业时限和通关通限要求有关事宜的通知》	作出对跨境贸易电子商务监管实行"全年无休日、24小时内办结海关手续"的作业时限要求，涉及海关内部各相关部门工作的协调联动
	2015年9月9日	《关于加强跨境电子商务网购保税进口监管工作的函》	网购保税进口应当在经批准开展跨境贸易电子商务服务试点城市的海关特殊监管区域或网购保税物流中心开展。非跨境电子商务服务试点城市不得开展网购保税进口业务。任何海关不得在保税仓库内开展网购保税进口业务
	2016年4月6日	《海关总署公告2016年第26号（关于跨境电子商务零售进出口商品有关监管事宜的公告）》	跨境电子商务零售进口商品申报前，电子商务交易平台企业、支付企业、物流企业应当分别通过跨境电子商务通关服务或跨境电子商务通关服务平台如实向海关传输交易、支付、物流等电子信息
	2016年5月24日	《关于执行跨境电子商务零售进口新的监管要求有关事宜的通知》	通知中明确，从2016年5月11日到2017年5月11日的1年过渡期内，在上海、杭州、宁波、郑州、广州、深圳、福州和平潭、重庆等10个试点城市，继续按照税收实施前的监管要求进行监管
	2016年12月7日	《关于增列海关监管方式代码的公告）》	增列海关监管方式代码"1239"，全称"保税跨境贸易电子商务A"，简称"保税电商A"，适用于境内电子商务企业通过海关特殊监管区域或保税物流中心（B型）一线进境收岸前的跨境电子商务零售进口商品

续表

发布机构	发布时间	政策名称	主要内容
税务总局	2013年2月25日	《网络发票管理办法》	办法规定,税务机关根据发票管理需要,可以按照税务总局的规定,委托其他单位通过网络发票管理系统代开网络发票。省以上税务机关在确保网络发票电子信息正确生成、可靠存储、查询验证、安全唯一等条件的情况下,可以试行电子发票
工商总局	2014年1月26日	《网络交易管理办法》	对网络商品交易的形式和范围、消费者退货行为、第三方交易平台的信息审查和登记、网络商品交易信用评价、推广行为等进行了明确的规定
	2015年5月14日	《关于进一步发挥检验检疫职能作用促进跨境电子商务发展的意见》	要求构建符合跨境电子商务发展的检验检疫工作体制机制,建立跨境电子商务清单管理制度,实施跨境电子商务备案管理
	2015年6月9日	《关于加强跨境电子商务进出口消费品检验监管工作的指导意见》	提出建立跨境电商进出口消费品监督新模式;建立跨境电商消费品质量安全风险监测机制;建立跨境电商安全追溯机制;明确跨境电商企业的质量安全主体责任,建立跨境电商领域打击假冒伪劣工作机制
质检总局	2017年8月1日	《关于跨境电商零售进出口检验检疫信息化管理系统数据接入规范的公告》	公告对跨境电商零售进出口检验检疫信息化管理系统涉及的经营主体(企业)、第三方平台的相关事宜进行了说明,要求跨境电商经营主体、第三方平台对于其向出入境检验检疫局申报及传输的电子数据承担法律责任

续表

发布机构	发布时间	政策名称	主要内容
质检总局	2017年11月22日	《关于进口婴幼儿配方乳粉产品配方注册执行日期的公告》	以一般贸易方式进口的婴幼儿配方乳粉,其境外生产企业应当依法获得质检总局注册;境外生产企业应当依法取得食品药品监督总局产品配方注册的输华婴幼儿配方乳粉包装标签上注明注册号;境外生产企业2018年1月1日(含)后生产的婴幼儿配方乳粉,并在产品销售包装的标签上注明配方注册,并在产品销售包装的标签上注明配方乳粉2018年1月1日前生产的婴幼儿配方乳粉,可进口并销售至保质期结束
外汇管理局	2015年1月20日	《支付机构跨境外汇支付业务试点指导意见》	一是提高单笔业务限额,货物贸易单笔交易限额由等值1万美元提高至5万美元。二是规范试点流程。三是严格把控风险管理,要求支付机构严格履行交易真实性审核职责,留存相关信息5年备查,并及时报送相关业务数据和信息

参考文献

[1] 艾瑞咨询. 2014年中国跨境电商行业研究报告完整版 [R/OL]. (2014-12-16) [2018-10-22]. http://report.iresearch.cn/report/201412/2294.shtml.

[2] 阿里研究院. "互联网+"研究报告 [R/OL]. (2015-3-12) [2018-10-22]. http://i.aliresearch.com/img/20150312/20150312160447.pdf.

[3] 易观智库. 中国跨境电商产业研究报告之出口篇2014 [R/OL]. (2014-8-22) [2018-10-22]. https://www.analysys.cn/article/analysis/detail/149.

[4] 匡贤明. "一带一路"在我国经济新格局中的战略地位 [J]. 金融经济 (市场版), 2015, (1).

[5] 杜群阳, 黄卫勇, 方建春, 等. "网上丝绸之路"对"一带一路"战略的意义 [J]. 浙江经济, 2014, (24).

[6] 王娟娟, 秦炜. 一带一路战略区电子商务新常态模式探索 [J]. 全球商业经典, 2015, (7).

[7] 钱津. 地方如何应对"一带一路"国家战略 [J]. 区域经济评论, 2015, (3).

[8] 沈寅斐. 跨境电子商务出口退税风险分析与对策研究 [J]. 赤子 (上中旬), 2015, (2).

[9] 李文一. 郑州市跨境贸易电子商务发展战略研究 [D]. 北京: 北京交通大学, 2014.

[10] 张延. 加快宁波跨境贸易电子商务试点发展的几点思考 [J]. 宁波通讯, 2014, (13).

[11] 李勇. 跨境电子商务对广州发展现代物流的影响及对策分析 [J]. 经营管理者, 2015, (2).

[12] 酒景丽. 郑州市跨境电子商务发展现状、问题与对策 [J]. 经济视角 (上旬刊), 2014, (12).

[13] 郭佳. 武汉中小企业发展跨境电商行业的现状分析与对策研究 [J]. 商, 2015, (4).

[14] 张世民. 绥芬河市发展对俄电子商务的优势及前景展望 [J]. 黑龙江金融, 2014, (11).

[15] 沐潮. 深圳前海跨境电子商务运营模式研究 [J]. 物流技术, 2013, (11).

[16] 张纯纯. 发展跨境电子商务的观察与思考: 以苏州为例 [J]. 江南论坛, 2014, (第7期).

[17] 周宁，张凌露. 外贸电商定位：网商成功之道［M］. 北京：电子工业出版社，2014.

[18] 王昆."跨境电商困境突破"系列教程：如何选品？［EB/OL］.（2014-3-31）［2018-10-22］. https：//www. cifnews. com/Article/8604.

[19] 陈旭华. 跨境电子商务人才培养模式研究：以义乌市为例［J］. 价格月刊，2014，(3).

[20] 刘洋，熊超，许昊，等. 跨境电子商务的安全问题和监管建议［J］. 中国商贸，2014，(32).

[21] 李发强. 跨境小额外贸电子商务税收的相关问题分析［J］. 现代经济信息，2014，(18).

[22] 中美电商交流大使. 海外仓，想说爱你其实并不容易！［EB/OL］.（2014-6-14）［2018-10-22］. http：//blog. sina. com. cn/s/blog_ 6b10772b0101jd00. html.

[23] 亿邦动力网. 2014跨境电商物流"七宗最"：谁频被打脸［EB/OL］.（2014-12-16）［2018-10-22］. https：//www. ebrun. com/20141216/118339. shtml.

[24] 万莹. 我国跨境电子商务物流的现状、挑战及对策［J］. 中国物流与采购，2014，(20).

[25] 张滨，刘小军，陶章. 我国跨境电子商务物流现状及运作模式［J］. 中国流通经济，2015，(1).

[26] 严圣阳. 我国跨境电商支付现状与发展前景［J］. 经营与管理，2014，(5).

[27] 李鹏博. 浅析：中国（杭州）跨境电商综合试验区是怎么炼成的？［EB/OL］.（2015-9-4）［2018-10-22］. https：//www. 100ec. cn/detail--6275786. html.

[28] "互联网+"调研组. A股公司前赴后继涉足跨境电商［EB/OL］.（2015-8-25）［2018-10-22］. https：//www. cifnews. com/Article/16737.

[29] 张闻沁. 互联网跨境贸易金融图景［J］. 中国外汇，2015，(15).

[30] 华泰证券. 盘点：出口电商的四大主要物流模式［EB/OL］.（2015-8-8）［2018-10-22］. http：//b2b. toocle. com/detail--6269374. html.

[31] 张莉. 发展跨境电子商务的六大任务和六条路径［J］. 服务外包，2015，(9).

[32] 宋旭冉. 你一定没听说过的，猎云网最新海淘产品总结［EB/OL］.（2015-6-30）［2018-10-22］. https：//www. lieyunwang. com/archives/92811.

[33] 佟桂莉. 解读（杭州）跨境电商综试区："搞好了可能就是中国未来新的发动机"［EB/OL］.（2015-6-22）［2018-10-22］. https：//mp. weixin. qq. com/s?_biz=MjM5MD A0NTA2MA==&mid=207746988&idx=2&sn=a737bf5f3ba8c034de0b2becf7cf6b82#rd.

[34] 高啸宇. 如何看待快递企业涉足跨境电子商务业务？［N］. 现代物流报. 2015-6-22（B3）.

后记　如何用互联网思维打造中国最具有影响力的"互联网+"智库

postscrip | 后记

如何用互联网思维打造中国最具有影响力的"互联网+"智库

纵观整个互联网的发展史，自从互联网诞生，到1.0、2.0、3.0、4.0、5.0时代，所有的互联网商业模式都是"互联网+传统商业"的模型。

——"1.0时代"是"互联网+信息"，即"信息互联网阶段"（代表：四大门户、视频网站）；

——"2.0时代"是"互联网+交易"，即"渠道互联网阶段"（代表：淘宝、京东等购物网站）；

——"3.0时代"是"互联网+服务"，即"服务互联网阶段"（代表：携程、美团等生活服务电商企业）；

——"4.0时代"是"互联网+金融"，即"金融互联网阶段"（代表：蚂蚁金服、拍拍贷等互联网金融平台）；

——"5.0时代"是"互联网+产业"，即"制造互联网阶段"（代表：海尔、红领等制造企业）；

……

互联网技术不断推陈，商业模式不断出新，只是万变不离其宗，一直遵循"互联网+传统商业"的模式。因此，"互联网+"是互联网融合传统行业并且将其改造成具备互联网属性的新商业模式的一个过程。几十年来，"互联网+"已经改造及影响了多个行业，当前大众耳熟能详的电子商务、互联网金融、在线旅游、在线影视、在线房产等行业都是"互联网+"的杰作。这种模式是经历了时间考验的，有大量例证证明其可行性。

我们应该清醒地看到，整个中国互联网的成功，都建立在"借鉴"的基础之上。从早期的QQ模仿ICQ，新浪、搜狐模仿雅虎，到近年火爆的各种社

217

本书主编曹磊

交网络和团购网站,以及现在铺天盖地的O2O,这些东西无一不是从模仿国外模式起家的。事实上只要你能取其精华,把它融入国内复杂的互联网环境中,那么也能算是创新。

不得不提的是,在"互联网+传统商业"研究领域,我和同人们所在的电子商务研究中心,一直是产业变化轨迹的不可或缺的见证者与推动者,长期致力于打造中国"互联网+传统商业"智库。

我们重点跟踪、研究、服务"大电商",包括:零售电商、大宗电商、跨境电商、三农电商、服务电商、共享经济、电商物流、金融科技等相关行业,专注推动制造业、零售业、服务业、金融业、农业、物流业、进出口行业的互联网化,致力于推动新制造、新零售、新金融、新物流、新农业、新消费等新型国民经济生态圈的建立,以及各地特色电商、产业互联网基地的打造。

我们的核心用户包括:各类电商企业、服务商、互联网金融企业等。目前,中心内部数据与服务已全面覆盖了国民经济各主流行业,包括大宗品、工业品、消费品、生活服务产品、金融产品,形成了包括供应商、制造商、贸易商、品牌商、渠道商、零售商、分销商、服务商、平台商在内的"全产业链矩阵"。

我们的核心开放平台:中心下属的100EC.CN电子商务门户网,拥有近百个子网、频道、平台,网站坚持365天×12小时滚动发布国内外电子商务领域的大量最新动态,为全国电商用户提供全面、及时、专业的资讯报道。

日均页面浏览量达30万~100万，为"互联网+传统商业"、电商、O2O、互联网金融等领域人士学习研究"互联网+"的"入口级"平台。

我们的"大数据平台"，不仅拥有"互联网+传统商业"领域最全面的数据库、案例库、报告库、会议库、图书库、信息图库、法规库、运营实战库等常备信息资料库，数据累计超30万条，还拥有"1000+"囊括企业实战专家、行业资深专家、第三方研究专家、电商培训机构讲师、高校商学院教授等在内的"互联网+"智囊团。

此外，中心建有逾"2000+"覆盖天使投资、风险投资、私募股权投资、产业资本、券商、基金等在内的投资者信息库，是电商企业投融资、上市公司投资价值研判的重要智库，成功帮助众多电商企业融资，帮助机构研判公司估值与股票走向，服务数十家券商、基金公司，并为他们从资本市场挣取了丰厚的回报。

中心还拥有包括长期关注互联网的"3000+"经实名注册认证的记者在内的媒体库，并运营电商研究中心（i100EC）、网购维权平台（dswq315）、行业内知名微信公众号，累计覆盖20万高端用户。

跨境电商是加快"一带一路"倡议建设的重要抓手，对"一带一路"的发展具有先导作用。而在跨境电商领域，电子商务研究中心主要关注进出口跨境电商平台的发展、政策的动向、消费趋势的变化、消费者权益的保护，并与国内外数百家跨境电商平台、品牌商、服务商和监管部门长期保持良好的沟通交流与合作对接。中心通过搭建平台、原创报告、高层访谈、政府合作、高端培训、行业论坛、热点快评、纠纷调解等服务助推跨境电商发展。

＊ **搭建平台。** 中心旗下平台包括：出口跨境电商网、进口跨境电商网、地方跨境电商网、海外电商网、海淘电商网、出口电商平台实操库、全球电子商务网、跨境电商政策库、跨境电子商务综合试验区数据库等细分在线平台，包含了PPT、数据、案例、盘点、研报、信息图、分析等细分板块，在数据、平台、服务商等方面提供大量资讯和分析报道，帮助从事跨境电商的用户更深入地了解行业动态。

长期跟进的进口跨境电商平台包括：天猫国际、网易考拉、洋码头、京东全球购、亚马逊海外购、小红书、苏宁海外购、聚美优品、宝贝格子、1号店全球进口、国美海外购、蜜芽、美囤妈妈、丰趣海淘、唯品国际、五洲会、易趣、波罗蜜全球购、海蜜严选、聚优澳品、优盒网、魅力惠、保税国际、么么嗖、孩子王、跨境淘、麦乐购、摩西网、优集品、跑客帮、熟人邦、冰帆海淘等。

长期跟进的出口跨境电商平台及服务商主要有：阿里巴巴国际站、生意宝Toocle3.0、环球资源、中国制造网、MFG.com、聚贸、易唐网、大龙网、敦煌网、全球速卖通、eBay、亚马逊、Wish、兰亭集势、米兰网、环球易购、有棵树、棒谷科技、傲基电商、执御、小笨鸟、安克创新、新华锦、百事泰、通拓科技、价之链、跨境翼、爱淘城、前海帕拓逊等。

* **原创报告。** 专注报道、研究，发表了大量评测、行业、专项等细分维度平台大数据报告或行业报告，既有《"双11"电商平台评测报告》《"黑五"跨境进口电商的评测报告》《进口跨境电商"黑五"综合报告》《奢侈品电商发展报告》等电商平台类研究报告，也有《跨境网购消费者权益保护报告》《海淘消费投诉用户体验与投诉监测报告》《各平台电商用户格式条款审查报告》等消费者权益研究报告，专注推动跨境电商的发展。

* **高层访谈。** 在出口跨境电商行业高层系列访谈中，中心对eBay大中华区CEO林奕彰、阿里巴巴国际站联席总经理张阔、速卖通总经理沈涤凡、敦煌网CEO王树彤、大龙网董事长冯剑锋、有棵树CFO李志强、价之链CEO甘情操、百事泰董事长徐新华、思亿欧董事长何旭明、四海商舟董事长周宁等十余位大佬进行了调研访谈。他们在访谈中分享了创业经历，解读了出口跨境电商发展现状及未来发展趋势，展望了行业前景。在进口跨境电商行业高层系列访谈中，中心先后对网易考拉海购首席执行官张蕾、洋码头创始人兼CEO曾碧波、丰趣海淘创始人兼CEO任晓煜、亚马逊中国总裁张文翊、天猫国际总经理刘鹏、宝贝格子CEO张天天、拼多多CEO黄峥、宝宝树美囤妈妈CEO邵小波、聚美优品创始人兼CEO陈欧、蜜芽创始人兼CEO刘楠等业内大咖进行了深度调研访谈。

* **政府合作。** 为了有效保护消费者和商家合法权益，2016年受国家工商总局委托，电子商务研究中心对包括跨境电商平台在内的38家电商平台，如聚美优品、洋码头、丰趣海淘、网易考拉海购、小红书等业内知名平台，启动合规审查。中心从用户注册、交易条款、责任限制三个维度对这些平台进行深度解剖，由专业律师对网络交易平台合规性进行审查，发布多份合规审

查报告，找出平台存在的问题，并提出修改意见，提高网络交易平台规范性，保障消费者权益，提升平台信誉、形象和用户满意度。

2017年，中心受浙江省工商局、浙江省消保委委托进行跨境网购消费者权益保护课题研究，采用平台调研、园区调研、用户调查、平台评测、"神秘买家"抽查、政策研究、桌面研究等调研方法，对全国进口跨境电商行业进行深入调查，并与浙江省消保委领导调研网易考拉海购、天猫国际等平台，以及杭州跨境电子商务综合试验区下沙园区、宁波保税区等地，最终形成国内首份系统性的《2017年度中国跨境网购消费者权益保护报告》。

* **高端培训。** 随着跨境电商的发展，各地积极举办跨境电商工作培训，以加快推进外贸企业转变经营方式、提升创新水平、拓展发展机遇，加快传统外贸与跨境电商有机融合。电子商务研究中心屡屡应邀为各大品牌、政府部门做高端内训，包括为美的集团管理层、苏州吴江区人民政府、内蒙古满洲里等做跨境电商专题培训，分享国内外电商发展现状、跨境电子商务发展政策趋势和模式，以及风险机遇、传统企业转型策略等。

* **行业论坛。** 电子商务研究中心常受邀出席国内各大跨境电商论坛峰会，如中国杭州B2B跨境电商峰会、中国（温州）跨境电商高峰论坛、中国（深圳）跨境电商峰会、中国（常州）跨境电商发展峰会等，发表主题演讲，与相关政府领导、行业大咖一起探讨跨境电商的发展现状、未来趋势，并提出符合各地跨境电商发展情况的意见。

* **热点快评。** 电子商务研究中心还对跨境电商进行了深入研究，发表了大量电商快评，第一时间对行业热点、最新政策、大促信息进行解读，每年接受数百家海内外媒体采访。针对一些重要事件，电子商务研究中心还策划了相关专题。通过平台调研、用户调查、专题直击、现场探访、网购预警、电商快评、系列报告、媒体评论、投诉维权、社群直播等多元化、立体化方式，对跨境电商平台展开持续跟踪、监测、研究、评论、评测、监督。

* **纠纷调解。** 中心旗下电子商务消费纠纷调解平台，以自身独有的客观公正性、中立性、权威性，成为在全国范围内都具有影响力与公信力的"第三方电商投诉维权服务平台"，获得国家工商总局领导和各省市工商局好评。平台每年累计受理海量用户跨境网络消费投诉，深受全国各地跨境网购用户信赖。目前已有多家跨境网购平台入驻纠纷调解平台绿色通道，极大地提高了跨境网购用户消费纠纷处理效率,提升了平台用户满意度。

当前,互联网正改变着世界,引领着世界变革的方向,塑造着新的政治、经济、文化、社会和军事形态,铸造着新的生活方式、社会结构和权力关系,营建着新的国际政治关系。互联网作为经济、社会发展的战略制高点,同样充斥着观念冲突、利益矛盾,甚至战争。通过破译互联网改变世界的密码,一场场发生在互联网上的控制战、意识形态战、文化战、民意战、军事战、反恐战、情报战、数据战、媒体战、金融战、争霸战、公关战等真实战争正悄无声息地打响。为此,我们更要以时不我待、枕戈待旦的危机意识,来重新审视"互联网+"的重要性与重大意义。

本书主编、电子商务研究中心主任
曹磊
微信号:www-100ec-cn
电子邮箱:caolei@netsun.com
专栏:www.100ec.cn/zt/expert_caolei/

书目介绍

乐贸系列

书名	作者	定价	书号	出版时间
📖 **国家出版基金项目**				
1. "质"造全球:消费品出口SGS通标标准技术质量管控指南	SGS通标标准技术服务有限公司	80.00元	978-7-5175-0289-0	2018年9月第1版
📖 **跟着老外学外贸系列**				
1. 优势成交:老外这样做销售(第二版)	Abdelhak Benkerroum（阿道）	58.00元	978-7-5175-0370-5	2019年10月第2版
📖 **外贸SOHO系列**				
1. 外贸SOHO,你会做吗?	黄见华	30.00元	978-7-5175-0141-1	2016年7月第1版
📖 **跨境电商系列**				
1. 跨境电商全产业链时代:政策红利下迎机遇期	曹磊 张周平	55.00元	978-7-5175-0349-1	2019年5月第1版
2. 外贸社交媒体营销新思维:向无效社交说No	May（石少华）	55.00元	978-7-5175-0270-8	2018年6月第1版
3. 跨境电商多平台运营,你会做吗?	董振国 贾卓	48.00元	978-7-5175-0255-5	2018年1月第1版
4. 跨境电商3.0时代——把握外贸转型时代风口	朱秋城（Mr. Harris）	55.00元	978-7-5175-0140-4	2016年9月第1版
📖 **外贸职场高手系列**				
1. 新人走进外贸圈 职业角色怎么选	黄涛	45.00元	978-7-5175-0387-3	2020年1月第1版
2. Ben教你做采购:金牌外贸业务员也要学	朱子赋(Ben)	58.00元	978-7-5175-0386-6	2020年1月第1版
3. 思维对了,订单就来:颠覆外贸底层逻辑	老A	58.00元	978-7-5175-0381-1	2020年1月第1版
4. 从零开始学外贸	外贸人维尼	58.00元	978-7-5175-0382-8	2019年10月第1版
5. 小资本做大品牌:外贸企业品牌运营	黄仁华著	58.00元	978-7-5175-0372-9	2019年10月第1版
6. 金牌外贸企业给新员工的内训课	Lily主编	55.00元	978-7-5175-0337-8	2019年3月第1版
7. 逆境生存:JAC写给外贸企业的转型战略	JAC	55.00元	978-7-5175-0315-6	2018年11月第1版
8. 外贸大牛的营与销	丹牛	48.00元	978-7-5175-0304-0	2018年10月第1版
9. 向外土司学外贸1:业务可以这样做	外土司	55.00元	978-7-5175-0248-7	2018年2月第1版
10. 向外土司学外贸2:营销可以这样做	外土司	55.00元	978-7-5175-0247-0	2018年2月第1版
11. 阴阳鱼给外贸新人的必修课	阴阳鱼	45.00元	978-7-5175-0230-2	2017年11月第1版

书名	作者	定价	书号	出版时间
12. JAC 写给外贸公司老板的企管书	JAC	45.00 元	978-7-5175-0225-8	2017 年 10 月第 1 版
13. 外贸大牛的术与道	丹 牛	38.00 元	978-7-5175-0163-3	2016 年 10 月第 1 版

📖 外贸操作实务子系列

书名	作者	定价	书号	出版时间
1. 外贸高手客户成交技巧 3：差异生存法则	毅 冰	69.00 元	978-7-5175-0378-1	2019 年 9 月第 1 版
2. 外贸高手客户成交技巧 2——揭秘买手思维	毅 冰	55.00 元	978-7-5175-0232-6	2018 年 1 月第 1 版
3. 外贸业务经理人手册（第三版）	陈文培	48.00 元	978-7-5175-0200-5	2017 年 6 月第 3 版
4. 外贸全流程攻略——进出口经理跟单手记（第二版）	温伟雄（马克老温）	38.00 元	978-7-5175-0197-8	2017 年 4 月第 2 版
5. 金牌外贸业务员找客户（第三版）——跨境电商时代开发客户的 9 种方法	张劲松	40.00 元	978-7-5175-0098-8	2016 年 1 月第 3 版
6. 实用外贸技巧助你轻松拿订单（第二版）	王陶（波锅涅）	30.00 元	978-7-5175-0072-8	2015 年 7 月第 2 版
7. 出口营销实战（第三版）	黄泰山	45.00 元	978-7-80165-932-3	2013 年 1 月第 3 版
8. 外贸实务疑难解惑 220 例	张浩清	38.00 元	978-7-80165-853-1	2012 年 1 月第 1 版

📖 出口风险管理子系列

书名	作者	定价	书号	出版时间
1. 轻松应对出口法律风险	韩宝庆	39.80 元	978-7-80165-822-7	2011 年 9 月第 1 版
2. 出口风险管理实务（第二版）	冯 斌	48.00 元	978-7-80165-725-1	2010 年 4 月第 2 版
3. 50 种出口风险防范	王新华 陈丹凤	35.00 元	978-7-80165-647-6	2009 年 8 月第 1 版

📖 外贸单证操作子系列

书名	作者	定价	书号	出版时间
1. 跟单信用证一本通（第二版）	何源	48.00 元	978-7-5175-0249-4	2018 年 9 月第 2 版
2. 外贸单证经理的成长日记（第二版）	曹顺祥	40.00 元	978-7-5175-0130-5	2016 年 6 月第 2 版
3. 信用证审单有问有答 280 例	李一平 徐珺	37.00 元	978-7-80165-761-9	2010 年 8 月第 1 版
4. 外贸单证解惑 280 例	龚玉和 齐朝阳	38.00 元	978-7-80165-638-4	2009 年 7 月第 1 版
5. 信用证 6 小时教程	黄海涛（深海鱿鱼）	25.00 元	978-7-80165-624-7	2009 年 4 月第 2 版

📖 福步外贸高手子系列

书名	作者	定价	书号	出版时间
1. 外贸技巧与邮件实战（第二版）	刘 云	38.00 元	978-7-5175-0221-0	2017 年 8 月第 2 版
2. 外贸电邮营销实战——小小开发信 订单滚滚来（第二版）	薄如骢	45.00 元	978-7-5175-0126-8	2016 年 5 月第 2 版
3. 巧用外贸邮件拿订单	刘 裕	45.00 元	978-7-80165-966-8	2013 年 8 月第 1 版

📖 通关实务子系列

书名	作者	定价	书号	出版时间
1. 外贸企业轻松应对海关估价	熊 斌 赖 芸 王卫宁	35.00 元	978-7-80165-895-1	2012 年 9 月第 1 版

书名	作者	定价	书号	出版时间
2. 报关实务一本通（第二版）	苏州工业园区海关	35.00 元	978-7-80165-889-0	2012 年 8 月第 2 版
3. 如何通过原产地证尽享关税优惠	南京出入境检验检疫局	50.00 元	978-7-80165-614-8	2009 年 4 月第 3 版

彻底搞懂子系列

书名	作者	定价	书号	出版时间
1. 彻底搞懂信用证（第三版）	王腾 曹红波	55.00 元	978-7-5175-0264-7	2018 年 5 月第 3 版
2. 彻底搞懂关税（第二版）	孙金彦	43.00 元	978-7-5175-0172-5	2017 年 1 月第 2 版
3. 彻底搞懂提单（第二版）	张敏 张鹏飞	38.00 元	978-7-5175-0164-0	2016 年 12 月第 2 版
4. 彻底搞懂中国自由贸易区优惠	刘德标 祖月	34.00 元	978-7-80165-762-6	2010 年 8 月第 1 版
5. 彻底搞懂贸易术语	陈岩	33.00 元	978-7-80165-719-0	2010 年 2 月第 1 版
6. 彻底搞懂海运航线	唐丽敏	25.00 元	978-7-80165-644-5	2009 年 7 月第 1 版

外贸英语实战子系列

书名	作者	定价	书号	出版时间
1. 十天搞定外贸函电（白金版）	毅冰	69.00 元	978-7-5175-0347-7	2019 年 4 月第 2 版
2. 让外贸邮件说话——读懂客户心理的分析术	蔡泽民（Chris）	38.00 元	978-7-5175-0167-1	2016 年 12 月第 1 版
3. 外贸高手的口语秘籍	李凤	35.00 元	978-7-80165-838-8	2012 年 2 月第 1 版
4. 外贸英语函电实战	梁金水	25.00 元	978-7-80165-705-3	2010 年 1 月第 1 版
5. 外贸英语口语一本通	刘新法	29.00 元	978-7-80165-537-0	2008 年 8 月第 1 版

外贸谈判子系列

书名	作者	定价	书号	出版时间
1. 外贸英语谈判实战（第二版）	王慧 仲颖	38.00 元	978-7-5175-0111-4	2016 年 3 月第 2 版
2. 外贸谈判策略与技巧	赵立民	26.00 元	978-7-80165-645-2	2009 年 7 月第 1 版

国际商务往来子系列

书名	作者	定价	书号	出版时间
国际商务礼仪大讲堂	李嘉珊	26.00 元	978-7-80165-640-7	2009 年 12 月第 1 版

贸易展会子系列

书名	作者	定价	书号	出版时间
外贸参展全攻略——如何有效参加 B2B 贸易商展（第三版）	钟景松	38.00 元	978-7-5175-0076-6	2015 年 8 月第 3 版

区域市场开发子系列

书名	作者	定价	书号	出版时间
中东市场开发实战	刘军 沈一强	28.00 元	978-7-80165-650-6	2009 年 9 月第 1 版

加工贸易操作子系列

书名	作者	定价	书号	出版时间
1. 加工贸易实务操作与技巧	熊斌	35.00 元	978-7-80165-809-8	2011 年 4 月第 1 版
2. 加工贸易达人速成——操作案例与技巧	陈秋霞	28.00 元	978-7-80165-891-3	2012 年 7 月第 1 版

书名	作者	定价	书号	出版时间

📖 乐税子系列

书名	作者	定价	书号	出版时间
1. 外贸企业免抵退税实务——经验·技巧分享	徐玉树 罗玉芳	45.00元	978-7-5175-0135-0	2016年6月第1版
2. 外贸会计账务处理实务——经验·技巧分享	徐玉树	38.00元	978-7-80165-958-3	2013年8月第1版
3. 生产企业免抵退税实务——经验·技巧分享(第二版)	徐玉树	42.00元	978-7-80165-936-1	2013年2月第2版
4. 外贸企业出口退(免)税常见错误解析100例	周朝勇	49.80元	978-7-80165-933-0	2013年2月第1版
5. 生产企业出口退(免)税常见错误解析115例	周朝勇	49.80元	978-7-80165-901-9	2013年1月第1版
6. 外汇核销指南	陈文培等	22.00元	978-7-80165-824-1	2011年8月第1版
7. 外贸企业出口退税操作手册	中国出口退税咨询网	42.00元	978-7-80165-818-0	2011年5月第1版
8. 生产企业免抵退税从入门到精通	中国出口退税咨询网	98.00元	978-7-80165-695-7	2010年1月第1版

📖 外贸企业管理子系列

书名	作者	定价	书号	出版时间
1. 外贸经理人的MBA	毅冰	55.00元	978-7-5175-0305-7	2018年10月第1版
2. 小企业做大外贸的制胜法则——职业外贸经理人带队伍手记	胡伟锋	35.00元	978-7-5175-0071-1	2015年7月第1版
3. 小企业做大外贸的四项修炼	胡伟锋	26.00元	978-7-80165-673-5	2010年1月第1版

📖 国际贸易金融子系列

书名	作者	定价	书号	出版时间
1. 国际结算单证热点疑义相与析	天九湾贸易金融研究汇	55.00元	978-7-5175-0292-0	2018年9月第1版
2. 国际结算与贸易融资实务(第二版)	李华根	55.00元	978-7-5175-0252-4	2018年3月第1版
3. 信用证风险防范与纠纷处理技巧	李道金	45.00元	978-7-5175-0079-7	2015年10月第1版
4. 国际贸易金融服务全程通(第二版)	郭党怀 张丽君 张贝	43.00元	978-7-80165-864-7	2012年1月第2版

📖 毅冰谈外贸子系列

书名	作者	定价	书号	出版时间
毅冰私房英语书——七天秀出外贸口语	毅冰	35.00元	978-7-80165-965-1	2013年9月第1版

"创新型"跨境电商实训教材

书名	作者	定价	书号	出版时间
跨境电子商务概论与实践	冯晓宁	48.00元	978-7-5175-0313-2	2019年1月第1版

中国海关出版社有限公司乐贸系列
新书重磅推荐 >>

《跨境电商 3.0 时代——把握外贸转型时代风口》

作者：朱秋城（Mr.Harris）

定价：55.00 元

书号：978-7-5175-0140-4

出版日期：2016 年 9 月第 1 版

内容简介

近几年，"跨境电商"炙手可热，也颇具争议。那么"跨境电商"的本质究竟为何？国家政策如何为我所用？传统外贸企业如何转型？"跨境电商"未来的趋势到底是什么？答案会在书中逐一揭晓。

1. 本书从宏观层面，讲述跨境电商 1.0、2.0、3.0 时代，中国外贸的发展与变迁，以及在 3.0 时代，如何运用国家政策红利、大数据信用体系，寻找跨境电商红海；

2. 从微观层面，分享跨境电商营销推广、品牌建立、团队建设、支付、物流技巧，助力企业转型升级，欲火重生；

3. 预测中国跨境电商未来发展趋势，为外贸企业指明发展方向。

中国海关出版社有限公司乐贸系列
新书重磅推荐 >>

《跨境电子商务概论与实践》

作者：冯晓宁
定价：48.00 元
书号：978-7-5175-0313-2
出版日期：2019 年 1 月

内容简介

《跨境电子商务概论与实践》是作者继《国际电子商务实务精讲》之后的又一力作。本书根据跨境电子商务全新发展形势，结合作者多年教学与实践编写，全书体例框架是对时下跨境电商实务的高度概括与总结。主要特色包括以下几点：

1. 将跨境电商分为出口跨境电商与进口跨境电商，B2B 电商和 B2C 电商，从不同视角解析跨境电商知识要点；

2. 详述各种模式跨境电商的网络营销、跨境物流、支付、知识产权、管理和政策等概况，紧跟跨境电商新政及实务，内容详实，体系完整；

3. 简化过于宏观和技术化的内容，以讲授理念为主，贴合实践，便于院校学生理解与学习。